Monika Herbst

Harz

Wandern für die Seele

20 Wohlfühlwege

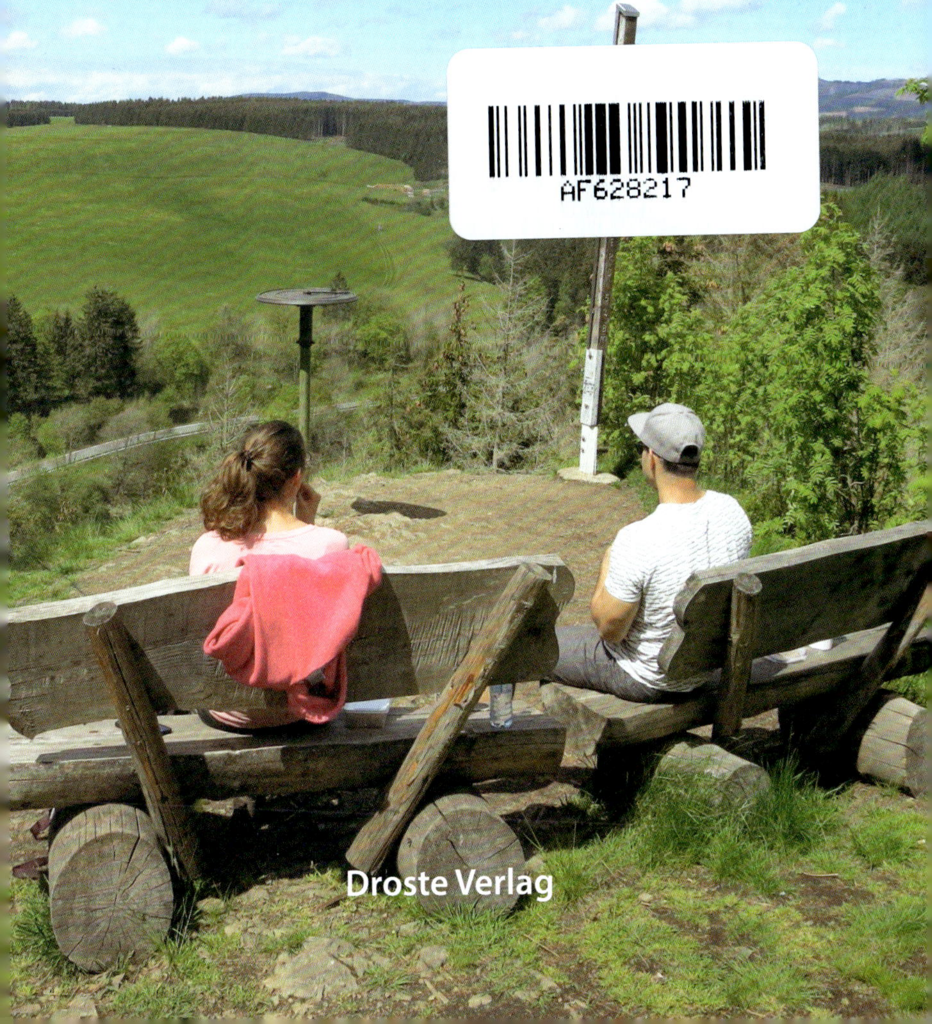

Droste Verlag

ALLE WANDERUNGEN AUF EINEN BLICK

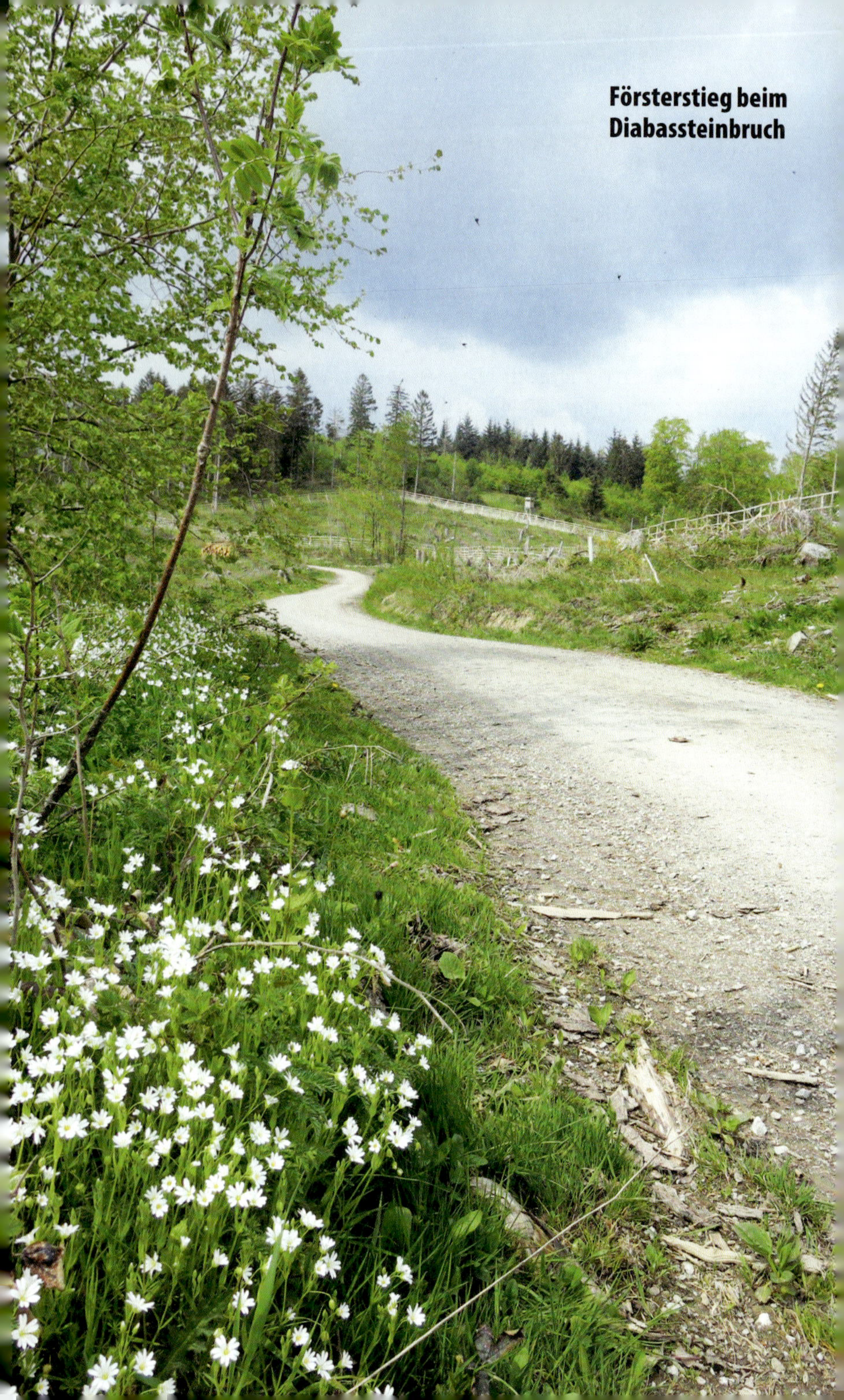

Förstersteig beim Diabassteinbruch

Liebe Wanderfreundinnen, liebe Wanderfreunde,

der Harz ist das höchste Gebirge Norddeutschlands. Der Brocken ist mit seinen 1141 Metern der höchste Berg. Zu den Besonderheiten des Harzes gehört, dass er sich über drei Bundesländer erstreckt: Niedersachsen, Sachsen-Anhalt und Thüringen. 2006 wurde der Nationalpark gegründet. Wird der Tag eher trüb, ist man im östlichen Teil gut aufgehoben: Im Westharz regnet es dreimal so viel wie im Ostharz. Trotz häufigen Niederschlags ist der Brocken eines der beliebtesten Ziele für Touristen – eine Million Menschen besuchen jährlich dessen Kuppe. Hier verlief die innerdeutsche Grenze, er war Teil des Sperrgebiets. Eine schöne Alternative ist es, die historischen Städte am östlichen Harzrand zu erwandern. Die meisten Übernachtungen gibt es in Wernigerode. Das idyllische Städtchen und der höchste Gipfel des Harzes sind durch die Dampfloks der Brockenbahn verbunden. Die historische Schmalspurbahn fährt heute als einzige Bahn innerhalb das Harzgebietes.

Wer ruhigere Gegenden bevorzugt, wählt den Grenzwanderweg um Zorge, das Selketal oder die Bergwiesen um Buntenbock. Ebenso die mittelalterlichen Klöster in Drübeck und Walkenried. Auffällig ist, dass im Harz fast überall Wasser plätschert. Bäche, Flüsse, Seen und die UNESCO-prämierten Wassergräben gehören bei fast jeder Wanderung dazu. Genauso wie das Heft der Harzer Wandernadel. Über den gesamten Harz verteilt gibt es 222 Stempelstellen. Und das alles lässt sich bei moderatem Tempo entdecken: Wanderungen für die Seele eben.

Herzlichst,

Ihre Monika Herbst

NATUR-INFO

KULTUR-INFO

TOUREN-/EVENT-INFO

GENUSS-INFO

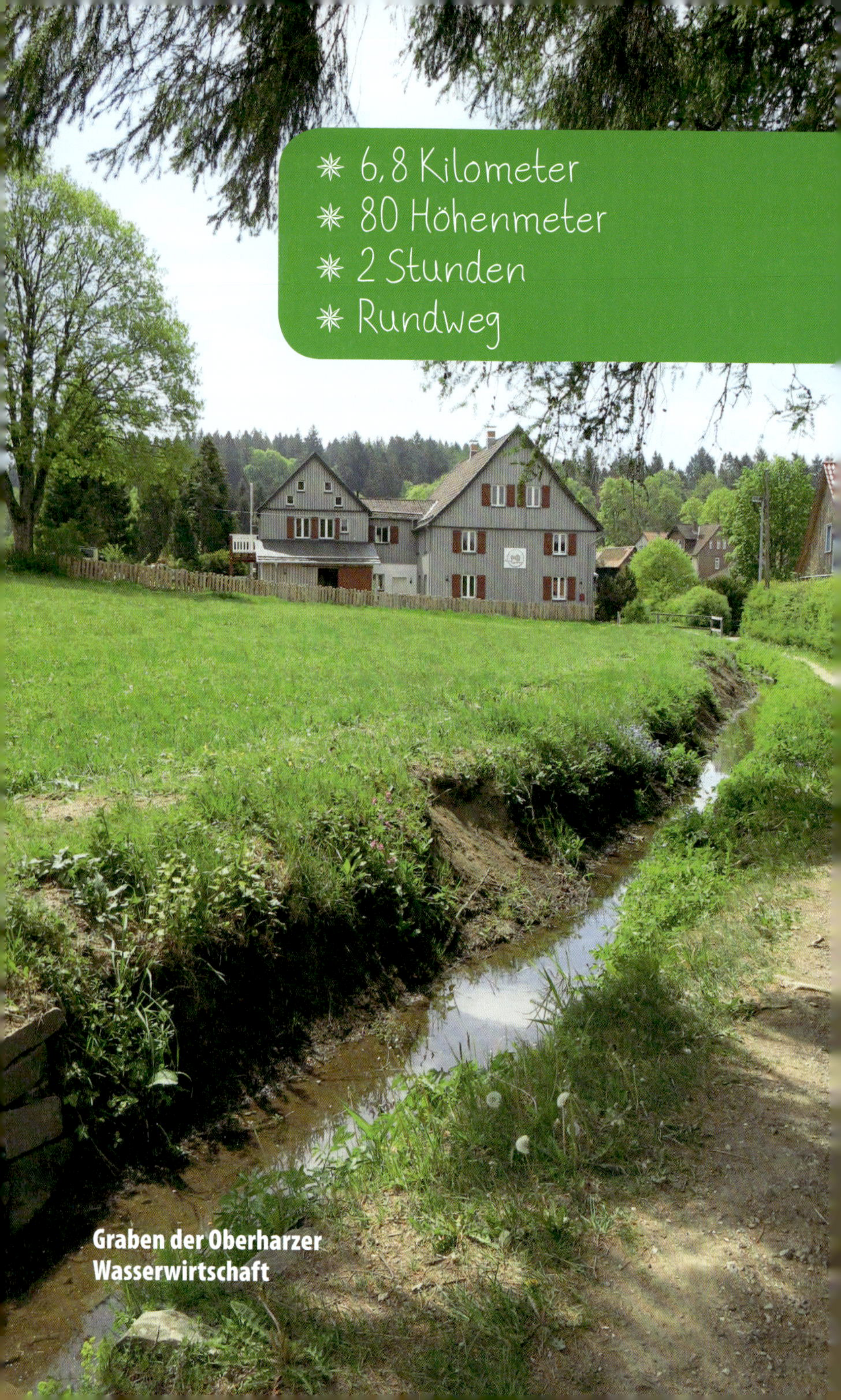

* 6,8 Kilometer
* 80 Höhenmeter
* 2 Stunden
* Rundweg

Graben der Oberharzer Wasserwirtschaft

Blüten und Teiche

Bergwiesen in Buntenbock

Wir starten in der Ortsmitte von Buntenbock. Den Parkplatz im Rücken gehen wir nach links, über den Fluss **Innerste** und biegen nach ein paar Schritten links in die Straße **Am Brink** ein. Hier geht es steil bergauf. Wir folgen dem Schild „Zur Rodelbahn". Nach etwa 50 Metern biegen wir erneut links ab. Auf einer schmalen Asphaltstraße geht es weiter den Berg hoch, an den Ferienwohnungen **Am Hexenstieg** vorbei. Wir lassen das Schützenheim hinter uns liegen, überqueren den dazugehörigen Parkplatz und gehen geradeaus auf einen **Wiesenpfad**. Wir wandern auf ein Waldstück mit Fichten zu, dort halten wir uns erneut links. Mit knapp 600 Höhenmetern haben wir die maximale Höhe erreicht. Unter uns liegt der Sumpfteich.

Auf der Wiese genießen wir das Zwitschern der Vögel, die Gräser, die violetten Blüten des Wald-Storchschnabels mit seinen auffällig gezähnten Blättern oder die des helleren Schlangen-Knöterichs, dessen Blütenform an eine Malerrolle erinnert. Ein lila und rosa Blütenmeer. Weitere artenreiche Bergwiesen gibt es zum Beispiel um Sankt Andreasberg, Hohegeiß, Bad Grund oder Wildemann.

Beim nächsten Abzweig gehen wir geradeaus am Waldrand weiter. Manchmal wird auf dem Weg die Grauwacke sichtbar, so bezeichneten die Harzer Bergleute ein Gestein, das wirtschaftlich nicht verwertbar war. Wir folgen dem Weg, halten uns leicht rechts am Waldrand, gehen kurz darauf links über eine Brücke auf den Damm des **Ziegenberger Teiches**. Bei schönem Wetter bietet sich ein Abstecher zur **Badestelle** ❶ an:

Die zahlreichen Teiche gehören zum Weltkulturerbe ***Oberharzer Wasserwirtschaft****, einem System von 107 Teichen, 310 Kilometern Gräben und 31 Kilometern unterirdischen Wasserläufen. Das Wasser trieb die Pumpen des Bergbaus an, sodass Erz gefördert werden konnte.*

Ab Ende Mai, Anfang Juni blühen die Bergwiesen und es gibt eine ***öffentliche Führung*** *mit Erklärungen zu den Blumen und Kräutern. Termin über den Harzklub Buntenbock, Jürgen Nothdurft, Tel. (0 53 23) 4 09 73.*

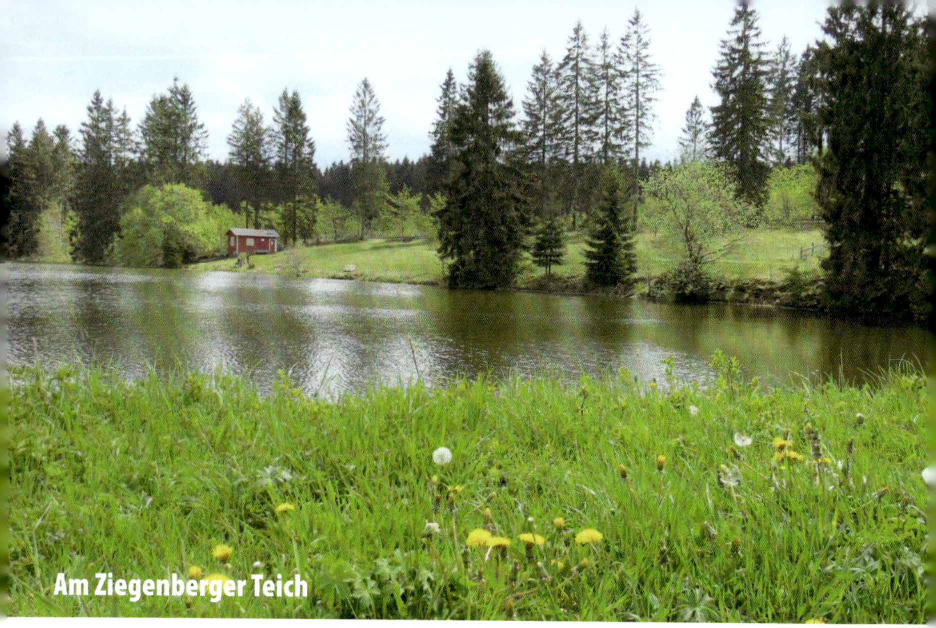

Statt links gehen wir geradeaus auf eine Liegewiese mit Sitzbänken aus Holzpaletten, auf der ein dunkelrot-weißes Schwedenhäuschen steht. Schöner kann man kaum schwimmen, von Wald- und Bergwiesen umgeben. Ist es zu kalt, haben Enten, Haubentaucher und Blesshühner die Teiche für sich.

Zurück auf der geschotterten **Dammstraße** halten wir uns erst wieder rechts, gehen am Ende des Teiches links und biegen in einen Wiesenpfad. Dieser führt wechselnd bergab und bergan. Wir überqueren einen Graben und treffen auf einen Tisch und Bänke. Gut, wenn man jetzt Brötchen, Eier und Tomaten aus dem Rucksack holen kann. Danach geht es am Waldrand weiter bergan. An der höchsten Stelle sehen wir, leicht links, das weiße, lang gezogene Gebäude der Rehaklinik. Wir gehen bergab ins Tal, Richtung Pixhaier Mühle. Wer an der untersten Bank nach rechts schaut, kann zwischen den Baumstämmen den Pixhaier Teich durchblitzen sehen.

Wir passieren ein Schild des beliebten Fernwanderwegs Harzer Hexenstieg, rechts geht ein kleiner Trampelpfad ab. Wir halten uns links und gehen über das untere Stück der Wiese auf eine kleine Schranke zu, die

Für die Seele

Violette Blüten, glasklare Teiche, federnde Wiesenpfade – und mittendrin genügend Bänke, um das alles in Ruhe auf sich wirken zu lassen.

Fußgänger passieren können. Rechts liegt der Biergarten der **Pixhaier Mühle** ❷. Wer mag, kann hier eine kleine Pause einlegen. Heute eine Waldgaststätte wurde dort ursprünglich mithilfe von Wasserkraft Getreide gemahlen. Mitte des 19. Jahrhunderts sollen die Teiche in einem Jahr trockengefallen sein. Den Menschen sei nichts anderes übrig geblieben, als das Mühlrad selbst anzutreiben. Angeblich haben sie sich alle 15 Minuten abgewechselt, so anstrengend war die Arbeit.

Wer keine Pause machen möchte, geht am Zaun entlang, wendet sich nach links Richtung Brücke und folgt dem Wegweiser nach Buntenbock. Es geht auf einem Kiesweg entlang des Flambacher Mühlengrabens weiter. Auf der linken Seite fällt uns der Wiesen-Fuchsschwanz auf. Die braune Ährenrispe erinnert an den Schwanz eines Fuchses, daher der Name. Am Ortseingang taucht links von uns der Sumpfteich mit einem **Picknickplatz** auf. Wir gehen weiter geradeaus und bewundern die schönen Häuser mit den großen Fenstern. Es geht an einer alten Holzbank vorbei, die mit rosafarbenen Blüten der Roten Lichtnelke überwuchert ist. Die Natur wirkt hier, wie von einer Dekorateurin drapiert. Wir treffen auf eine kleine Straße und biegen schräg rechts ab in den **Pixhaier Weg**. Nach ein paar Metern geht es links in

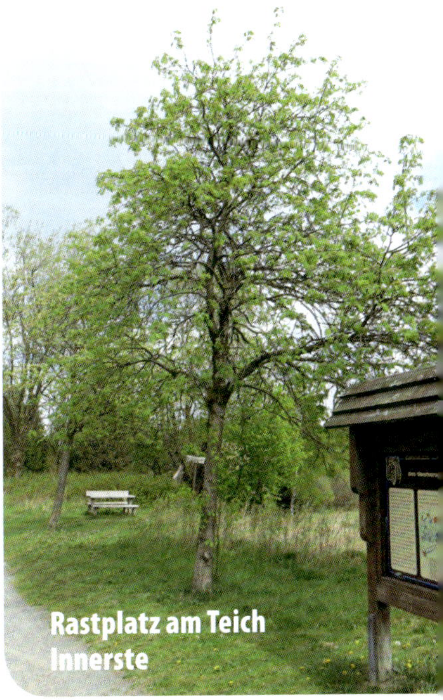

Rastplatz am Teich Innerste

den **Oberen Weg**, eine schmale Asphaltstraße, die an die engen Bergstraßen Italiens erinnert. Wir stoßen auf eine T-Kreuzung, biegen rechts in den **Hasenbacher Weg** und erklimmen die Anhöhe. Vorbei an einer Garage geht es auf einen Trampelpfad über eine Wiese. An der nächsten Gabelung halten wir uns links und gehen unter einem Flutlichtmast für Langläufer durch. Wir folgen dem Weg einige Hundert Meter bis zum **Hasenbacher Teich**. Dort halten wir uns links und wandern über den Damm. Am Ende an der Kreuzung gehen wir wieder links. Nach etwa 200 Metern zweigen wir nochmals links ab, es geht sanft bergab. Hier trifft man auf Kindheitserinnerungen – die weißen Schirmchen der Pusteblumen fliegen einem im Frühjahr entgegen. Wir lassen das Waldstück auf der rechten Seite hinter uns, erreichen nach etwa 300 Metern die ersten Häuser und biegen rechts auf eine – zwischen den Gebäuden kaum sichtbare – Straße aus Schotter und Gras. Diese führt auf die **Alte Fuhrherrenstraße**. Wir gehen nach links und folgen der Straße etwa 300 Meter bis zum Parkplatz der Oberharzer Druckerei. Diesen überqueren wir und gehen rechts am Gebäude der

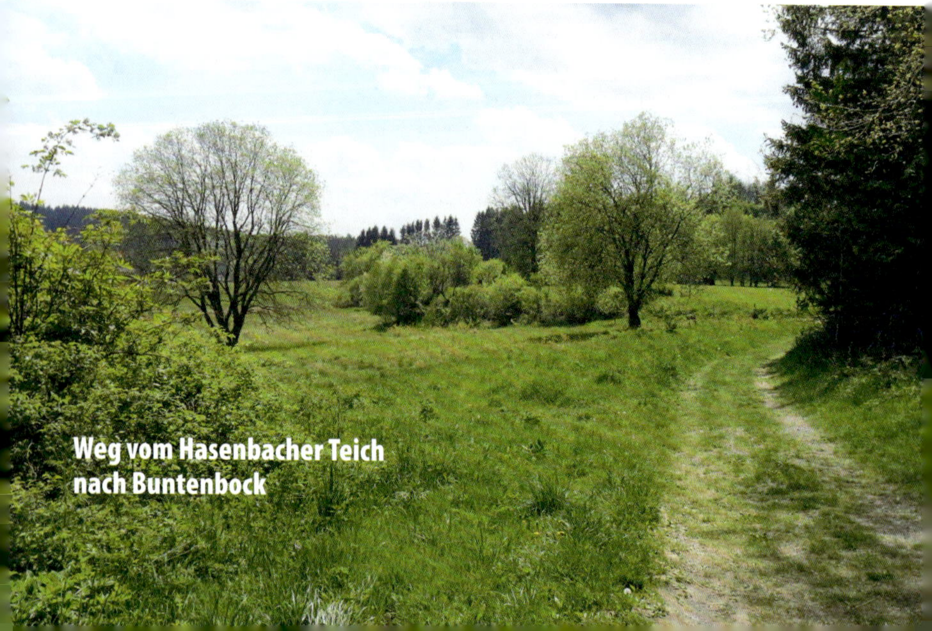

Weg vom Hasenbacher Teich nach Buntenbock

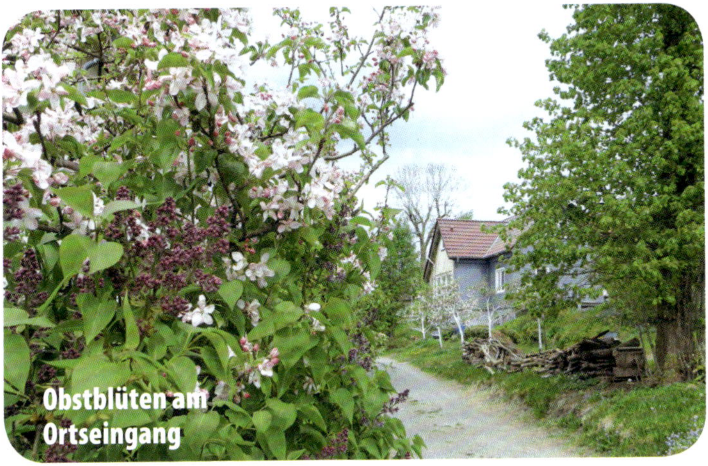

Druckerei vorbei über den Trampelpfad einer Wiese. Nach etwa 50 Metern sehen wir links einen rotbraunen Planwagen, auf dessen Höhe wir rechts auf einen breiteren Kiespfad abbiegen. Über den Häusern von Buntenbock sehen wir nach einem kurzen Stück links ein beigefarbenes Hochhaus, früher Ferienhaus der IG Metall, heute Pflegezentrum. Das flache dunkelbraune Holzgebäude darunter ist der Stall des ehemaligen Ziegenhofs. Heute lagert dort das Heu der umliegenden Bergwiesen. Um ihre Artenvielfalt zu erhalten, werden sie am besten ein- bis zweimal pro Jahr gemäht – so, wie es der Öko-Landwirt hier macht. Und so, wie es früher der Fall war, als jede Familie eine Kuh oder Ziege im Stall hatte und sich dank der Wiesen das Heu als Futter für den Winter sicherte.

Ein paar Meter hinter einem Infoschild zum **Bergwiesenpfad** geht es schräg rechts auf einem breiteren Schotterfeldweg weiter. Wir gehen auf die Hauptstraße zu. Ein paar Meter davor befindet sich ein Abzweig, an dem wir uns links halten. Wir laufen ein kurzes Stück parallel zur Hauptstraße über eine private, relativ breite Asphaltstraße. Danach halten wir uns gleich am ersten Abzweig links und gehen auf eine mehrere

Auszeittour 1

Es lohnt sich, die Wanderung nach der hervorragenden Slowfood-Küche der ***Harzer Speisekammer*** *auszurichten! Die kleine Speisekarte bietet frisch zubereitete, saisonale Gerichte. Achtung, wochentags erst abends geöffnet, Donnerstag Ruhetag.*

Meter breite Schotterstraße, der Zufahrt zur Pension Holl und Boll. Die Straße führt geradeaus am Haus vorbei. Wir gehen bergauf auf einen kaum sichtbaren Trampelpfad zu. Dieser verläuft entlang einer Weide und durch ein kleines, etwa 50 Meter langes Waldstück. Wir wandern auf weichem Waldboden, der mit Fichtennadeln bedeckt ist, und folgen dem Pfad geradeaus Richtung Buntenbock. Im Ort ist die Straße von Obstbäumen gesäumt. Auf ihr geht es bergab und an einer T-Kreuzung links in den **Mittelweg**. Nach etwa 100 Metern taucht rechts unser Parkplatz auf und wir haben unser Ziel erreicht. In der **Harzer Speisekammer** **3**, etwa 120 Meter weiter auf der linken Seite, können wir unsere Wanderung ausklingen lassen.

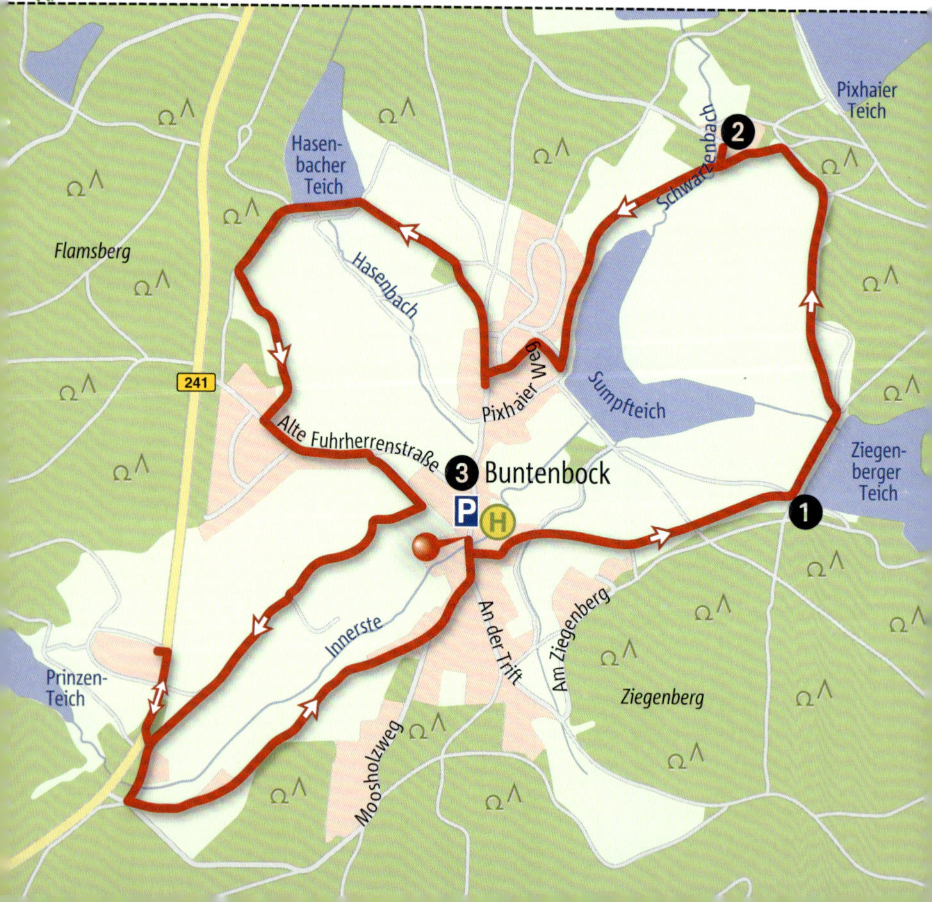

Alles auf einen Blick

Entspannung ✱✱✱✱✱✱
Genuss ✱✱✱✱✱✱
Romantik ✱✱✱✱✱✱

WIE & WANN:
Überwiegend Pfade und wenige Feldwege über die Bergwiese.
Ganzjährig begehbar, beste Zeit während der Blüte der Bergwiesenblumen, circa Ende Mai bis Ende Juni

HIN & WEG:
Auto: Parkplatz Mittelweg, 38678 Clausthal-Zellerfeld OT Buntenbock
(GPS: 51.77632, 10.33265)
ÖPNV: Bus 440 bis Haltestelle Buntenbock Mittelweg, Clausthal-Zellerfeld

ESSEN & ENTSPANNEN:
Pixhaier Mühle ❷ An der Pixhaier Mühle 1, 38678 Clausthal-Zellerfeld OT Buntenbock, Tel. (0 53 23) 9 38 00, www.pixhaier-muehle.de
Harzer Speisekammer ❸ Mittelweg 13, 38678 Clausthal Zellerfeld OT Buntenbock, Tel. (0 53 23) 21 43, www.harzerspeisekammer.de

ENTDECKEN & ERLEBEN:
Badestelle am Ziegenberger Teich ❶

* 11,8 Kilometer
* 230 Höhenmeter
* 4 Stunden
* Rundweg

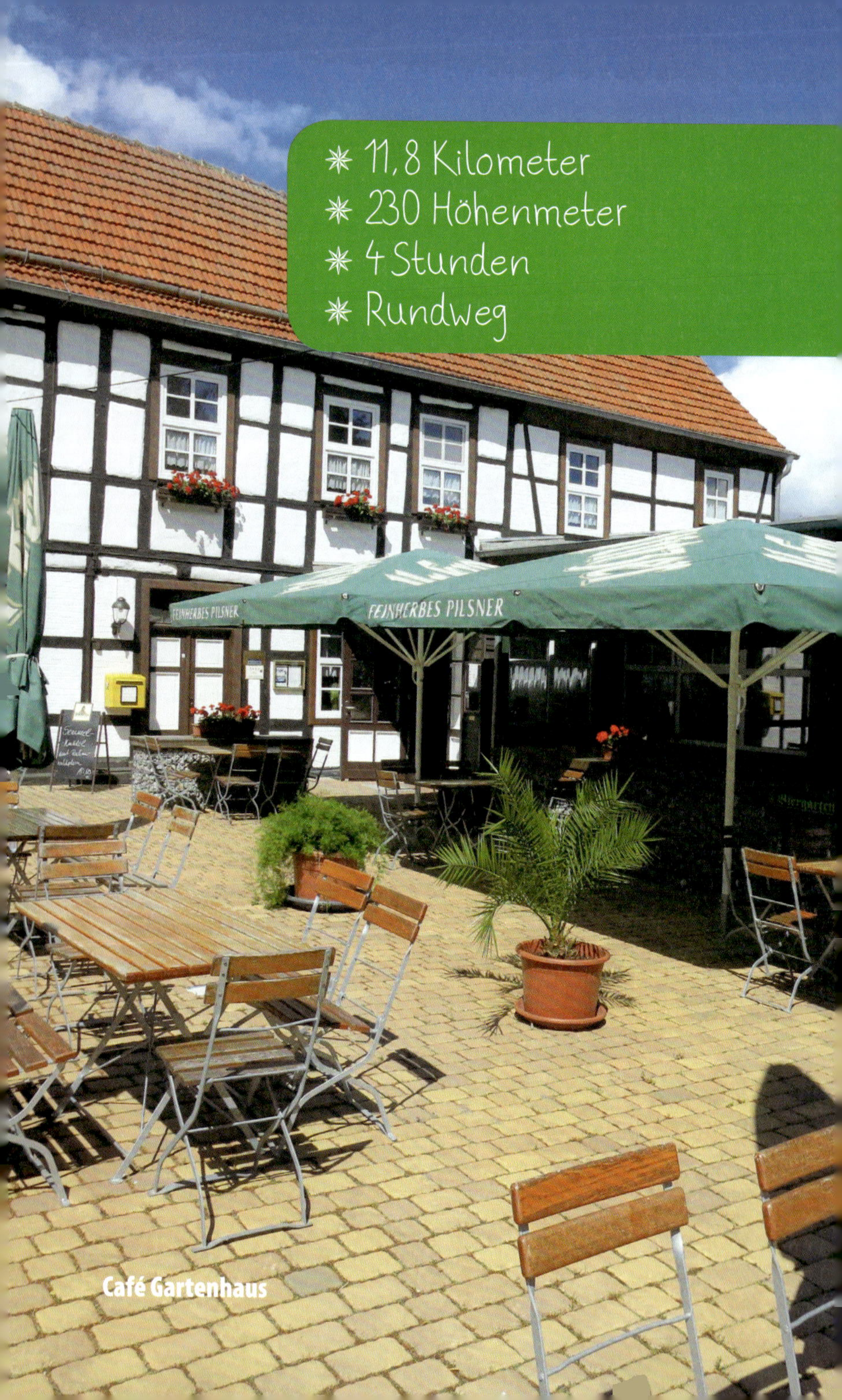

Café Gartenhaus

Trutzige Mauern

Burg Falkenstein und das Selketal

Vom kostenpflichtigen Parkplatz gehen wir links auf die Straße, an Café, Lokal und Pension **Gartenhaus** **1** vorbei. Von der Gaststätte aus fährt regelmäßig eine kleine Bahn zur Burg Falkenstein hinauf. Vor allem an Wochenenden und in den Schulferien sind in der Nähe der Burg viele Menschen unterwegs. Die asphaltierte Straße geht in eine Linkskurve über, wir wandern geradeaus auf eine leicht bergan führende Kopfsteinpflasterstraße und passieren dabei einen Reiterhof. Das Kopfsteinpflaster endet an einer Kreuzung. Dort wandern wir für knapp 2 Kilometer geradeaus auf der **Friederikenstraße**, einer breiten, befestigten Schotterstraße, auf der wir schnell vorankommen. Wir gehen an einer mittelalterlichen **Gerichtsstätte**

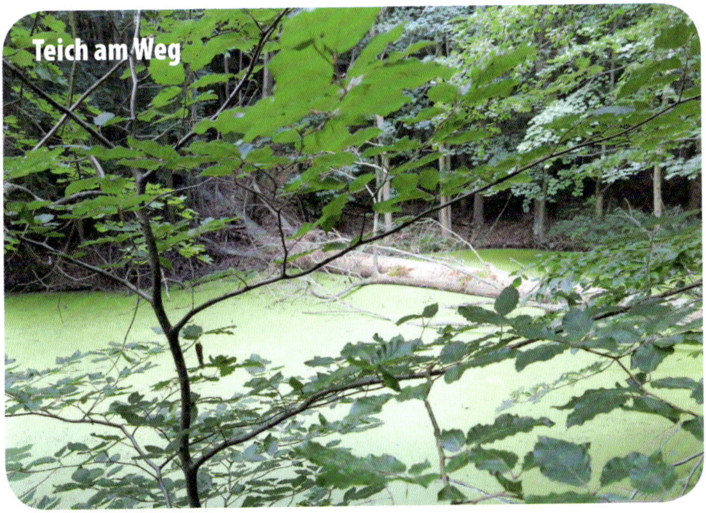
Teich am Weg

vorbei und erfahren, dass bis in die Neuzeit im Freien verhandelt wurde. Die Laubbäume – unter anderem Buchen, Kastanien, Ahorn und Birken – wachsen bis an die Straße heran. Am Wegesrand stehen gelber Hahnenfuß und weißer Wiesenkerbel. Wir kommen am höchsten Punkt der Waldstraße an eine **Wegespinne**. Dort gehen wir den ersten Weg rechts, den **Hirschsteinweg**. Wir folgen der Beschilderung ins Selketal und biegen links in einen Waldweg, an der Stelle, an der es geradeaus bergauf geht. Der Weg führt ebenfalls bergan, 2,7 Kilometer. An den Hängen wurden alte Fichten abgeholzt, junge Bäume wachsen nach. Bemooste Bäume und Farne zeigen nach einer Weile, dass es feucht ist. Neben uns plätschert ein Bach. Je näher wir dem Tal kommen, desto grüner wird es. Unten angekommen, stoßen wir auf eine Linkskurve

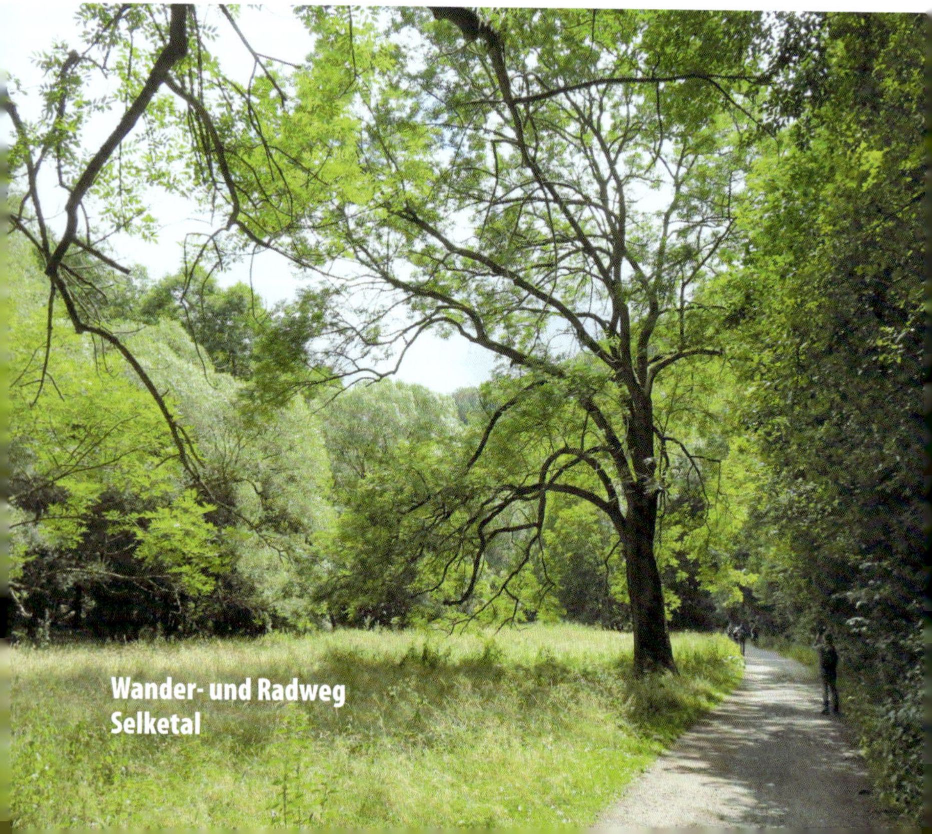

Wander- und Radweg Selketal

Für die Seele

Abenteuerlich und alltagsfern: eine der schönsten Harz-Burgen nahe der Selke, umgeben von dichten Laubwäldern und seltenen Tieren wie frei lebenden Wildkatzen

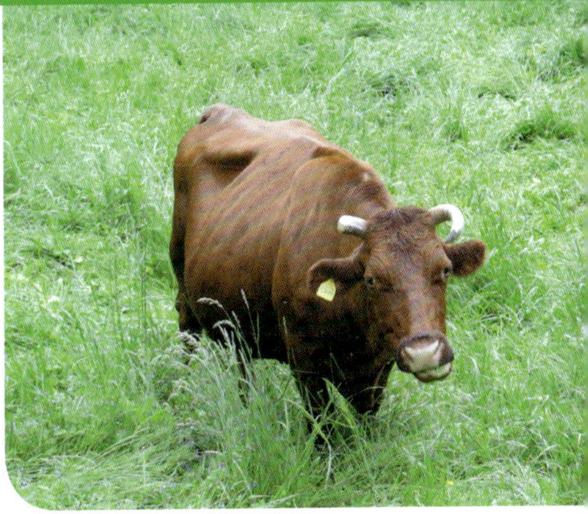

und wandern dort geradeaus auf einen Wiesenweg. Am Ende der Wiese stehen ein Tisch und zwei Bänke – ein wunderschöner Picknickplatz. Wir überqueren eine **Holzbrücke** über die Selke, wenden uns nach links auf den Selketal-Stieg, der mit einem Burgumriss in Rot markiert ist. Nach ein paar Metern stoßen wir auf die Stempelstelle 203 der Harzer Wandernadel und auf die **Schutzhütte am Mettenberg** 2. Hier können wir uns einen ersten Eindruck vom Selketal verschaffen, Autos sind zwischen der Selkemühle im Süden und dem Ort Meisdorf im Norden tabu.

Wer gleich weitermöchte, geht Richtung Burg Falkenstein nach rechts. Der Weg entpuppt sich als Allee aus **Kastanien**, an der kleine frisch gepflanzte sowie große ältere Bäume stehen. Zahlreiche Radfahrer kommen uns entgegen. Der Selketal-Stieg führt vorbei an bunt blühenden Wiesen mit Schmetterlingen, Weiden mit Rindern und bewachsenen Steilhängen. Das Tal wirkt offen und gleichzeitig eingerahmt, fast beschützt. Die Selke fließt erst auf der rechten Seite des Weges, so lange, bis wir über eine Holzbrücke gehen, vor der eine einladende Bank unter alten, knorrigen Eichen steht. Danach fließt die Selke auf der linken Seite, etwa 50 bis 100 Meter von uns entfernt. Wir gehen an einem Rastplatz vorbei, an dem ein Weg nach

*Dieser Bereich des **Selketals** steht seit 1994 unter Naturschutz. Besonderheiten sind der natürlich mäandernde Fluss Selke, die Erlen und Eschen im Tal sowie die seltenen Tierarten wie Mauersegler und Wildkatze.*

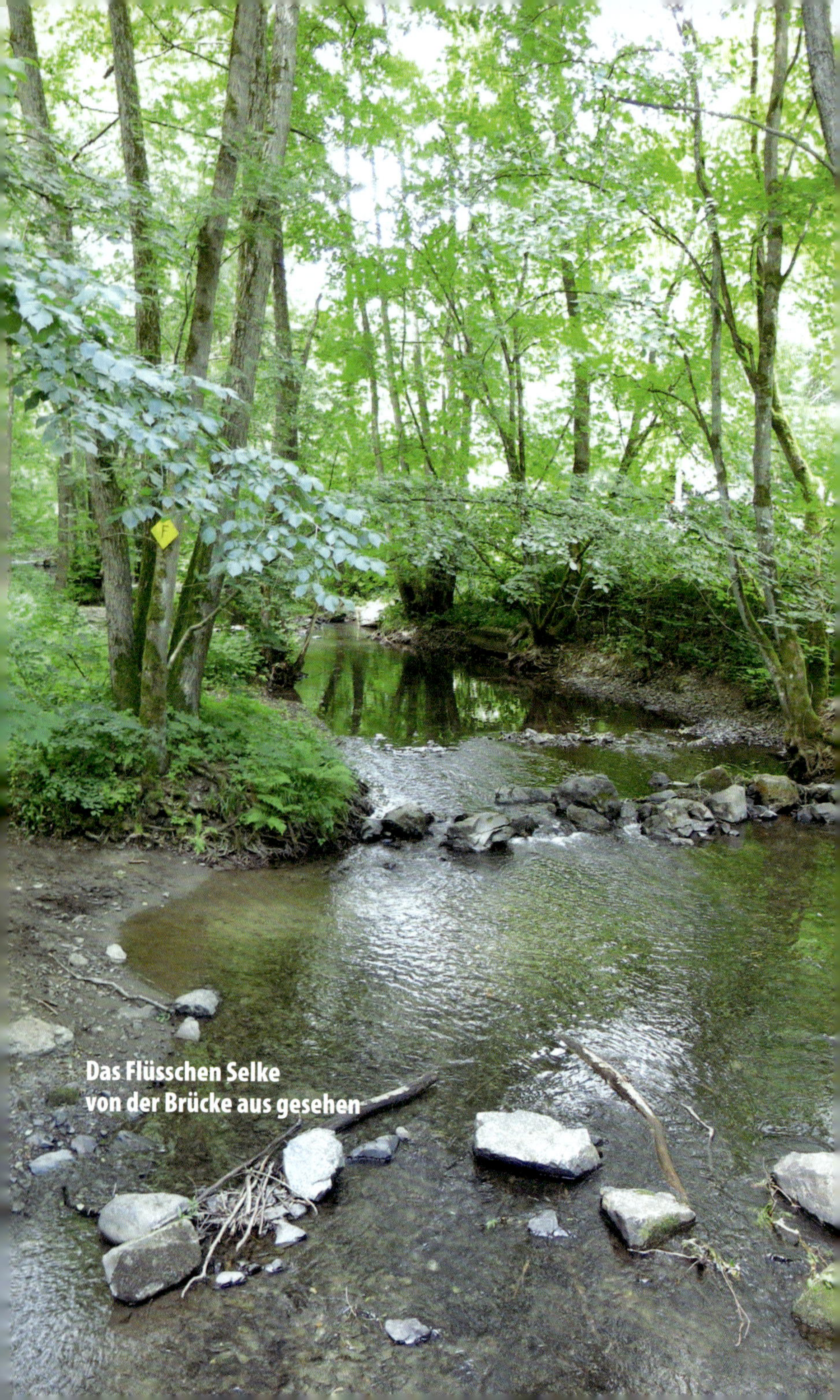

Das Flüsschen Selke
von der Brücke aus gesehen

rechts führt und wandern geradeaus weiter, immer mal wieder durch Laubwald, der uns mit seinem Blätterdach vor der Sonne schützt. An der Selke stehen voluminöse **Eschen**, wir erkennen sie an ihren gefiederten Blättern. Wir gehen über eine weitere Holzbrücke, hinter der man direkt ans Wasser kommt. Die Selke ist an der Stelle etwa 10 Meter breit. Wenig später geht links ein Weg ab, den wir ignorieren.

Wir kommen an den Resten eines Spielplatzes vorbei, sehen dahinter ein dreiteiliges Gebäude und eine Nurdachhütte, auf der das Wort Kiosk steht. Es handelt sich um das ehemalige Hotel und Restaurant **Thalmühle**, das im Herbst 2016 durch einen Brand zerstört wurde und seitdem geschlossen ist. Wir passieren einen alten Minigolfplatz unter Fichten und biegen an der T-Kreuzung dahinter rechts ab auf den Falken-

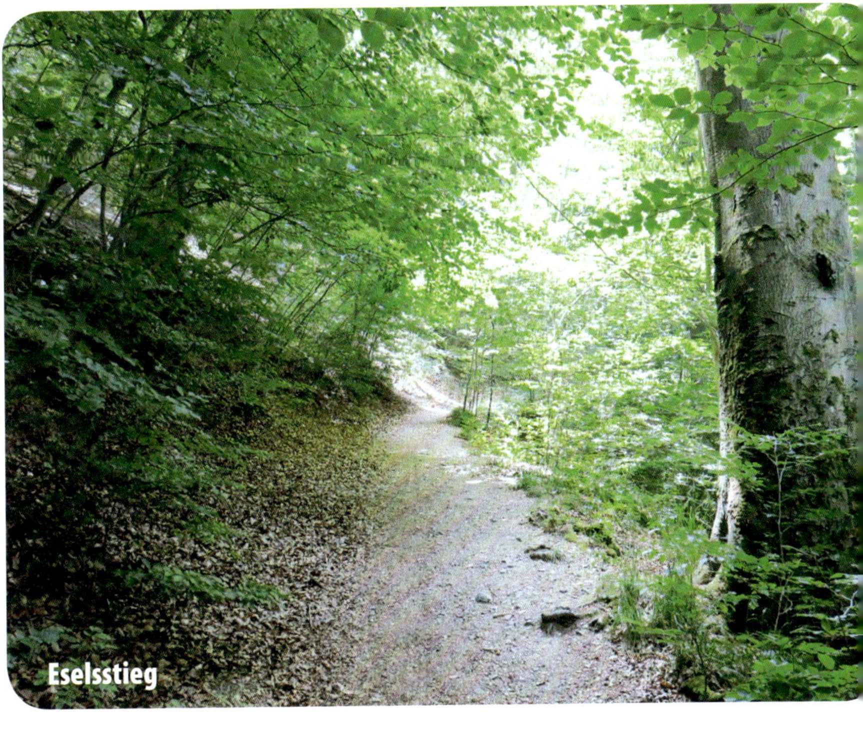

Eselsstieg

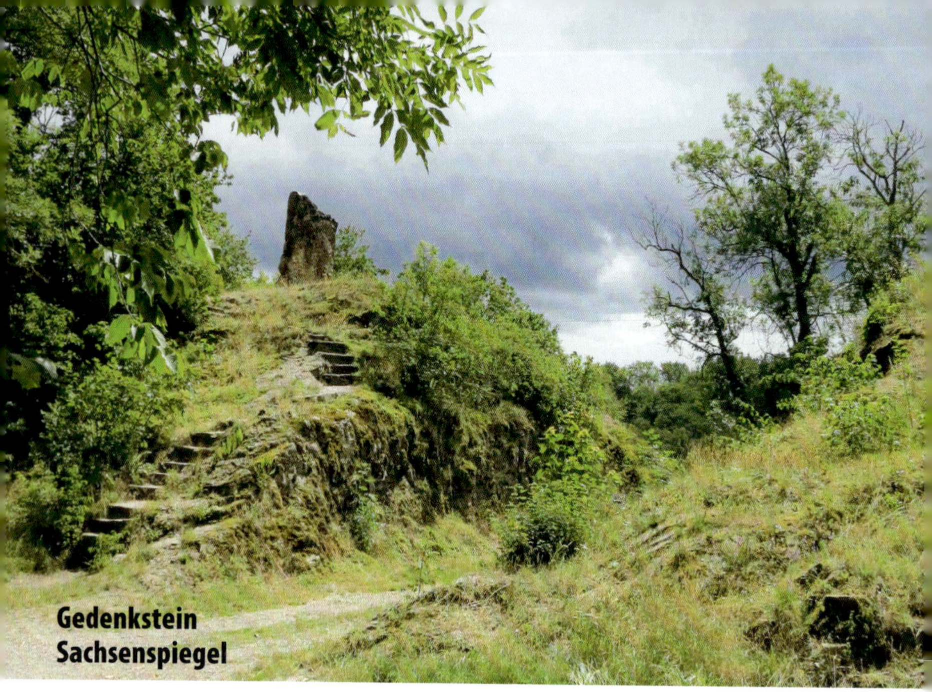

Gedenkstein Sachsenspiegel

*Eike von Repgow soll der Legende nach zu Beginn des 13. Jahrhunderts auf Burg Falkenstein den **Sachsenspiegel** verfasst haben – das bedeutendste deutschsprachige Rechtsbuch des Mittelalters. Aus ihm stammt die Redewendung: Wer zuerst kommt, mahlt zuerst.*

steiner Weg, eine asphaltierte Straße. Auf der **Adelheid-Brücke** mit ihrem blauen Geländer überqueren wir erneut die Selke. Wir wandern an Abzweigen vorbei bis zu einem Infoschild über das Selketal und die Burg, gehen ein paar Meter dahinter rechts auf den **Eselsstieg**, der als teilweise steiniger Pfad 1 Kilometer steil bergauf führt. Nach fast der Hälfte befindet sich rechts eine **Aussichtsstelle**: Zwischen Eichen- und Buchenblättern können wir die Burg erkennen und kurz verschnaufen. Wir treffen auf einen hohlen, mit Löchern durchsetzten Baumstamm und erreichen – oben angekommen – ein paar **Steinstufen**, die zu einer T-Kreuzung führen. Dort wenden wir uns nach rechts und stoßen auf die Stempelstelle 200 der Harzer Wandernadel. Gehen wir nach links, können wir die Stufen zum Gedenkstein an Eike von Repgow hochsteigen.

Wir durchschreiten die Mauer einer Vorburg. Dahinter befinden sich mehrere Tische und Bänke – ein schöner Platz für ein Picknick. **Burg Falkenstein** ③ entstand in der zweiten Hälfte des 12. Jahrhunderts. Steile Wände ragen trutzig vor uns auf. Wer im Mittelalter hier eindringen wollte, hatte bestimmt kein leichtes Spiel. Heute geht es leichter: mit einer Eintrittskarte.

Die Eintrittskarte brauchen wir auch, um uns in der **Burggaststätte Krummes Tor** 4 zu stärken. Von dort genießen wir im Freien einen erhabenen Ausblick auf das Selketal. Wir verlassen die Burg, lassen den Eselsstieg links liegen und gehen geradeaus. Der Weg verzweigt sich, wir biegen rechts auf einen relativ breiten Pfad, den Hangweg, und können eine riesige **alte Esche** am Wegesrand bewundern. Der Pfad führt leicht bergab, doch daneben geht es steil ins Tal hinab. Die andere Seite des Wegs ist felsig, trotzdem krallen sich dort glatte Buchen und alte Eichen fest. Unten angekommen, gehen wir an **zwei Teichen** und einer Schutzhütte vorbei. Auf Schildern sehen wir, wie Spitzahorn und Zitterpappel aussehen oder – etwas

*Während der Romantik galt **Burg Falkenstein** als ideale Ritterburg. Wir staunen über die mit Geschirr opulent gedeckte Tafel, das Himmelbett und die Geheimgänge. Hoch hinaus geht es auf einer Aussichtsterrasse – mit fast Rundumblick auf die Harzer Berge.*

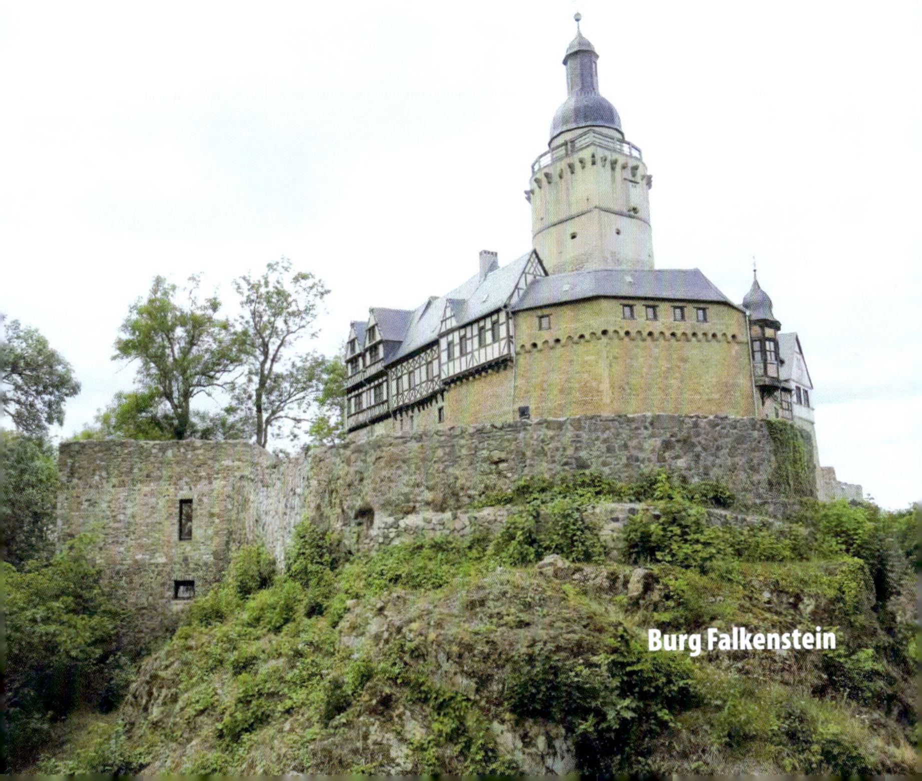

Burg Falkenstein

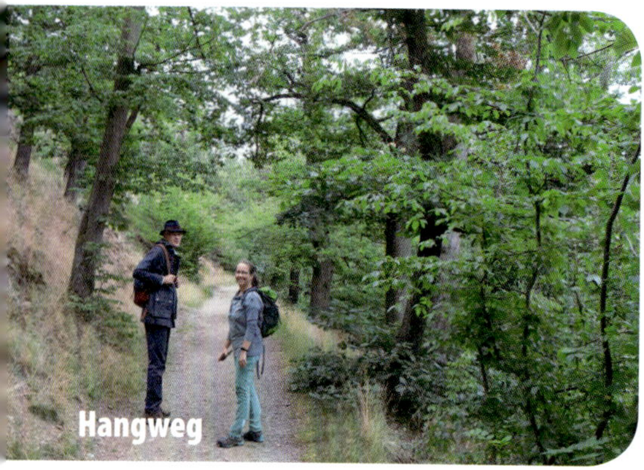

später – auch Teichbewohner wie Gelbrandkäfer und Kammmolch. Wir wandern geradeaus weiter, treffen auf eine Kreuzung und biegen rechts ab auf einen befahrbaren Weg mit zwei gepflasterten Fahrspuren. Ihm folgen wir etwa 400 Meter, erst leicht, dann steiler bergauf, um eine Linkskurve bis zu einer Kreuzung. Dort biegen wir links ab und gehen auf dem Kopfsteinpflaster zurück zu unserem Ausgangspunkt.

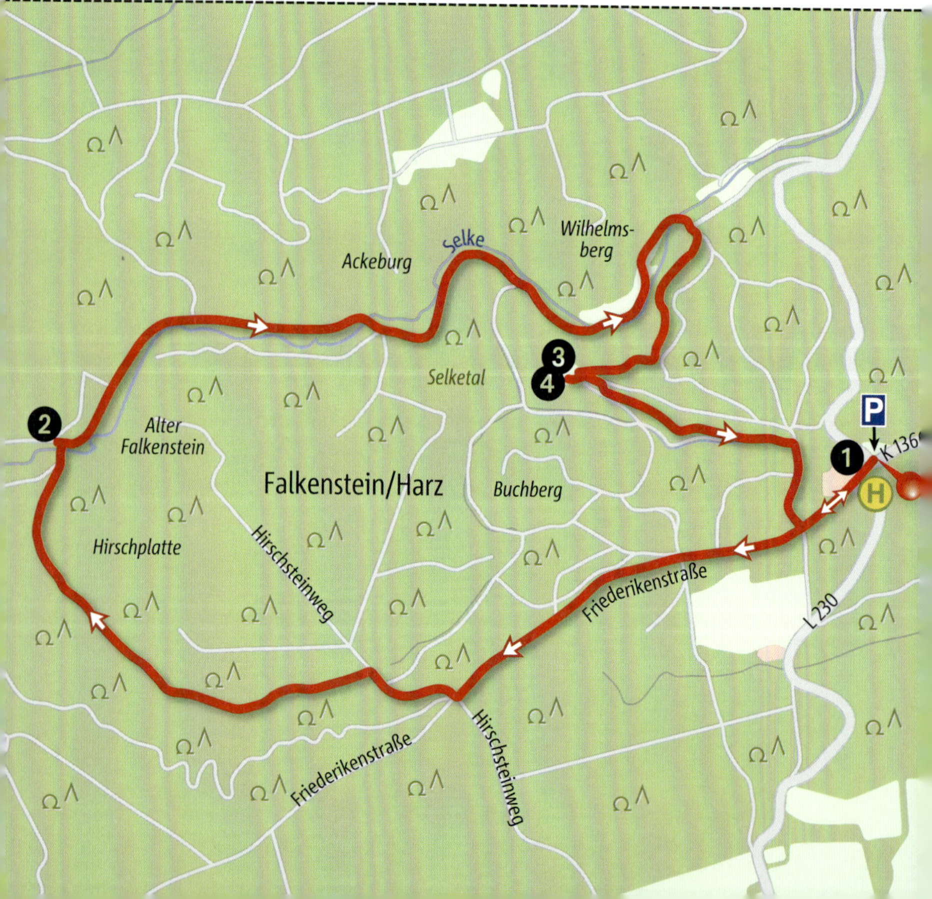

Entspannung ✱✱✱✱✱
Genuss ✱✱✱✱✱✱
Romantik ✱✱✱✱✱

WIE & WANN:
Steiler Anstieg auf dem Eselsstieg-Pfad zur Burg, sonst entspannt auf breiten Waldwegen. Ganzjährig begehbar, beste Zeit von April bis Oktober

HIN & WEG:
Auto: Gartenhaus, Parkplatz an der Straße zwischen Meisdorf und Pansfelde, 06543 Falkenstein/Harz OT Pansfelde (GPS: 51.67890, 11.28493)
ÖPNV: Bus 243 bis Haltestelle Gartenhaus

ESSEN & ENTSPANNEN:
Gartenhaus ❶ Gartenhaus 3, 06543 Falkenstein/Harz OT Pansfelde, Tel. (03 47 43) 81 74, www.ritteressen-burg-falkenstein.de
Burggaststätte Krummes Tor ❹ Burg Falkenstein 1, 06543 Falkenstein/Harz OT Pansfelde, Tel. (03 47 43) 6 20 12, www.ritteressen-burg-falkenstein.de

ENTDECKEN & ERLEBEN:
Schutzhütte am Mettenberg ❷ Stempel 203, Harzer Wandernadel
Burg Falkenstein ❸ Stempel 200, Harzer Wandernadel

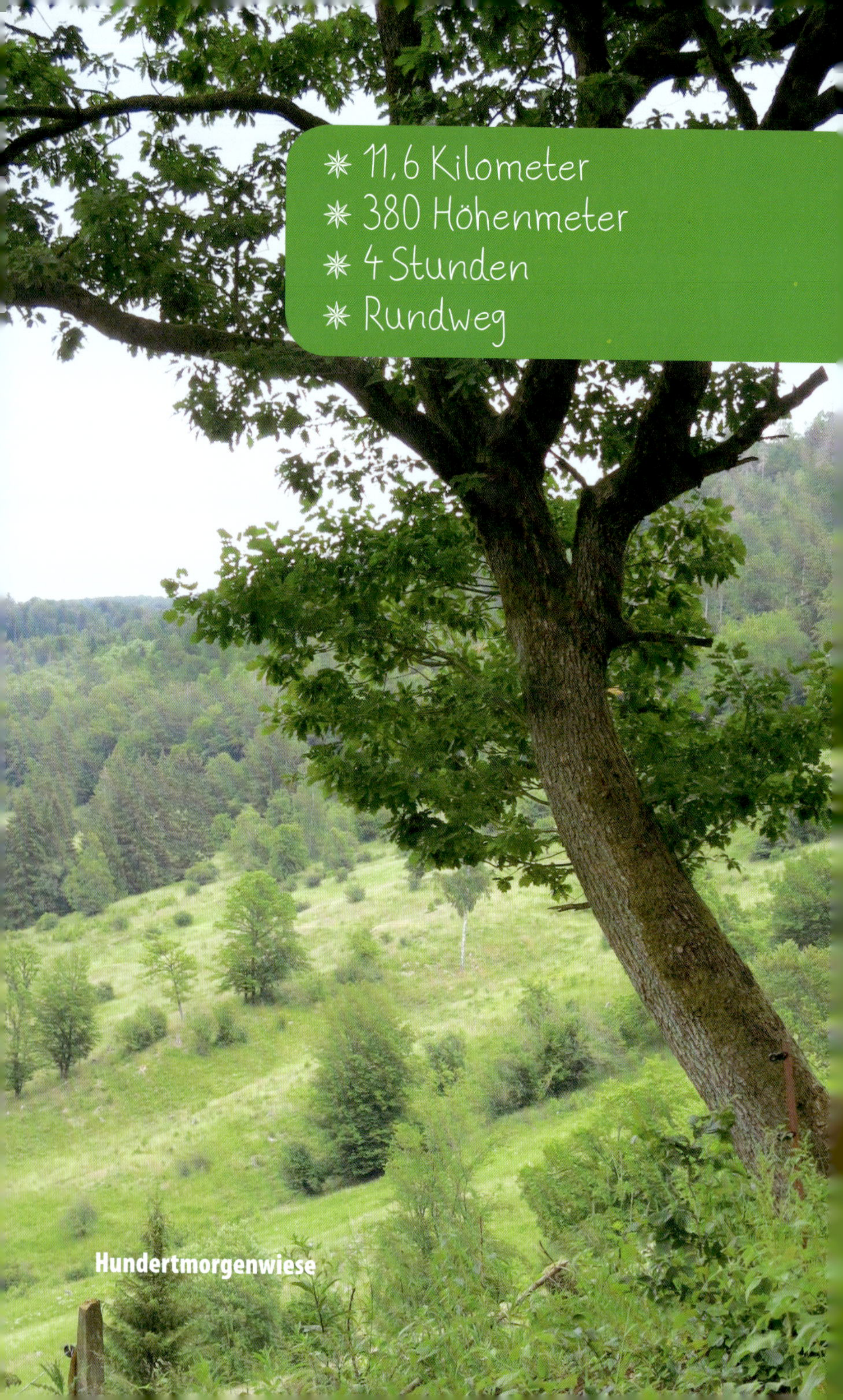

Hundertmorgenwiese

Alles grün

Auf dem Grenzweg bei Zorge

Wir starten die anspruchsvolle Tour an der öffentlichen Parkecke der **Destillerie Hammerschmiede** ①. Diese bietet öffentliche Führungen an – und feinsten Harzer Single Malt Whisky. Von dort folgen wir der **Kopfsteinpflasterstraße Elsbach** bergauf. Der Luftkurort Zorge liegt an der ehemaligen innerdeutschen Grenze auf niedersächsischer Seite und wurde gegründet, um Eisenerz abzubauen.

Am Ende der Straße stehen auf der linken Seite schwarze Holzhäuser, die ehemaligen Zollhäuser. Kurz danach führt uns das Kopfsteinpflaster auf einen schmaler werdenden Weg und schließlich einen **Pfad**. Es geht an einer **Holzbrücke** vorbei, dahinter steil bergauf. Oben angekommen, biegen wir links auf einen Waldweg. Gleich danach folgen wir bergan einer scharfen Linkskurve und biegen – noch in der Kurve – rechts ab. Nach einer Weile öffnet sich vor uns ein großer, mit Gras bewachsenen Hang, auf dem vereinzelt Bäume stehen: die **Hundertmorgenwiese**.

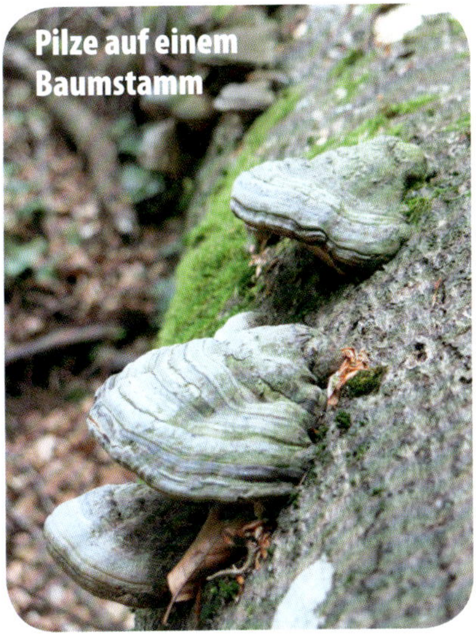
Pilze auf einem Baumstamm

In den Jahren kurz vor dem Bau der innerdeutschen Grenze sollen sich an der Hundertmorgenwiese, an der Trennungslinie zwischen Niedersachsen und Thüringen, Schmuggler getroffen haben, um Heringe aus Bremerhaven gegen Schnaps aus Nordhausen zu tauschen. Wir gehen an alten knorrigen Eichen vorbei. Der Weg führt weiter leicht bergan, bis zum Ende der Hundertmorgenwiese. Dort steht eine Gruppe Birken. Plötzlich sind die Bäume mit Moos überzogen. Ein Hinweis auf Feuchtigkeit? Tatsächlich. Wir kommen an einem kleinen **Teich** vorbei, in den der Elsbach fließt. Es wird eben und wir wandern zu einer **Kreuzung**, an der wir scharf rechts abbiegen. Kurz darauf sehen wir links im Wald eine Holzhütte, früher ein Unterstand des Zolls. Es geht leicht bergab, wir wandern auf einem Waldweg ein Stück oberhalb des Hinwegs in die entgegengesetzte Richtung, vorbei an weiteren moosbedeckten Bäumen. Der Grenzweg verläuft weiter oben. Wir gehen durch Buchenwald, vereinzelt sind Birken, Fichten, Eichen und Ahorn sichtbar. Die **Hundertmorgenwiese** liegt unter uns. An der Stelle, an der der Weg die Wiese erreicht, geht es links jäh nach oben, auf einen 2 bis 3 Meter breiten, steilen Pfad. Dieser wird schnell enger, sodass man nur noch hintereinander laufen kann. Der folgende halbe Kilometer auf dem **Hangpfad** ist der

*Die **Hundertmorgenwiese** ist Naturschutzgebiet und Teil des Grünen Bandes. Wo früher Heu für das Winterfutter der Tiere gewonnen wurde, freuen sich heute Wandersleute über gelbe Arnika, violetten Wald-Storchschnabel und weißen Bärwurz.*

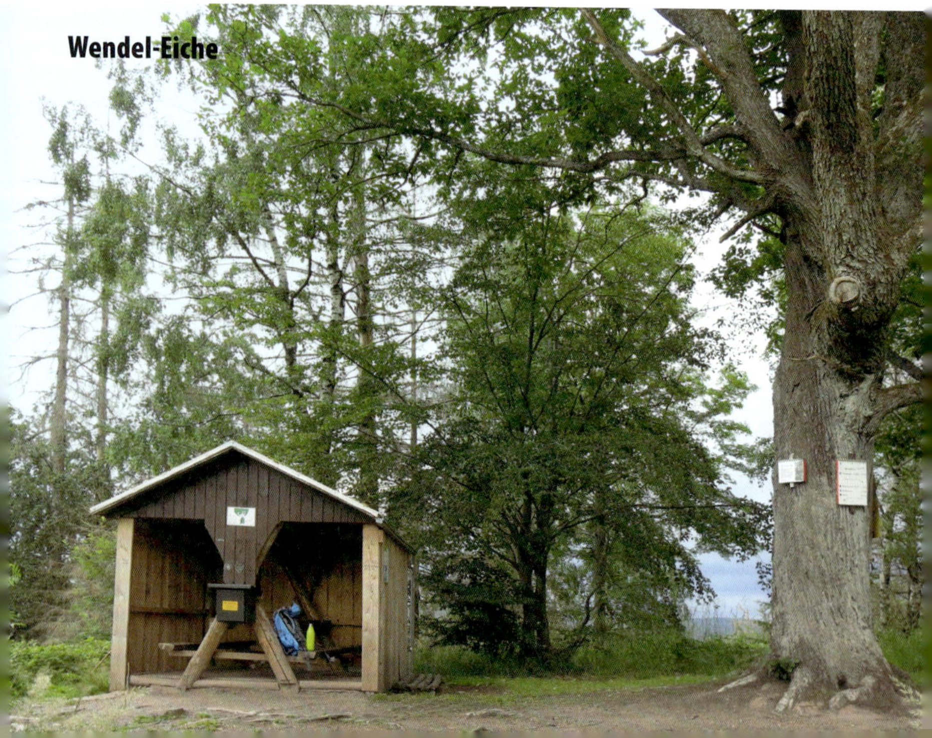
Wendel-Eiche

Für die Seele

Ein verwunschener Pfad entlang des Grenzwegs, eine erhabene Aussicht vom Roten Schuss und ein sich weitender Blick am Naturschutzgebiet Hundertmorgenwiese

anspruchsvollste Teil der Tour. Auf der linken Seite, Richtung Hohegeiß, sieht man bewaldete Hügel. Neben dem Pfad geht es einige Meter steil nach unten. Wir wandern bergauf zur Infotafel **Schwangere Jungfer**, dort biegen wir rechts ab auf den ehemaligen **Grenzweg**, heute Teil des Biotop-Verbundes Grünes Band. Dieser Weg ist ein wunderschön verwunschener Pfad und einer der Höhepunkte dieser Tour. Er ist herrlich einsam, vor allem im Vergleich zum Brocken, dem höchsten Berg des Harzes, der auch an der Grenze liegt. Apropos Brocken: Wir gehen hintereinander auf dem schmalen Grenzweg steil bergauf und stoßen auf eine Bank und ein Schild mit der Aufschrift **Brockenblick**. Von hier aus erblickt man den Wurmberg und den Brocken mit seinen amtlichen 1141,2 Metern Höhe.

Wir treffen auf Grenzsteine, die das Herzogtum Braunschweig und das Königreich Preußen voneinander trennen, die spätere Grenze zwischen **Niedersachsen und Thüringen**. Gleich folgt der nächste Höhepunkt: die **Wendel-Eiche** ❷ und die Schutzhütte mit der Stempelstelle 165. Die Eiche markiert den höchsten Punkt des zum Harz gehörenden Ellricher Stadtwaldes auf 586 Metern Höhe. Die Wendel-Eiche heißt so, weil ab 1901 für einige Jahrzehnte eine Wendeltreppe auf eine Aussichtsplattform auf der Eiche führte. Die Treppe wurde zu

Roter Fingerhut

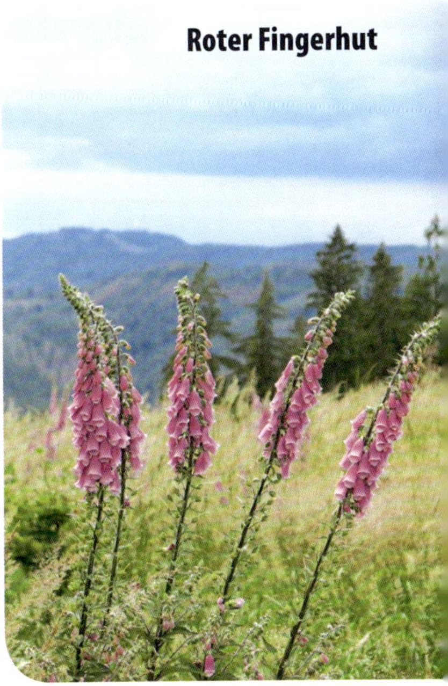

DDR-Zeiten zurückgebaut, da sie im Sperrgebiet lag, die Befestigungsringe aus Eisen sind aber heute noch am Stamm zu sehen.

Wir verlassen den Grenzweg, biegen links ab, gehen den etwas **breiteren Pfad** ein Stück bergab und kommen an einen großen Platz. Dort nehmen wir die Straße geradeaus und gehen weiter bergab, nun auf einem **Kolonnenweg**. Dieser besteht aus Betonplatten mit Löchern und war Teil der DDR-Grenzanlagen.

Auf der rechten Seite können wir bis ins Tal blicken, es ist alles freigeschlagen. Der Weg macht eine Linkskurve, dort steht eine Bank. Wir befinden uns an der **Zankecke** und biegen rechts ab und nach etwa 20 Metern gleich wieder links auf einen Pfad. Dabei verlassen wir den Kolonnenweg. Ab hier folgen wir den Schildern zum Roten Schuss. Wir wandern auf dem Weg geradeaus bergab und ignorieren einen weiteren Abschnitt eines kaputt gefahrenen **Kolonnenwegs**, der rechts abzweigt. Der Weg ist zum Pfad geworden. Eine Rechtskurve führt uns tiefer in den Wald und gleichzeitig bergab. Ein kurzes Stück geht

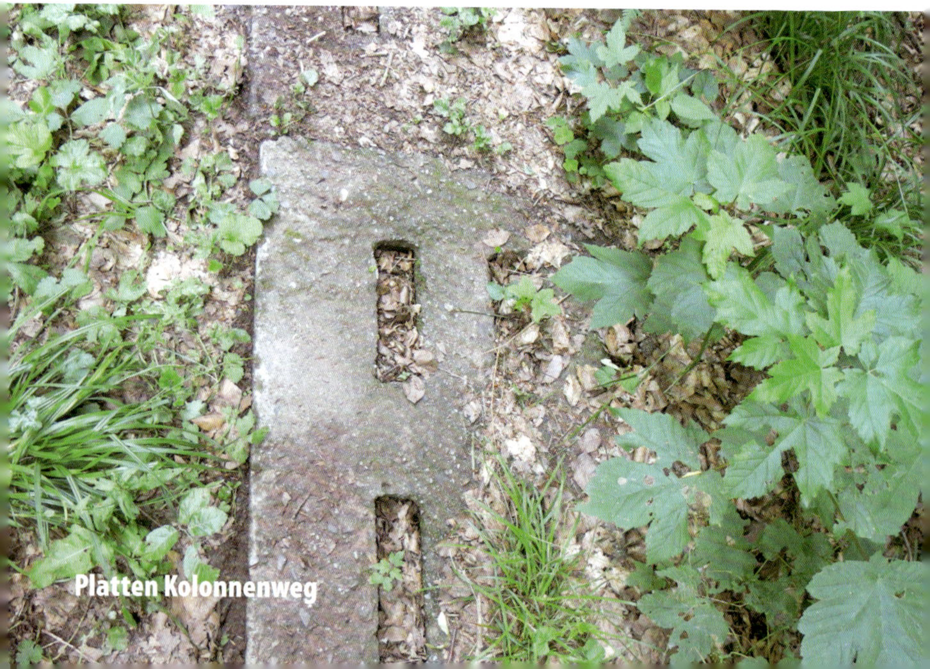

Platten Kolonnenweg

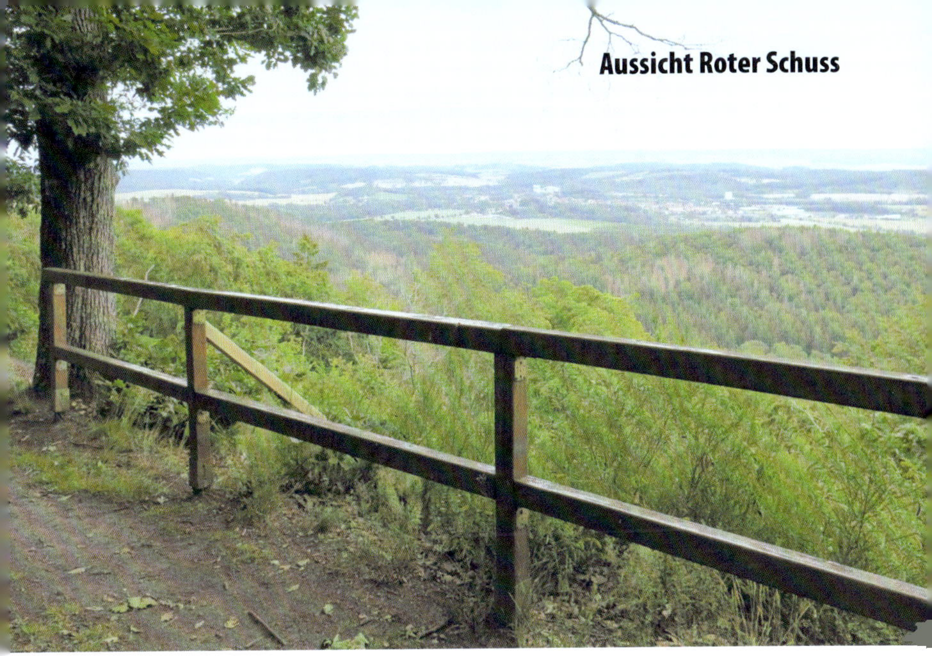

Aussicht Roter Schuss

es besonders steil nach unten, wir treten nicht nur mit Zehenspitzen auf, sondern mit dem ganzen Fuß, wie es auch der Wanderwart des örtlichen Harzklubs empfiehlt. Schilder weisen bereits auf den nahen **Roten Schuss** ❸ hin.

Wir machen eine Pause. Sogar Wandernde aus den USA und aus Neuseeland haben sich in das Gipfelbuch der Hütte eingetragen. Von Osterode bis Sangerhausen zieht sich ein **Gipskarstberg**. Wir sehen immer wieder weiße Stellen der alten Gipsbrüche, an denen das Gestein zutage tritt. Im unter uns liegenden und zu Thüringen gehörenden Ellrich existiert noch eine von früher zahlreichen Gipsfabriken.

Anschließend halten wir uns links und kommen auf einen Hangweg, einen Pfad, der zum Teil ausgesetzt ist und aus gutem Grund **Zick-Zack-Weg** genannt wird. Es geht an einer Eiche vorbei, die über den Abgrund ragt und sich tapfer in den Hang krallt, und auf **Serpentinen** und Stufen nach unten. Wir folgen dem Pfad durch Buchenwald und kommen an eine T-Kreuzung, an der wir rechts auf dem Waldweg weiter bergab wandern. Nach einem guten halben Kilometer

*Der **Rote Schuss** (Stempelstelle 90) liegt auf 505 Metern Höhe und bietet einen traumhaften Ausblick auf den Südharz, bei gutem Wetter bis zum Kyffhäusergebirge. Die offene Hütte – mit Gipfelbuch – ist in einem Topzustand und ideal für ein Picknick.*

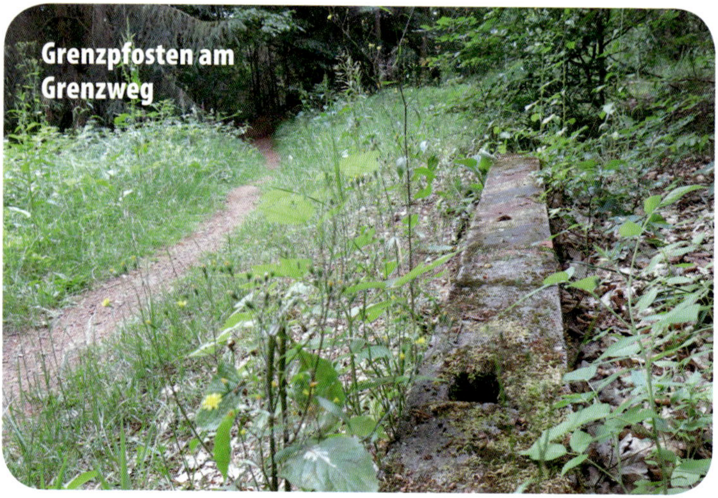

halten wir uns rechts und erreichen **Pfaffenborn**, Born heißt Quelle oder Brunnen. Hier befinden sich neben der Quelle ein Unterstand und eine große Bank.

Von Pfaffenborn aus gehen wir zurück und biegen den ersten Weg rechts ab. Kurz danach wandern wir links auf eine **Waldstraße**, die direkt nach Ellrich führt. Nach ungefähr 250 Metern zweigen wir rechts ab in einen Waldweg. Diesen gehen wir erst leicht bergab, dann bergauf. Wir kommen an eine **zugewachsene Kreuzung**, gehen links wieder ein Stück auf dem Kolonnenweg bergauf. Die erste Möglichkeit biegen wir rechts ab, nach ein paar Metern wieder leicht rechts und kommen erneut auf den **Grenzweg**. Wir genießen den Pfad, gehen vorbei an einem **Pfosten** in Deutschlandfarben, der früher die innerdeutsche Grenze markierte und kommen nach einem guten halben Kilometer zur **Zweiländereiche** ④ mit ihrem Sonderstempel.

Dort lädt eine Bank zu einer Pause ein. Hinter der Zweiländereiche gehen wir geradeaus weiter, wir befinden uns nach wie vor auf dem **Grenzweg**. Achtung, die Grenzweg-Schilder sind ein beliebtes Souvenir, entsprechend schlecht ist die Route ausgezeichnet.

Der Höhepunkt des naturnahen Grenzweges ist die ***Zweiländereiche****. Der Baum teilt sich in zwei Stämme, wovon einer in Thüringen und der andere in Niedersachsen steht.*

Sobald die Mitarbeitenden des Harzklubs neue Schilder an den Bäumen befestigen, werden diese wieder entfernt. Dass wir noch richtig sind, sehen wir an den kleinen Holzplatten, die etwas über Kopfhöhe an den Bäumen verankert sind und an denen die Markierungen befestigt waren. Wir kommen an eine Rechtskurve. Der Weg verzweigt sich, wir wandern rechts. Es geht kurz bergab, danach gleich wieder bergauf. Der ganze Weg ist hügelig. Wir kommen an einem Schild vorbei „Schwangere Jungfer, Wendel-Eiche, Grenzweg", das nach rechts zeigt. Hier geht der Grenzweg weiter. Wir bleiben auf dem Pfad links. Kurz danach kommen wir an eine **Wegespinne** und sind ganz in der Nähe der **Hundertmorgenwiese**. Wir biegen nach rechts zur **Stiefmutter** ⑤ ab und gleich wieder rechts. Bis zur Schutzhütte und zur Stempelstelle 164 sind es etwa 100 Meter. Das Mutter in Stiefmutter stammt wohl vom Plattdeutschen Modder, also Schlamm und Dreck. Der **Schlammweg** ist heute zum Glück keiner mehr. Wir genießen den erneuten Blick auf die **Hundertmorgen-**

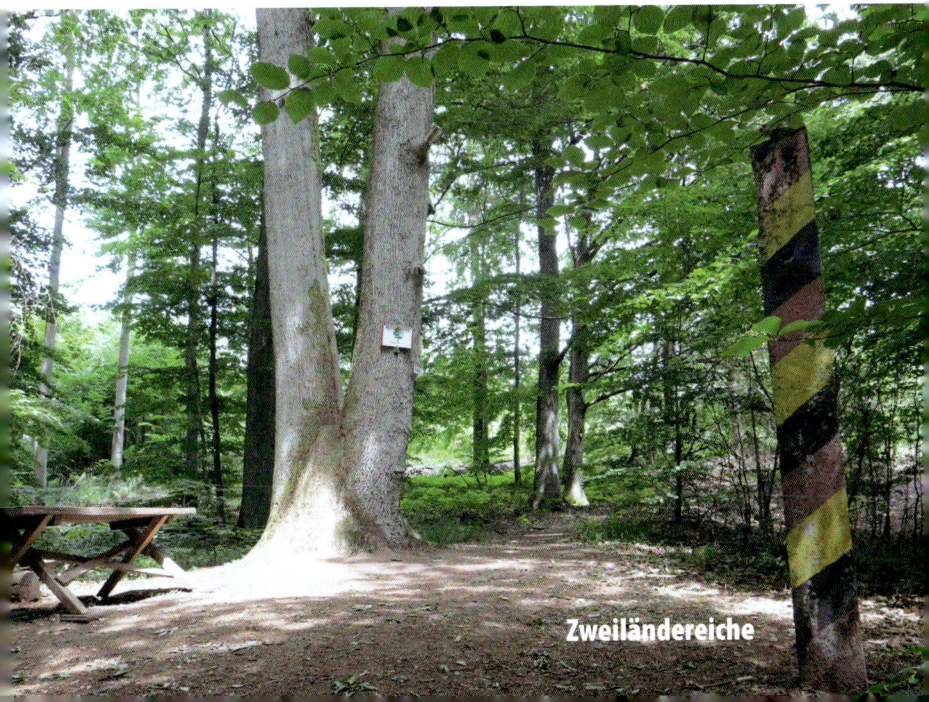

Zweiländereiche

Auszeittour 3

Nach der Wanderung: Feinen selbst gemachten ***Baumkuchen*** *in der Konditorei Werner kaufen und zum gepflegten Waldschwimmbad Zorge fahren. Sich im Wasser beim Schwimmen abkühlen und anschließend auf dem Rasen den Kuchen genießen.*

wiese und gehen zurück an die Kreuzung. Dort halten wir uns rechts und folgen dem Waldweg bergab. Er macht ziemlich am Anfang eine Rechtskurve. Nach einem guten Kilometer kommen wir wieder an den schwarzen Zollhäusern vorbei, diesmal ein ganzes Stück über ihnen. An der Kreuzung kurz danach gehen wir scharf nach rechts und kommen nach knapp 100 Metern zurück auf den Hinweg nach links. Achtung, den Pfad nicht übersehen! Am Elsbach entlang wandern wir hinab zur Hammerschmiede und zum Parkplatz. Zeit für eine Belohnung: je nach Geschmack führt uns diese zu Konditorei und **Café Werner** **6**, ins **Waldschwimmbad Zorge** **7** oder ins Restaurant des **Landhotels Kunzental** **8**.

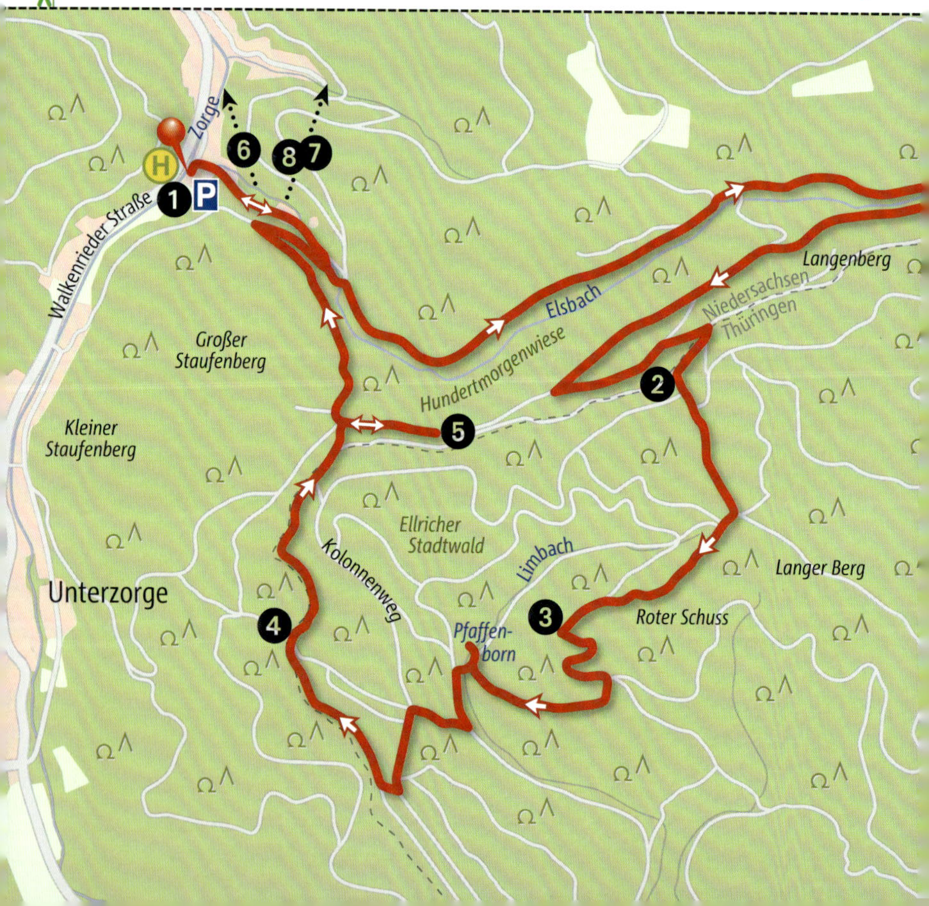

Entspannung ✱✱✱✱✱
Genuss ✱✱✱✱✱
Romantik ✱✱✱✱✱

WIE & WANN:
Überwiegend schmale und breitere Pfade und Waldwege, Trittfestigkeit und feste Schuhe erforderlich, ganzjährig begehbar, beste Wanderzeit von April bis Oktober

HIN & WEG:
Auto: Parkplatz, Elsbach Zorge, 37445 Walkenried OT Zorge (GPS: 51.63002, 10.63439)
ÖPNV: Bus 470 bis Haltestelle Zorge Taubentalstraße

ESSEN & ENTSPANNEN:
Café Werner ❻ Am Kurpark 6, 37445 Walkenried OT Zorge, Tel. (0 55 86) 2 94, www.konditorei-werner.com
Landhotel Kunzental ❽ Im Förstergarten 7, 37445 Walkenried OT Zorge, Tel. (0 55 86) 12 61, www.landhotel-kunzental.de

ENTDECKEN & ERLEBEN:
Destillerie Hammerschmiede ❶
Wendel-Eiche ❷ Stempel 165, Harzer Wandernadel
Roter Schuss ❸ Stempel 90, Harzer Wandernadel
Zweiländereiche ❹ Sonderstempel, Harzer Wandernadel
Stiefmutter ❺ Stempel 164, Harzer Wandernadel
Waldschwimmbad Zorge ❼

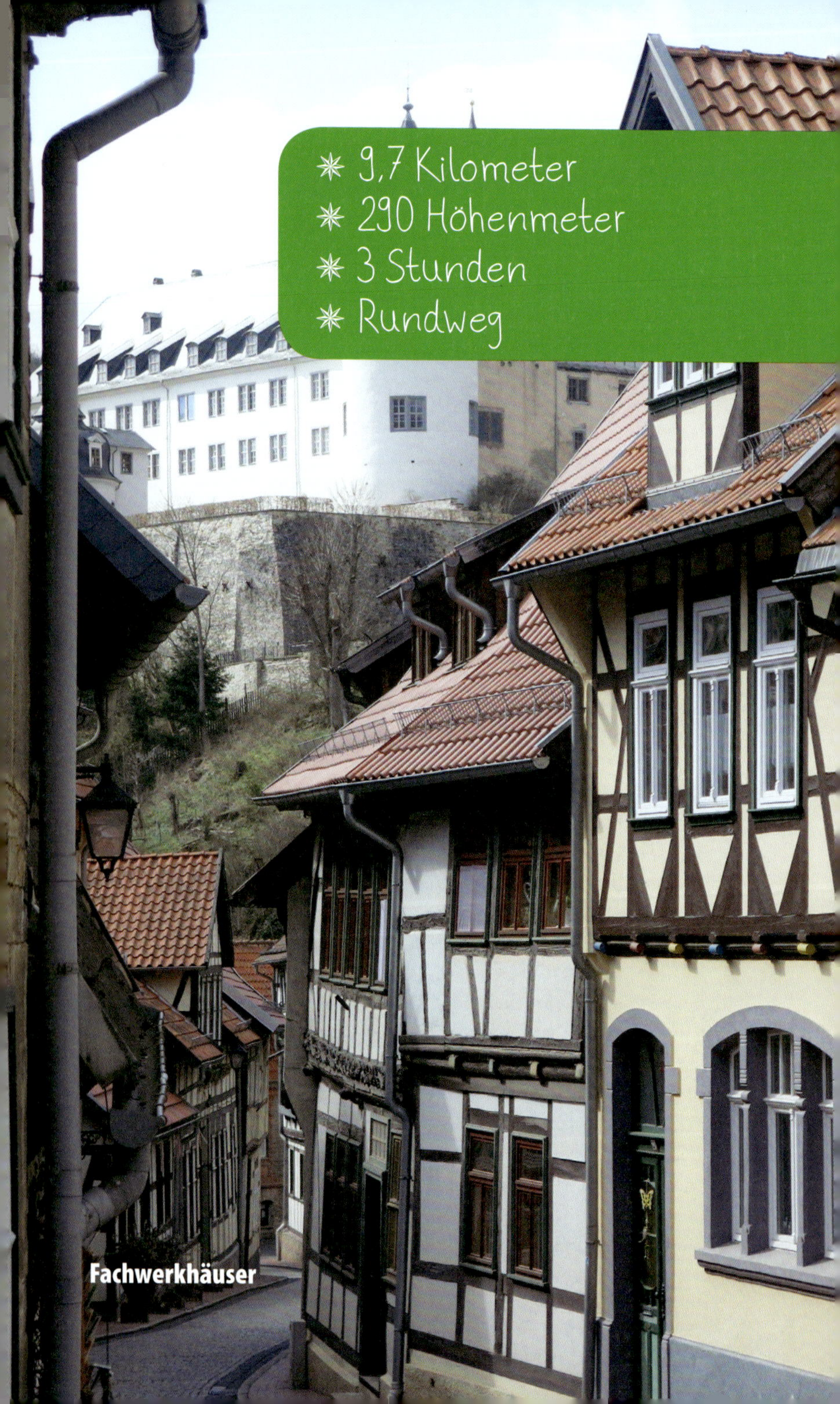

- 9,7 Kilometer
- 290 Höhenmeter
- 3 Stunden
- Rundweg

Fachwerkhäuser

Gelber Buchenwald

Von Stolberg zum Josephskreuz

Wochentags, außerhalb der Ferien, können wir das Auto direkt an der Straße **Zechental** abstellen. Kurz hinter der Einmündung zum **Moorberg** gibt es einige Stellplätze. Am Wochenende oder in den Ferien bietet sich der kostenlose Parkplatz im **Kalten Tal** an. Dort befindet sich am Ende eine Garage mit einem grünen Tor. Dahinter folgen wir einer steilen **Treppe nach oben**. Aus der Treppe wird ein steiler Pfad, der Bandweg, der über der Stadt entlangführt und stellenweise mit Gittern gesichert ist. Nach 200 Metern führt ein Weg links in die **Hirtengasse** bergauf. Wir gehen geradeaus, Richtung Alte Auerbergstraße, Zechental. Eine Treppe führt bergab und rechts in den Ort auf eine gepflasterte Straße. An der nächsten T-Kreuzung gehen wir links in die **Töpfergasse**. Wer sich an deren Ende umdreht, sieht das **Schloss Stolberg** über dem Ort aufragen.

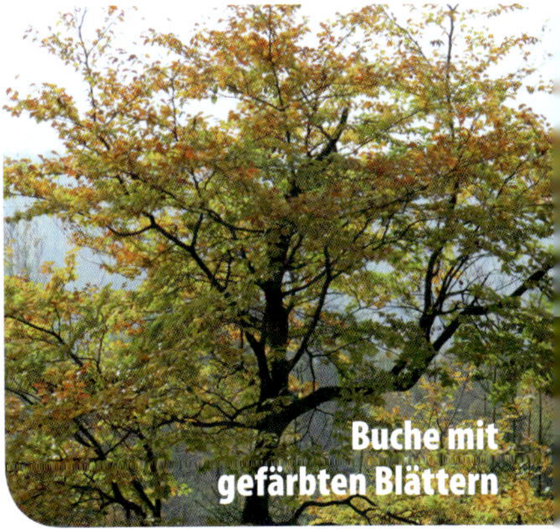

Buche mit gefärbten Blättern

Wir gehen leicht links in die asphaltierte Straße **Neustadt**, vorbei an **Friedhof** und Kapelle, biegen dann aber nicht nach links in den Wald, sondern gehen an der Gablung rechts. Wir treffen auf den **Parkplatz im Zechental** und wandern die schmale Straße leicht bergauf. Neben uns plätschert die Kleine Wilde. Der Fluss wechselt auf dem folgenden Kilometer mehrfach die Seite. Am Ende des Ortes geht der Asphalt in eine Waldstraße über. Neben uns wächst Ahorn. Dazwischen ragen hochstämmige glatte **Buchen** in den Him-

*Das **Schloss Stolberg** entstand im Mittelalter auf einem Bergrücken über der Stadt. Es diente zu DDR-Zeiten als Ferienheim und stand nach der Wiedervereinigung zunächst leer. Seit 2002 wird es von der Deutschen Stiftung Denkmalschutz saniert.*

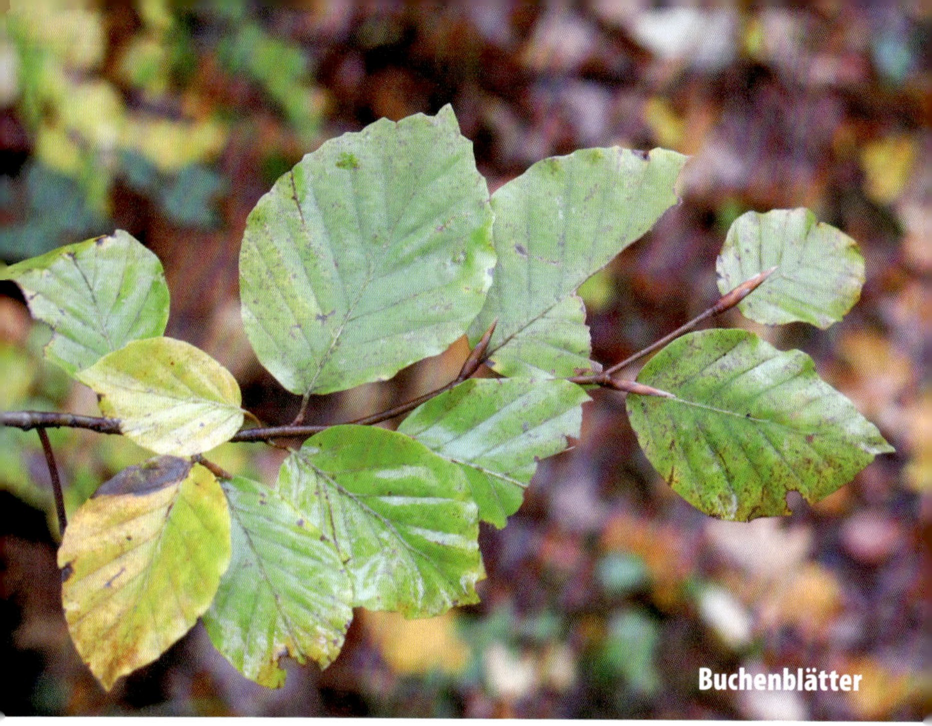

Buchenblätter

mel. Es geht weiter bergauf und vorbei am Verkehrsschild Durchfahrt verboten. Wir ignorieren die kommenden Abzweige. Der Fluss fließt rechts von uns. Das Laub hat teilweise schon eine herbstlich gelbe Färbung angenommen und erste Blätter liegen auf dem Boden. Bei jedem Windstoß gesellen sich weitere Blätter langsam und leise hinzu. Wir kommen an eine **Kreuzung** und biegen dort rechts und sofort wieder links ab. Es geht auf einem Schotterweg weiter bergauf. Ganze Hänge sind abgeholzt, auf ihnen wachsen junge Fichten nach. Hier, fern der Straße, hören wir Vögel zwitschern. Später wächst der Wald in zwei Etagen. Wir müssen den Kopf weit in den Nacken legen, um

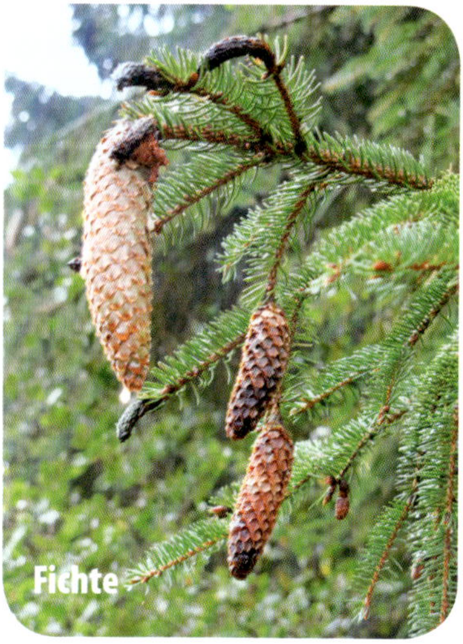

Fichte

Für die Seele

Diese Tour besticht durch hochstämmige Buchenwälder, plätscherndes Wasser, weite Blicke und hausgebackene Kuchen und Kekse.

die hohen Buchen zu sehen. In 2 oder 3 Metern Höhe kommen Fichten und Buchen nach. Die **Kleine Wilde** plätschert jetzt links unter uns. Kurz vor Ende des Weges liegt hinter einigen Bäumen eine freie Fläche, darüber können wir erstmals das stählerne **Josephskreuz** sehen. Kurz danach stoßen wir auf eine T-Kreuzung und biegen links in eine etwa 4 Meter breite Schotterstraße, die **Holzchaussee**. Nach einigen Metern geht ein Weg rechts weg. Wir ignorieren ihn und gehen geradeaus weiter. 400 Meter später kommen wir an einer Bank vorbei und wandern an der Kreuzung dahinter den etwas **schmaleren Schotterweg** nach links oben. An einer weiteren **Bank** angekommen, die malerisch unter einer einzelnen Buche steht, geht es rechts auf einem schmalen Pfad bergauf. Wir brauchen ordentlich Puste, so steil führt er nach oben. Nach ungefähr zwei Dritteln dieser Etappe steht erneut eine **Bank**, darüber ein Schild mit dem Hinweis

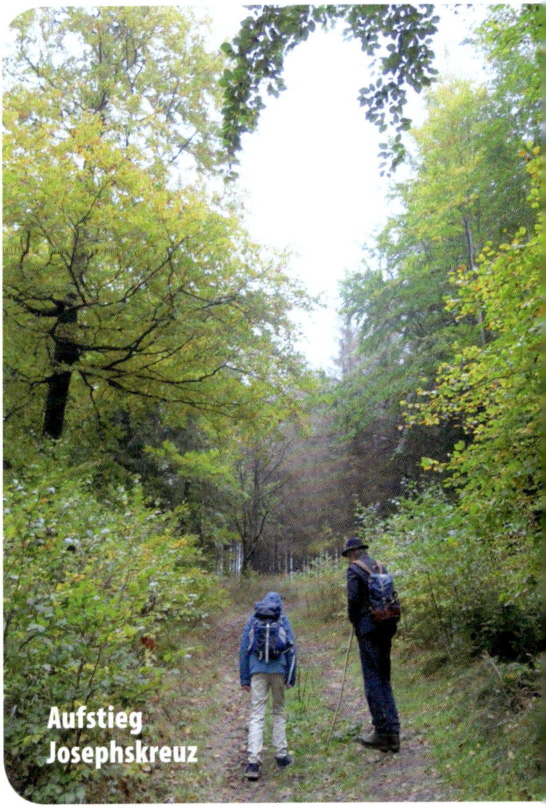
Aufstieg Josephskreuz

Josephskreuz

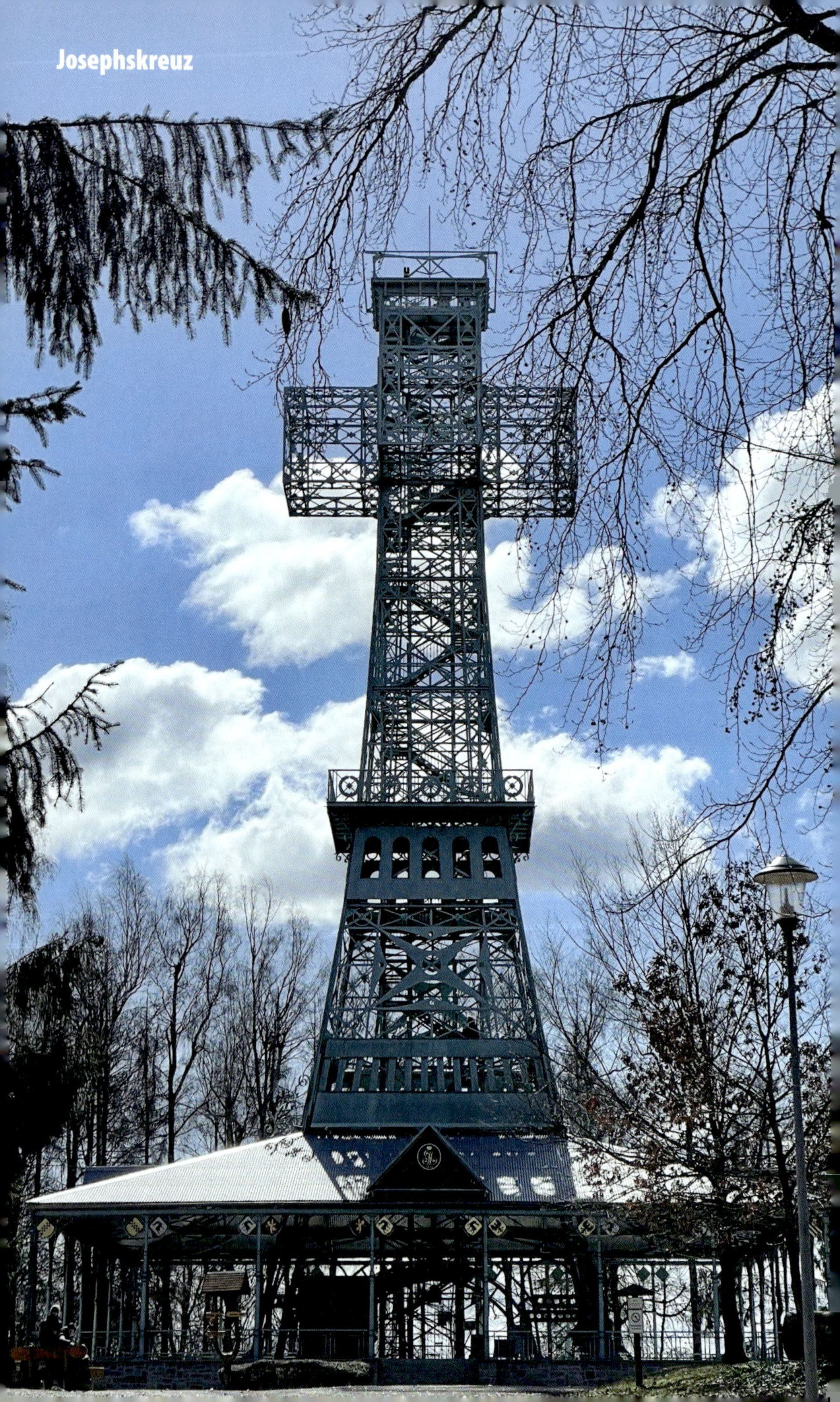

Auerberg, Josephshöhe. Dahinter geht der zwischenzeitlich steinig-schottrige Pfad in weichen Waldboden über. Wir wandern nach einem kurzen Anstieg an einer weiteren Bank vorbei, kommen direkt dahinter an eine T-Kreuzung und biegen – gehörig außer Atem – rechts auf eine **asphaltierte Straße**. Nach ein paar Schritten erreichen wir das **Josephskreuz** 1.

Das Betreten des stählernen Josephskreuzes ist kostenpflichtig. Das Kreuz steht auf der Josephshöhe auf dem Auerberg, mit 580 Metern der höchsten Stelle im südlichen Harz. 200 Stufen nach oben ermöglichen einen fantastischen Blick in alle Richtungen, bei schönem Wetter bis Magdeburg oder zum Brocken. Rechts neben Kiosk und Waldgaststätte **Bergstüb'l** 2 befindet sich die Stempelstelle der Harzer Wandernadel.

Wir wandern dieselbe Asphaltstraße vom Josephskreuz zurück, biegen wieder links auf den Pfad und gehen steil bergab, an der ersten Bank vorbei und an der zweiten Bank geradeaus weiter. Wir kommen erneut an die **Kreuzung**, an der die Bank unter der Buche steht, biegen aber dieses Mal nicht ab, sondern gehen geradeaus weiter nach unten. Hinter der Kreuzung wird der Pfad zum Waldweg, anfangs ist er matschig,

*Das **Josephskreuz** von 1834 plante der berühmte Baumeister Karl Friedrich Schinkel. Ein Blitzeinschlag Jahrzehnte später machte einen Neubau erforderlich. Dieser erfolgte 1896 als Stahlfachwerkkonstruktion – wie der einige Jahre zuvor errichtete Eiffelturm.*

*Die **Gaststätte Bergstüb'l** steht direkt neben dem Josephskreuz und damit neben einem Touristenmagneten. Das geht oft nicht gut. Hier schon: Die Chefin kocht selbst. Es gibt regionale Hausmannskost wie Hirschgulasch, Rinderrouladen oder Rehbraten.*

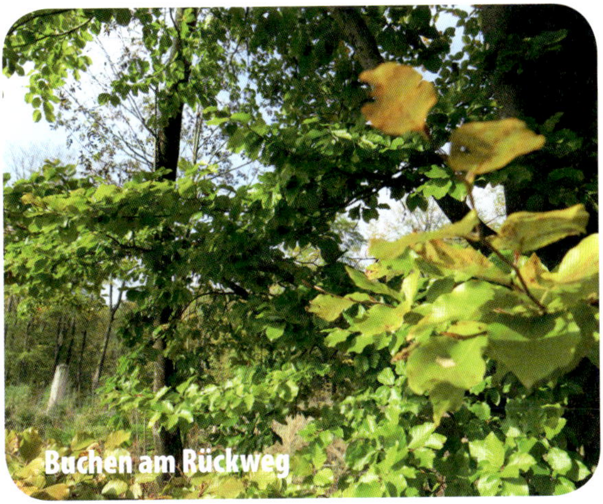
Buchen am Rückweg

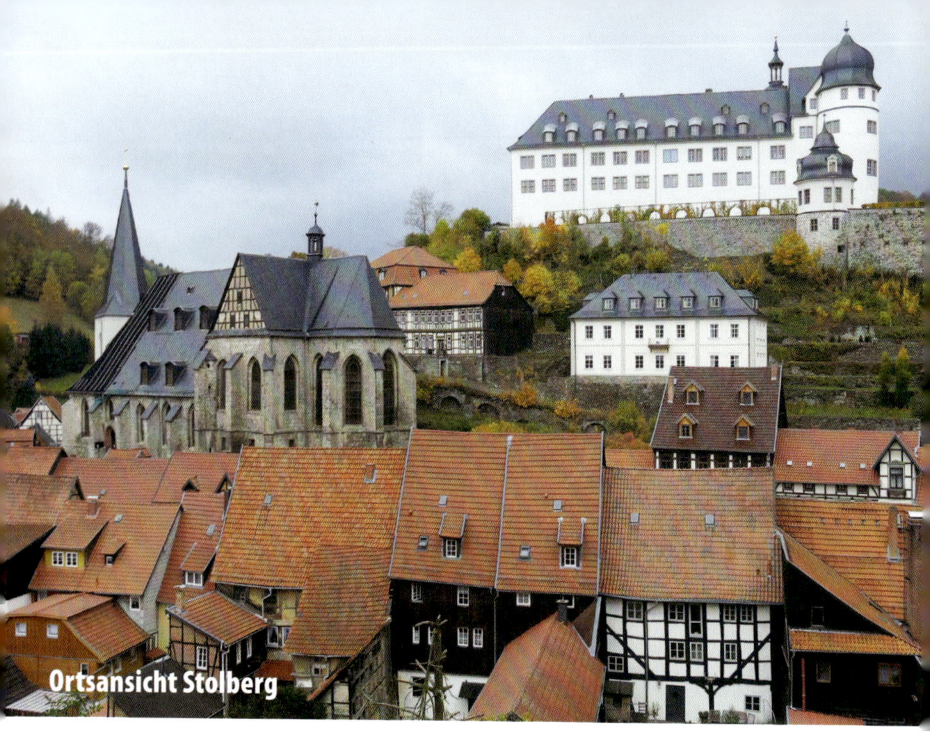

Ortsansicht Stolberg

man sollte ihn eher in trockenen Zeiten gehen. Wir gehen unter hohen Buchen durch. Die abzweigenden Wege ignorieren wir. Wir kommen an eine Kreuzung und gehen geradeaus, folgen dem Hinweisschild zum 2,6 Kilometer entfernten Stolberger Markt. Rechts von uns befindet sich, einige Meter entfernt, die **Sieben-Wege-Kreuzung**. Von ihr geht auch die Alte Auerbergstraße ab, eine geschotterte Hauptstraße. Wir gehen parallel auf einem etwa zwei Meter breiten Pfad mit federndem Waldboden. Diesem folgen wir immer geradeaus, ignorieren erneut alle Abzweige. Wir kommen vorbei an Buchen und jungen Fichten – auf einer der schönsten Etappen. Links von uns befindet sich eine Bank, dahinter beginnt eine freie Fläche mit Blick auf die umliegenden Hügel. Es geht leicht bergab. Unten angekommen, stoßen wir auf eine T-Kreuzung, an der wir links auf der **Alten Auerbergstraße** weiter bergab gehen. Nach einer Weile kommt rechts eine Quelle mit plätscherndem Wasser. Sie heißt **Schneiderborn**. Davor steht eine Bank. Dahinter wandern wir steil bergab. Auf der linken Seite der Schotterstraße taucht bald wieder eine **Bank** auf. Wir setzen uns und genießen die Aussicht auf die im Tal liegenden Weiden und den Ort. Wir gehen weiter, kommen zurück ins **Zechental** und biegen am Ende der Alten Auerbergstraße rechts ab. Wer dort geparkt hat, kann direkt ins Auto steigen oder dem gepflegten **Fachwerkstädtchen Stolberg** noch einen Besuch abstatten. Dafür und für den Rückweg zum offiziellen Parkplatz nehmen wir im Ort den ersten Abzweig links, die Gasse ist gepflastert und heißt **Neustadt**. Über den malerischen Fachwerkhäusern ragt das Schloss empor. Wir gehen weiter bis zur Straße **Am Markt**. Achtung, nicht verwechseln mit der Straße Alter Markt. Dort angekommen, biegen wir an der T-Kreuzung nach links ab. Die Gehwege sind hier schmal, die Autos auf den holprigen Straßen schnell. Wir durchqueren den mittelalterlichen **Saigerturm**, gehen auf die andere Seite der **Niedergasse** und biegen links in die **Stubengasse** zum schnuckeligen **Café Alt** ③ ab.

*Das **Café Alt** befindet sich in der Stubengasse unweit des Marktplatzes. Eingerichtet ist es nachhaltig aus alten Gerüstbohlen und stilvoll in den Farben Grau, Mint und Flieder. Der selbst gemachte Schoko-Walnuss-Kuchen schmeckt großartig.*

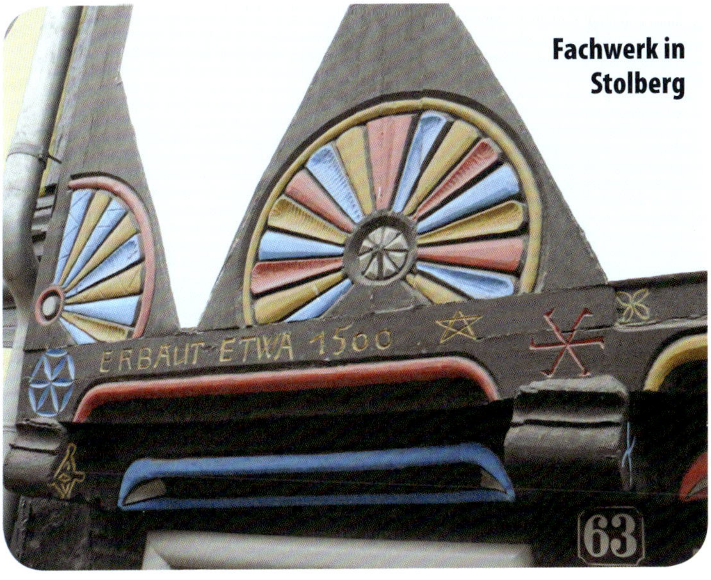

Fachwerk in Stolberg

Auszeittour 4

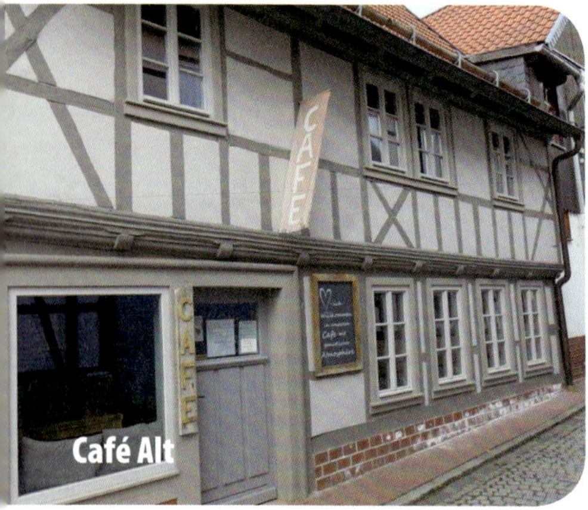

Alternativ gehen wir die Niedergasse weiter ins prämierte **Friwi-Café** ❹ oder einige Schritte weiter zum **Friwi-Fabrikverkauf** ❺, und nehmen dort eine der mehr als 60 Sorten der vor Ort gebackenen Kekse für zu Hause mit. Wer weiter zum Parkplatz gehen will, verlässt den Ort und den Marktplatz auf demselben Weg, auf dem er gekommen ist, biegt links ab und folgt den Hinweisschildern für Autos nach **Harzgerode und Hasselfelde**.

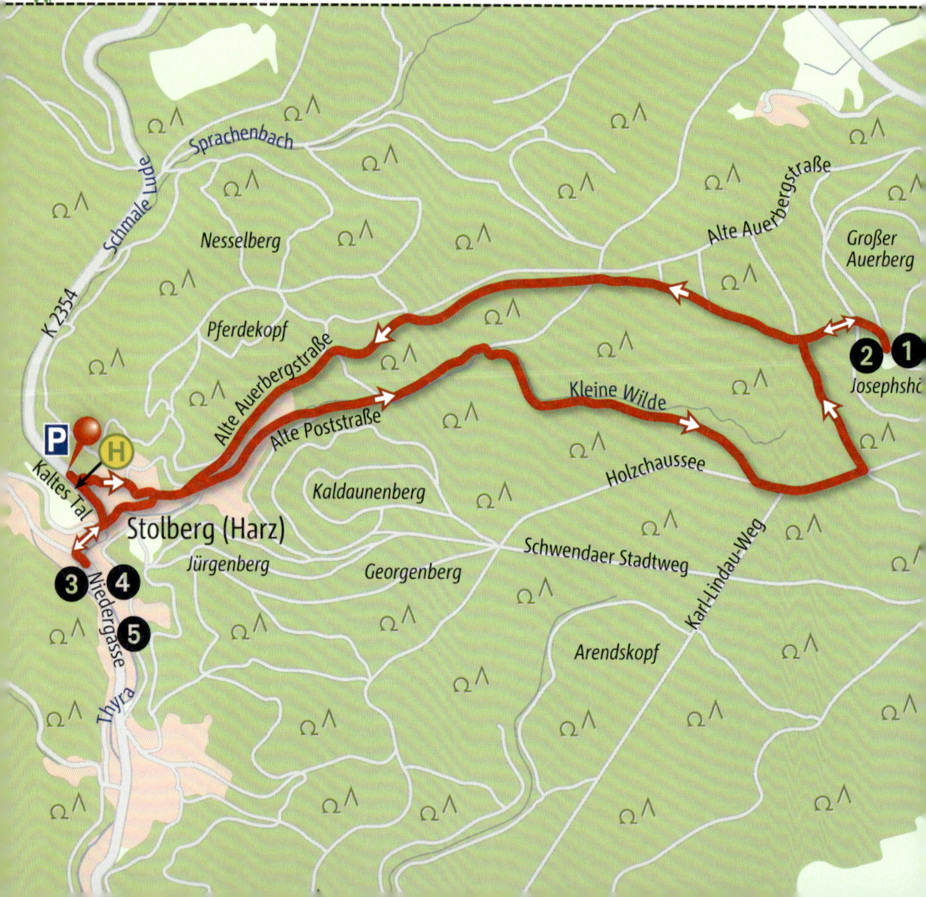

Alles auf einen Blick

Entspannung ★★★★☆

Genuss ★★★★★

Romantik ★★★★★

WIE & WANN:
Auf Wegen und Pfaden durch Buchenwald, ganzjährig begehbar. Nach starkem Regen eventuell nicht durchs feuchte Zechental, sondern Hin- und Rückweg über die Alte Auerbergstraße. Beste Wanderzeit ist die Vorweihnachtszeit

HIN & WEG:
Auto: Parkplatz Kaltes Tal, 06547 Südharz OT Stolberg (GPS: 51.57685, 10.95433), oder Zechental, Ecke Moorberg, 06547 Südharz OT Stolberg (GPS: 51.57595, 10.96319)
ÖPNV: Busse 255, 450 bis Haltestelle Stolberg, Am Markt

ESSEN & ENTSPANNEN:
Bergstüb'l am Josephskreuz ❷ 06536 Südharz OT Stolberg, Tel. (03 46 54) 4 76, www.bergstuebl-josephskreuz.de
Café Alt ❸ Stubengasse 1, 06536 Südharz OT Stolberg, Tel. (03 46 54) 85 99 72
Friwi-Café ❹ Niedergasse 21, 06536 Südharz OT Stolberg, Tel. (03 46 54) 6 03, www.friwi.de
Friwi-Werk Stolberg ❺ Niedergasse 51, 06536 Südharz OT Stolberg, Tel (03 46 54) 85 59 77, www.friwi.de

ENTDECKEN & ERLEBEN:
Josephskreuz ❶ Stempel 215, Harzer Wandernadel

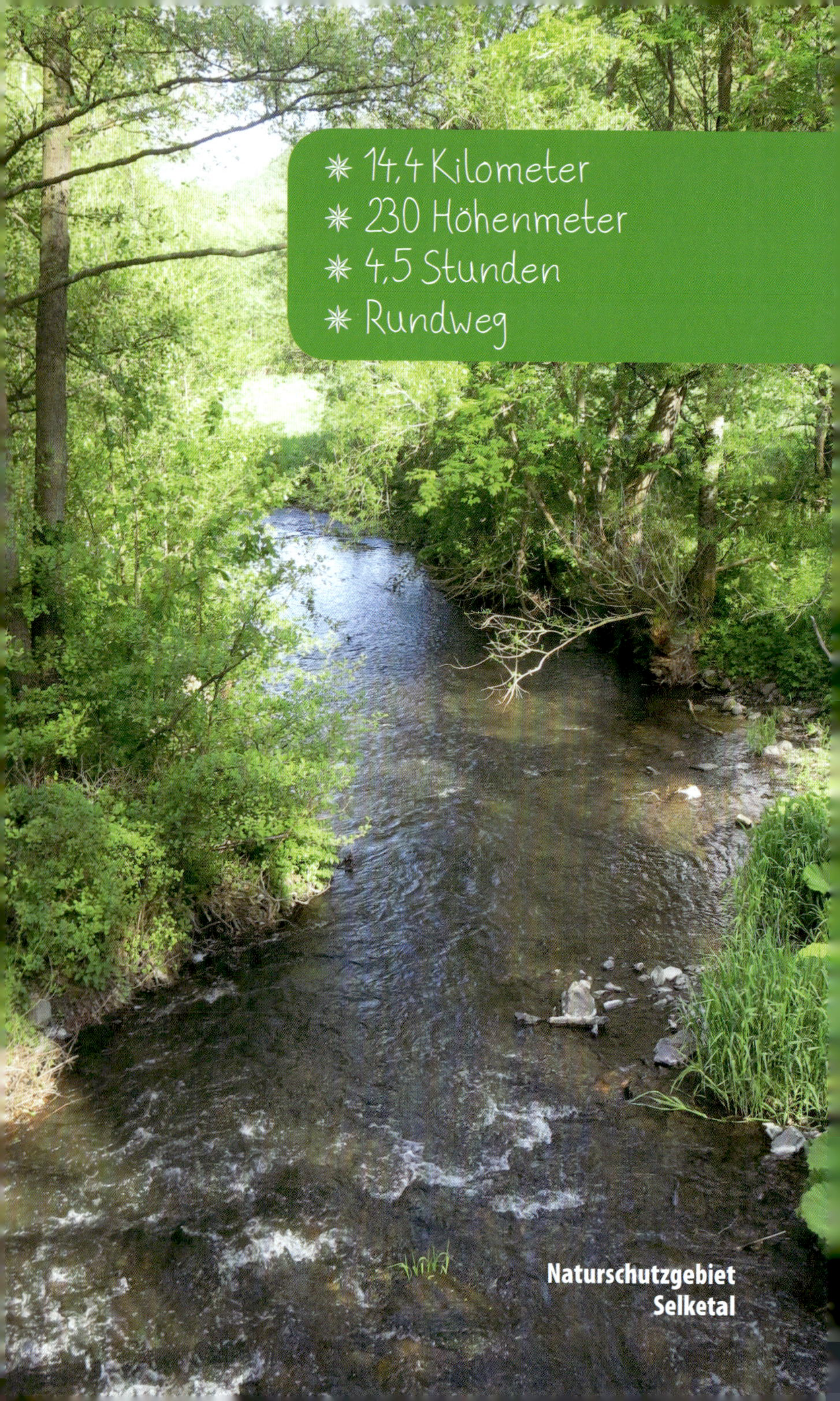

- 14,4 Kilometer
- 230 Höhenmeter
- 4,5 Stunden
- Rundweg

Naturschutzgebiet Selketal

Knorrige Bäume

Im Naturschutzgebiet Selketal

Die Tour führt durch die Naturschutzgebiete Selketal und Oberes Selketal, entlang einer **Burgruine** und durch das Tal der Selke. Die Selke ist ein Fluss, der hier gemächlich entlangfließt. Den Parkplatz an der Selkemühle im Rücken, gehen wir nach rechts und überqueren die Selke auf einer **Brücke**. Wir tauchen ein in das Grün des Waldes und das Rauschen des Flusses. Hinter der Brücke verzweigt sich der Weg, wir gehen links und gleich wieder rechts auf einen schmalen Pfad, vorbei am ersten **Rastplatz** auf unserer Wanderung. Wir folgen dem Schild Ruine Burg Anhalt, 1,8 Kilometer, gehen steil nach oben, vorbei an zahlreichen hochgewachsenen Buchen. Unterwegs hören wir Spechte klopfen und Vögel singen. Wir gehen einen alten, ins Gelände eingeschnittenen Pfad, **Hohlweg** genannt, er wirkt wie eine grün zugewachsene Höhle. Zur **Burgruine Anhalt** ① folgen wir einer Rechtskurve. An einem alten **Baumstamm**, an dem kein richtiger Abzweig ist, halten wir uns links. Der schmale Pfad führt einen **Hang** entlang und verzweigt sich an einer riesigen Buche. Wir gehen links. Nach etwa 30 Metern kommen wir an eine T-Kreuzung und gehen erneut links weiter bergauf zu Tor 1. Wir überqueren den ehemaligen Burggraben. Es riecht nach Waldmeister. Die Burg ist umgeben von knorrigen, alten Bäumen. Wir kommen an das ehemalige Tor 2, passieren Schilder, die über Elsbeere oder Feldahorn informieren und gelangen zu einer Bank. Über eine schmale Brücke geht es zu einem aus Holz geschnitzten **Bären**. Er soll an Albrecht den Bären erinnern, der Burg Anhalt im Mittelalter bauen

Die vermutlich im 12. Jahrhundert erbaute ***Burg Anhalt*** *gab dem Land Sachsen-Anhalt seinen Namen. Anhalt kommt vom Althochdeutschen Aneholt, ohne Holz. Die Burg wurde als eine der ersten Wehrbauten im Mittelalter ganz aus Stein gebaut.*

ließ. Heute sind von der Burg nur noch ein paar Steine zu sehen. Der 27 Meter hohe Bergfried diente dazu, Feinde abzuwehren und bei einem Angriff hinter den 3 Meter dicken Mauern Zuflucht zu suchen.

Wir besichtigen die Reste der Mauer und wandern den Pfad zurück. Am Abzweig zu Tor 1 gehen wir geradeaus. Wir überqueren den Burggraben und stoßen an der **Stempelstelle 197** auf eine Bank. Der Pfad wird zwar breiter und geht in einen Weg über, bleibt aber weicher Waldboden. An einer Kreuzung halten wir uns mittig. Nach gut 400 Metern stoßen wir auf einen Weg und gehen nach links, kurz danach öffnet sich der Wald zu einer Lichtung. Am nächsten Abzweig biegen wir nach rechts Richtung **Wilhelmshof**. Es geht leicht bergab, vorbei an Kastanien, Ahorn und Buchen. Der Untergrund wird fester, rechts von uns befindet sich eine Waldwiese. Wir stoßen auf eine Gabelung mit **drei Kastanien** und gehen schräg links auf die Waldstraße Richtung **Pansfelde**. Als Nächstes kom-

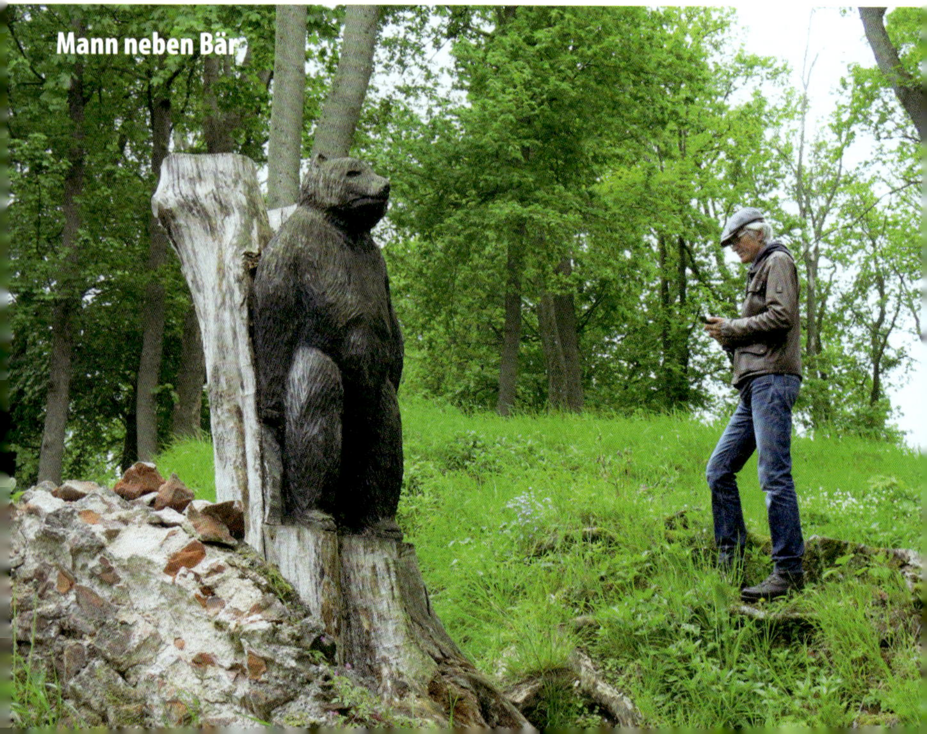
Mann neben Bär

Für die Seele

Die Natur zeigt sich in ihrer ganzen Pracht: Den Auftakt machen alte Laubbäume an der Burgruine Anhalt, es folgen prächtige Blumenwiesen und ein liebliches Tal am Fluss Selke.

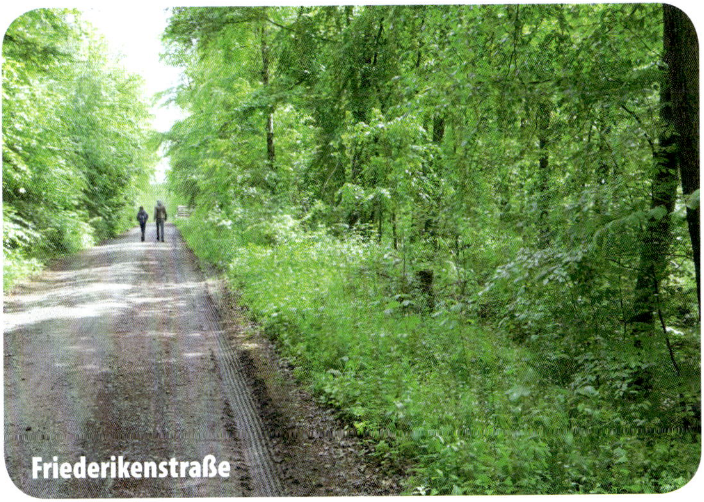

Friederikenstraße

men wir zur Försterei Wilhelmshof, um die ebenfalls zahlreiche Kastanien stehen. Gegenüber dem Wilhelmshof bietet sich ein Rastplatz auf einer Wiese für ein **Picknick** an. Wir ignorieren die beiden nach rechts gehenden Abzweige an der Försterei, kommen kurz darauf an eine Kreuzung, an der wir der Kurve nach links folgen. Ab hier gehen wir gute 4,5 Kilometer entspannt auf der für Autos gesperrten **Friederikenstraße** durch den Wald. Es geht vorbei an einer Schonung mit jungen Lärchen und Ahornbäumen. Dann tauchen wir wieder in den Wald. Es riecht nach frisch geschlagenem Holz. Wir kommen ans **Forsthaus Rauholz**, an dessen Fassade ein mächtiges Geweih thront. Hinter einem Abzweig nach rechts, den wir ignorieren,

Auszeittour 5

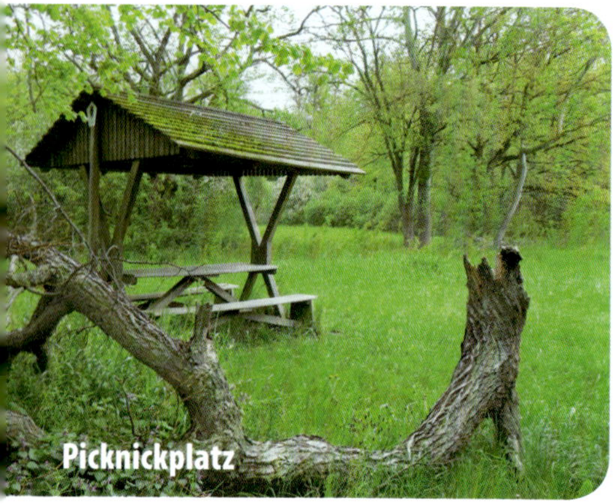
Picknickplatz

wachsen junge Eichen. Dort steht eine **Nurdachhütte** mit einer Bank davor. Kurz darauf führt der **Annenweg** nach links, auf dem wir ins Selketal abkürzen könnten. Tun wir aber nicht: Wir gehen geradeaus weiter, vorbei an großen, alten Buchen, später an Eichen, Lärchen und Ebereschen. Erst an einer Kreuzung, von der es noch 2,7 Kilometer bis zum Selketal sind, biegen wir auf den zweiten Weg links ab und folgen ihm bergab. An dem Abzweig, an dem steht **Selketal**, 2,3 Kilometer und hinter dem es geradeaus bergauf geht, biegen wir links ab und gehen weiter bergab. Der Weg führt vorbei an abgeholzten Fichten, später an Mischwald. Auf etwa halbem Weg nach unten, taucht neben uns ein **Bach** auf. Unten im Tal macht der Weg eine Linkskurve, wir gehen geradeaus weiter auf einen **Wiesenpfad**. Die Wiese blüht, ein Picknicktisch und -bänke stehen bereit. Ein idyllischer Rastplatz! Nach der Pause gehen wir auf einer Brücke über die Selke. Dahinter befindet sich eine T-Kreuzung zum Selketal-Stieg, ein etwa 3 Meter breiter Waldweg, an dem wir links abbiegen. Das Selketal geht hier in beide Richtungen, insgesamt erstreckt es sich über 8 Kilometer, die frei von Autos sind. Ein urwüchsiges Waldgebiet, wie es nur noch wenige gibt.

Wir kommen zur Stempelstelle 203, der **Schutzhütte am Mettenberg**, und der Wiese, die sie umgibt. Auf dem Selketal-Stieg stehen Kastanien zu einer Allee angeordnet. Abwechselnd wachsen dort kleine, nachgepflanzte und große, ausladende Bäume. Bis zur Selkemühle sind es 3 Kilometer. Manchmal gibt es hier Graureiher am Himmel zu entdecken. Die Selke plätschert, sie fließt links, meist 50 bis 100 Metern

*Eine Besonderheit des Selketals sind die **Erlen-Eschen-Wälder**. Die Esche kann mehr als 40 Meter hoch werden und zählt damit zu den höchsten Laubbäumen Europas. Erlen wachsen bachbegleitend, ihre Wurzeln können sogar längere Zeit überflutet werden.*

*Das **Café Carl** befindet sich in einem aus Schiefer erbauten, liebevoll restaurierten ehemaligen Arbeiterhaus der Maschinenfabrik Carlswerk. Inzwischen gibt es dort samstags und sonntags unter Obstbäumen im Garten hausgebackenen Kuchen.*

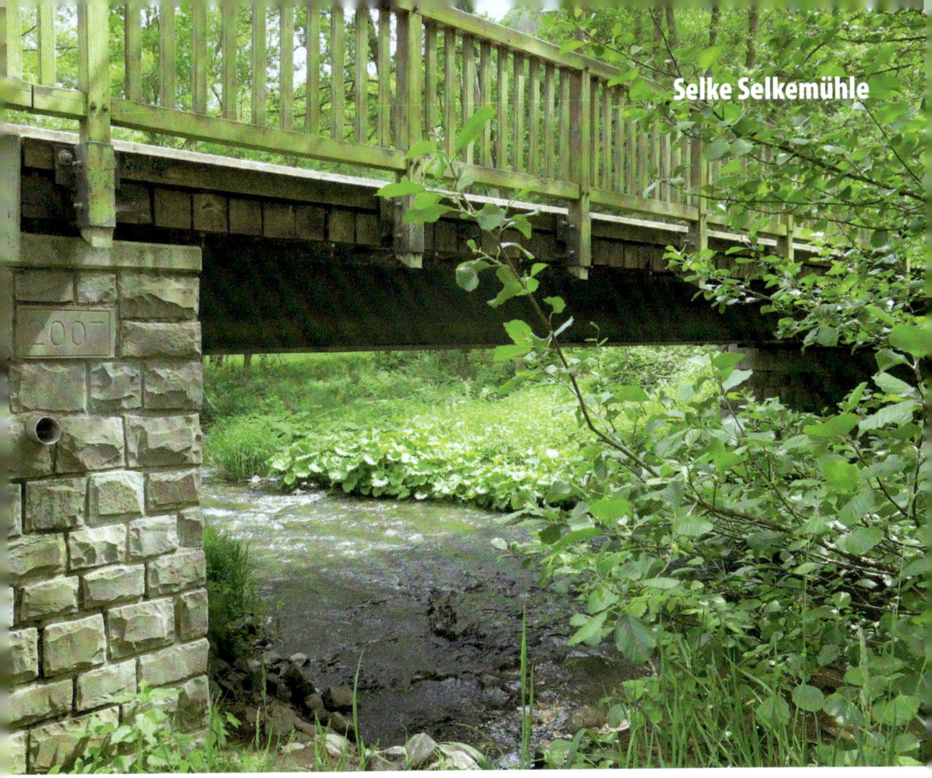

Selke Selkemühle

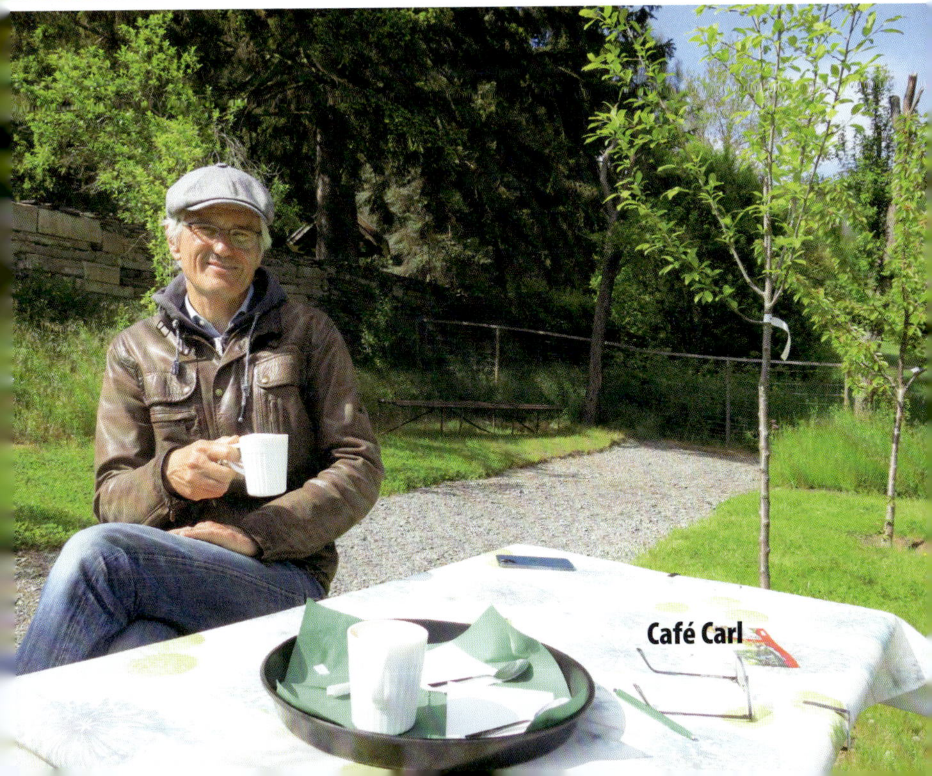

Café Carl

Auszeittour 5

Das **Eisenhüttenwerk** in Mägdesprung war im 19. Jahrhundert für seinen Kunstguss berühmt. Die Maschinen für die Eisenhütte baute das Carlswerk, 1865 entstanden und heute ein Museum.

entfernt. Rechts wächst Wald. Wir kommen an einer Bank vorbei, in deren Umgebung Eichen und Laubbäume neu gepflanzt wurden. Ein Stück weiter führt uns eine Holzbrücke über die Selke, danach fließt sie rechts von uns. An der Stelle, an der der **Annenweg** auf den Selketal-Stieg trifft, verläuft die Selke nah am Weg. Wir kommen erneut an eine Brücke, vor der eine Bank steht und queren die Selke ein letztes Mal. Am Ende des Selketal-Stiegs stoßen wir direkt auf den Parkplatz an der **Selkemühle**. Über eine kleine Straße fahren wir zurück nach **Mägdesprung**, machen halt im **Selketaler Waldgasthof** 2 mit vegetarischem Essen im Angebot oder im **Café Carl** 3. Anschließend fahren wir nach Hause.

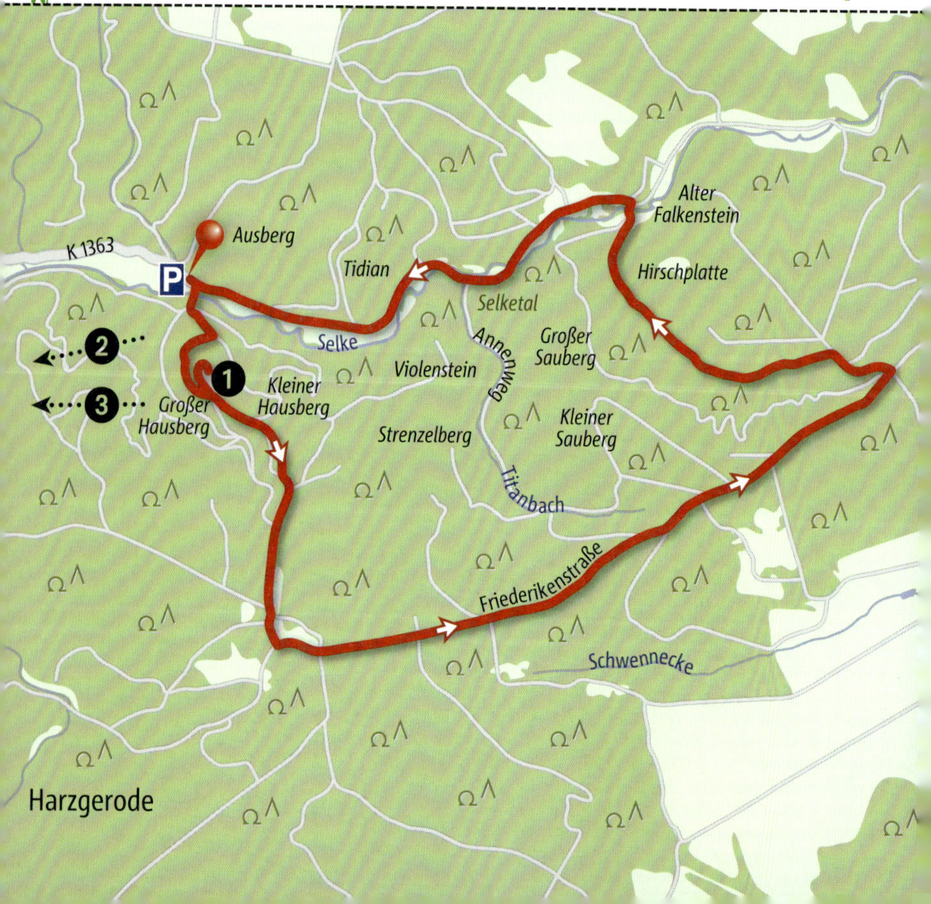

Entspannung ✱✱✱✱✱

Genuss ✱✱✱✱✱

Romantik ✱✱✱✱✱

WIE & WANN:
Einfache Wanderung auf Wegen und Waldstraßen durch das Naturschutzgebiet, Autos nur bis Selkemühle erlaubt, Wanderung ganzjährig möglich, beste Zeit von April bis Oktober

HIN & WEG:
Auto: Parkplatz an der Selkemühle, 06493 Ballenstedt (GPS: 51.674250, 11.191640)
ÖPNV: Keine direkte Anbindung an die Strecke

ESSEN & ENTSPANNEN:
Selketaler Waldgasthof ❷ 4. Hammer 33, 06493 Harzgerode OT Mägdesprung, Tel. (03 94 84) 27 15, www.harz-ferienwohnungen.com
Café Carl ❸ 3. Hammer 29, 06493 Harzgerode OT Mägdesprung, Tel. (03 94 84) 71 10 10, www.cafecarl-ferienwohnungen.de

ENTDECKEN & ERLEBEN:
Burgruine Anhalt ❶

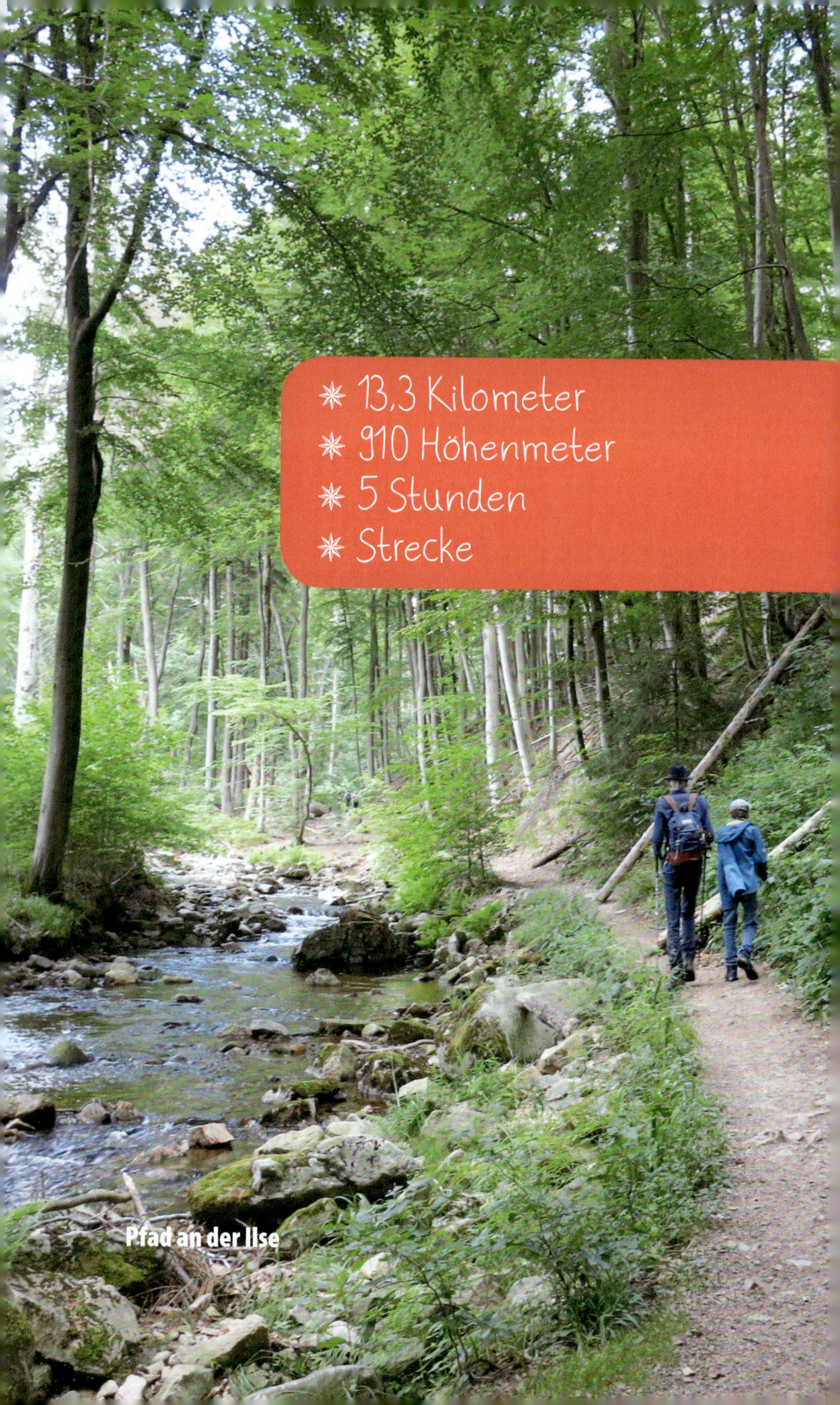

- 13,3 Kilometer
- 910 Höhenmeter
- 5 Stunden
- Strecke

Pfad an der Ilse

Der **Heinrich-Heine-Weg** ab Ilsenburg ist nicht die kürzeste, aber die attraktivste Route, die auf den Brocken führt, den höchsten Berg in Norddeutschland. Benannt ist der Weg nach dem Schriftsteller Heinrich Heine, einst Jurastudent in Göttingen. Dieser wanderte Anfang des 19. Jahrhunderts durch den Harz

Auf den Gipfel

Heinrich-Heine-Weg zum Brocken

und stieg über den nach ihm benannten Weg vom Brocken ab. Wir gehen hinauf und packen Proviant und Kleidung zum Überziehen ein, da es auf dem Brocken windig und deutlich kälter als im Tal ist. Den Bahnhof Ilsenburg im Rücken, gehen wir nach links, vorbei am Bahnhofsgebäude. An dessen Ende halten wir uns rechts und biegen in den **Tannengang**, einen gepflasterten Weg entlang des Suenbachs. Wir gehen geradeaus, am **Kitzsteinteich** vorbei. Als wir auf ein altes Haus aus Backsteinen stoßen, gehen wir rechts daran vorbei und über einen Hof, kommen an die **Faktoreistraße** und folgen dem Weg über den Zebrastreifen auf die andere Seite. Dieser führt uns nach 30 Metern auf die **Kroatenstraße**. Wir gehen geradeaus, folgen einem grünen Zaun nach links und stoßen am Ende auf eine T-Kreuzung, an der wir links abbiegen. Vor der Bäckerei geht es gleich wieder links auf die Straße **Marktplatz**. Danach biegen wir rechts auf die **Pfarrstraße**. Auf einer Brücke überqueren wir den Fluss Ilse, der von hier an einen großen Teil unseres Weges begleiten wird. Nach einem Geradeaus-Stück geht es gerade über eine T-Kreuzung, ein paar Stufen hoch und dahinter links. Ein paar Meter weiter biegen wir rechts auf eine Treppe, die Stufen führen in einen Friedhof mit alten großen Bäumen. Es geht bergan. Wir treffen auf die **Schloßstraße** und nach wenigen Metern auf den Eingang zum **Kloster**. Wir gehen rechts daran vorbei auf einen bergab verlaufenden Pfad und hören dabei die Ilse rauschen. Dem Pfad folgend, überqueren wir auf einer Brücke den **Mönchsgraben**.

Der Weg zweigt an einem Spielplatz rechts ab und geht über eine Brücke zum Wanderparkplatz Blochhauer. Diejenigen, die ihre Kräfte für den Anstieg schonen wollen, biegen links auf die Straße ab und gehen diese weiter. Alle anderen biegen noch vor der Straße nach links, folgen dem Weg bis zum **Restaurant Nagelschmiede**. Vom Blochhauer an, ist der Heinrich-Heine-Weg mit einem **grünen Querbalken** bis zum Brocken ausgeschildert. Auf diesem Weg gehen bis zum Einstieg der Tour im Ilsetal zahlreiche Trampelpfade ab. Es ist nicht schlimm, hier von der Route abzukommen. Die

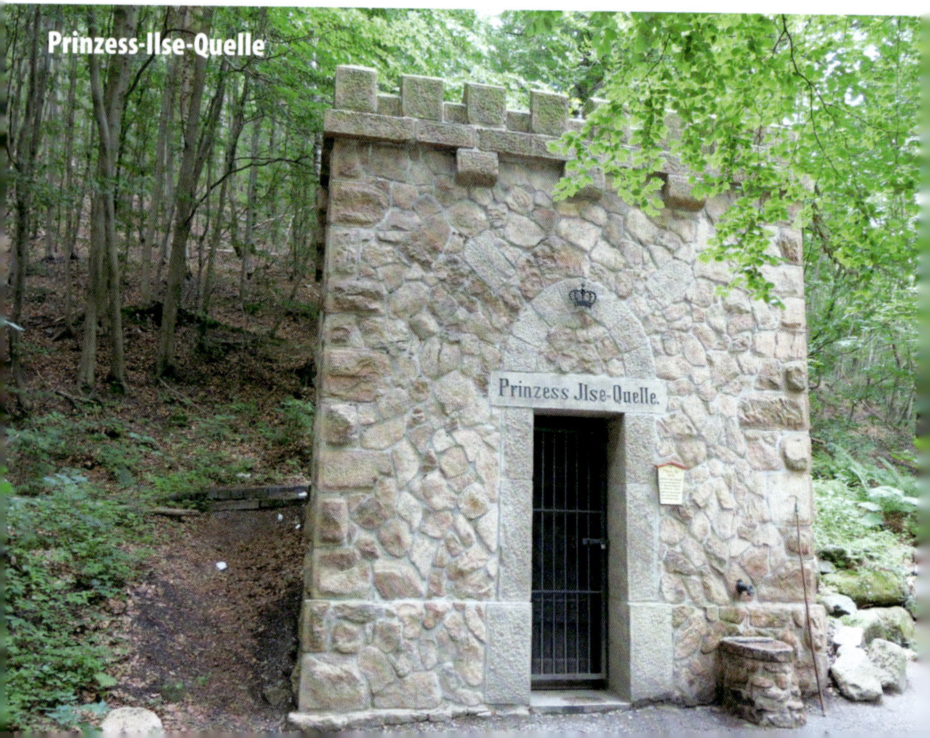

Prinzess-Ilse-Quelle

Pfade führen nie weit weg, wir gehen Richtung **Südwesten** zum Waldhotel. Dort geht es hoch auf den Brocken. Links am **Nagelhüttenteich** vorbei gehen wir am Ende des Teiches nach links und dann den nächsten Abzweig rechts parallel des Flüsschens Ilse bis zum Ende eines Spielplatzes. An der nächsten T-Kreuzung gehen wir

Für die Seele

Wir wandern auf weichen Waldpfaden und entlang eines rauschenden Flusses und genießen eine fantastische Rundumsicht vom Brocken, dem höchsten Berg des Harzes.

links auf einen zwei Meter breiten Kiesweg. Um uns herum wachsen schlanke, hohe Buchen. Die Ilse gurgelt durch ihr steiniges Bachbett. Am zweiten Abzweig gehen wir wieder links, bleiben nah an der Ilse. Wir gehen links an einem weiteren Spielplatz vorbei, zwischen Wasserspielen und der Ilse durch. An der nächsten T-Kreuzung gehen wir noch mal nach links. Wir folgen dem Pfad unter einem Hochseilgarten durch, über eine erste Brücke, bis wir, etwa 200 Meter hinter dem Spielplatz, über eine weitere Brücke auf die andere Seite der Ilse wechseln. Wir kommen an einem ehemaligen Luftschutzstollen vorbei, jetzt ein Fledermausquartier. Noch ist es angenehm schattig. Kurz bevor der Weg auf die Straße führt, stoßen wir nach weiteren gut 200 Metern auf das **Brunnenhaus** der Prinzess-Ilse-Quelle. Das Wasser tritt aus dem dahinterliegenden Berg. Es ist bei den Einheimischen beliebt. Auch wir füllen unsere Trinkflaschen, bevor wir auf der Straße nach links bergauf Richtung Brocken gehen, vorbei an verschiedenen Ferienwohnungen und dem Waldhotel. Hinter dem Hotelparkplatz geht die asphaltierte Straße über in einen Waldweg.

Wir wandern links der Waldstraße auf einen Pfad und folgen dem verwitterten Holzschild, das 9,3 Kilometer zum Brocken ankündigt. Wir sind umgeben von Laubbäumen wie Buchen und Ahorn und von Haselnusssträuchern. Dem nächsten Abzweig nach gut 400 Metern folgen wir nach links, gehen für ein kurzes Stück auf die Straße, die ebenfalls zum Brocken führt, aber weit weniger idyllisch ist und viel von Mountainbikern befahren wird. Es geht vorbei am **Zanthierplatz**, benannt nach Forstmeister Zanthier, der auf eine nachhaltige Waldbewirtschaftung setzte und in Ilsenburg im 18. Jahrhundert die erste forstliche Lehranstalt Deutschlands gründete. Nach 50 Metern hinter dem Platz gehen wir rechts auf einen Weg, die Ilse fließt links von uns. Wir folgen dem Weg eine ganze Weile, lassen uns dabei nicht durch die Abzweige

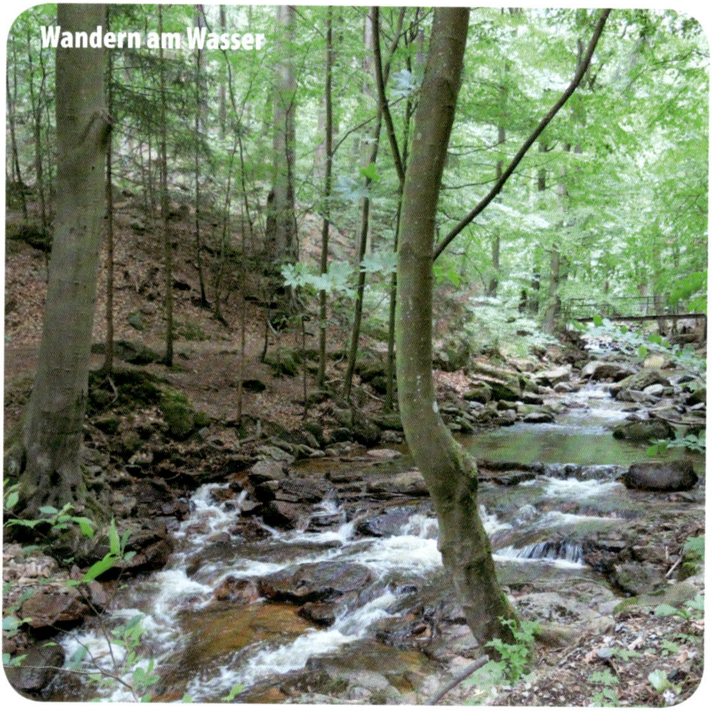
Wandern am Wasser

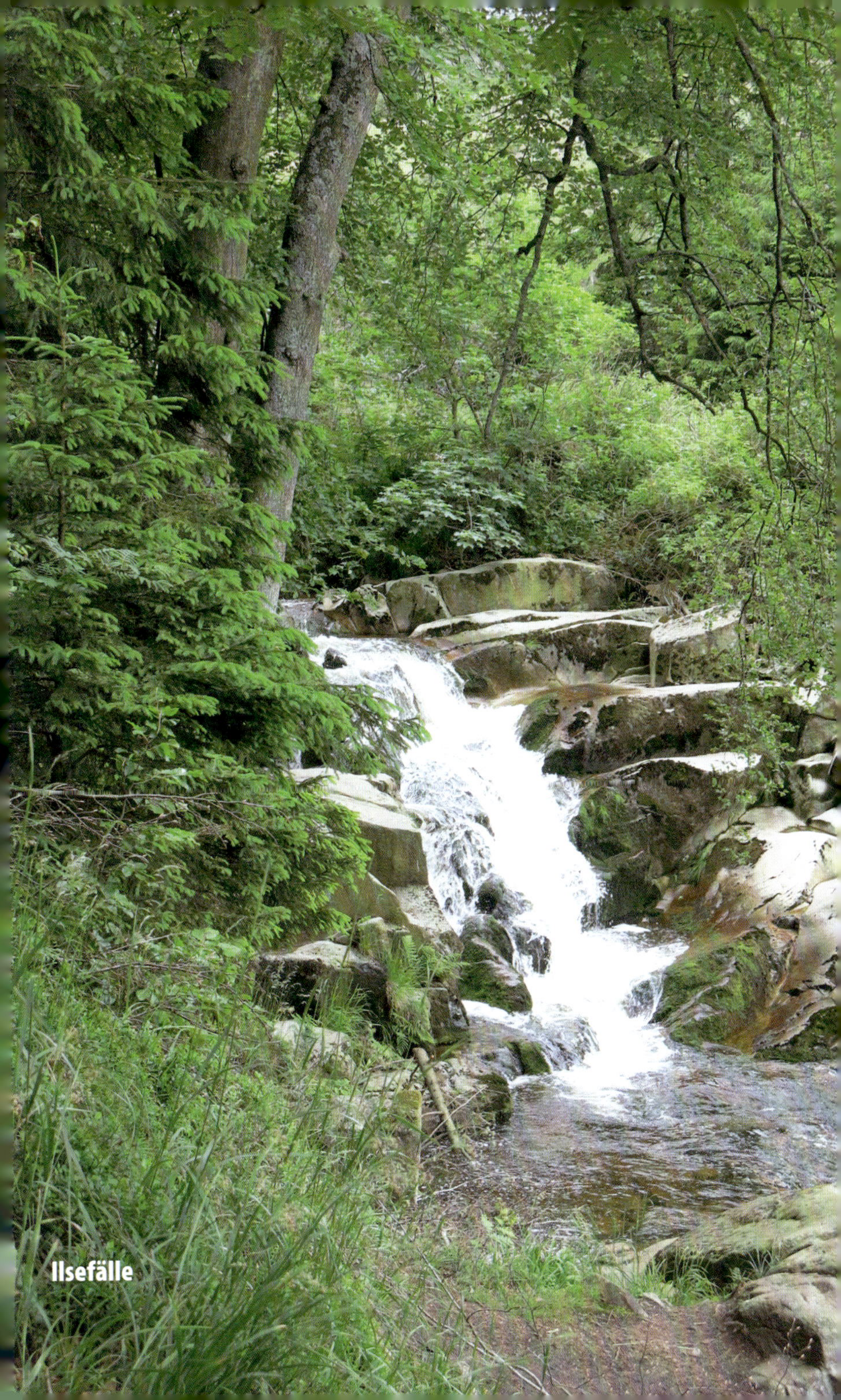
Ilsefälle

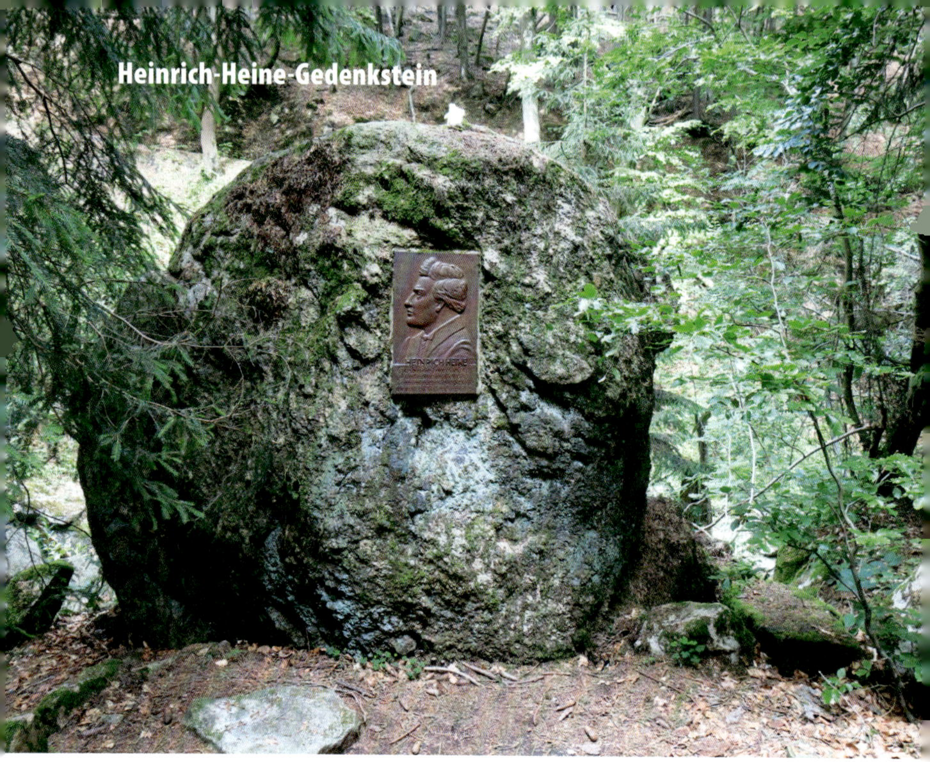

Heinrich-Heine-Gedenkstein

irritieren, die zur Straße führen. Der Weg ist mit Steinen durchsetzt und stellenweise matschig. Er führt anfangs unter einem dichten Buchenblätterdach hindurch, später durch Mischwald. Wir gewinnen an Höhe, entfernen uns von der Ilse, die im Tal plätschert. Unser Weg wird zu einem zugewachsenen Pfad, der über Wurzeln führt. Hier wachsen Sträucher, Farne und Fingerhut. Nach knapp 2 Kilometern folgen wir einer Linkskurve und kommen über eine **Holzbrücke** zur Straße. Diese gehen wir links und gleich wieder rechts und folgen weiter unserem Weg. Die Ilse fließt links von uns, aus unserem Weg wird ein steiniger Pfad. Wir queren eine Holzbrücke mit grünem Blätterdach und folgen bergab dem Pfad weiter, der so schmal wird, dass wir hintereinandergehen müssen. Nach 200 Metern biegen wir links ab und stoßen auf eine weitere Holzbrücke, auf der wir die Ilse überqueren. Dahinter biegen wir rechts für ein paar Meter auf die Straße. Diese verzweigt sich vor einer weiteren

Brücke. Wir gehen links und kommen an einem Rastplatz vorbei und zum spektakulärsten Abschnitt unserer Route, zu den **Ilsefällen** 1. Das Wasser stürzt hier über mehrere Wasserfälle ins Tal. Der Weg geht steil bergauf, ist teilweise matschig und mit großen Steinen durchsetzt. Selbst in der Ilse liegen Granitfelsbrocken und sogar ganze Bäume. Wir gehen am **Heinrich-Heine-Gedenkstein** vorbei und stoßen immer häufiger auf andere Wanderer. Ein kurzes Stück begleitet ein Handlauf den Weg.

Einen guten Kilometer nachdem wir die Brücke über die Ilse überquert haben, kommen wir an einer Bank vorbei, auf die Straße zu, an der wir links gehen. Wir gelangen zur **Bremer Hütte** 2 und ihrem Rastplatz, machen dort nach knapp der Hälfte der Tour eine erste Pause, unser Ziel im Blick. Die Brockenspitze ist nebelumhüllt. Um uns erobern Primärbäume wie Birken und Ebereschen den freien Raum, den die Borkenkäfer hinterlassen haben.

Wir stempeln unser Wanderbuch, gehen von der Bremer Hütte aus ein paar Meter zurück und biegen

Eigentlich ist der Harz ein Laubwald. Doch der Mensch nutzte und veränderte den ***Wald****, schuf Fichtenmonokulturen, die unter Hitze, Sturm, Dürre und dem Borkenkäfer leiden. Die Folge: Wir sehen viele tote Bäume – und junge Bäume, die nachwachsen.*

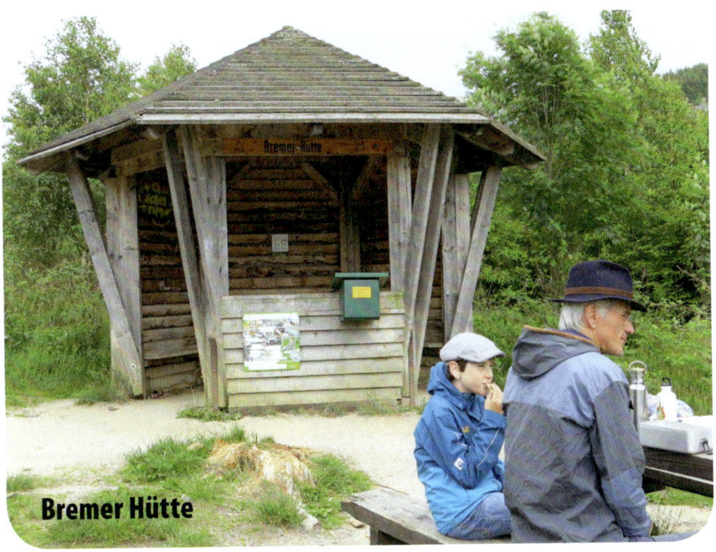

Bremer Hütte

links ab. Vor uns wartet ein weiterer spektakulärer Wegabschnitt. Wir überqueren auf einer Brücke ein letztes Mal die Ilse und folgen weiter dem Weg. Es geht steil bergauf. Neben uns wachsen junge Birken und Fichten. Wir genießen das helle Grün, unter das sich mit zunehmender Höhe immer mehr alte Fichten mischen.

Der Weg ist schmal und holprig, mit vielen Steinen und Wurzeln. Als er sich verzweigt, halten wir uns rechts und folgen der Straße. Der Untergrund ist jetzt eben, auf dem Kies kommen wir schnell voran. Wir folgen der Schotterstraße bis zur **Schutzhütte Stempelsbuche** 3, wo wir uns einen zweiten Stempel holen. Nach ein paar Schritten teilt sich die Straße, wir gehen rechts. Wir stoßen auf eine Granitfelsengruppe – die **Hermannsklippe** – von der wir gute Sicht auf den Harz und das Harzvorland haben. Bald darauf biegen wir links in den **Hirtenstieg**, einen Kolonnenweg, nutzen vorher aber noch den Rastplatz, um wieder zu Atem zu kommen.

*Der **Kolonnenweg** besteht aus Betonplatten mit Löchern darin. Das Fahren mit dem Mountainbike ist hier eine sehr ruppige Angelegenheit. Zu Zeiten der deutschen Teilung diente er Grenzsoldaten dazu, die Absperrung von der DDR aus mit Fahrzeugen zu erreichen.*

Ab und zu holpert uns ein Mountainbike entgegen. Es riecht, als würden wir ein Bad aus Fichtennadeln

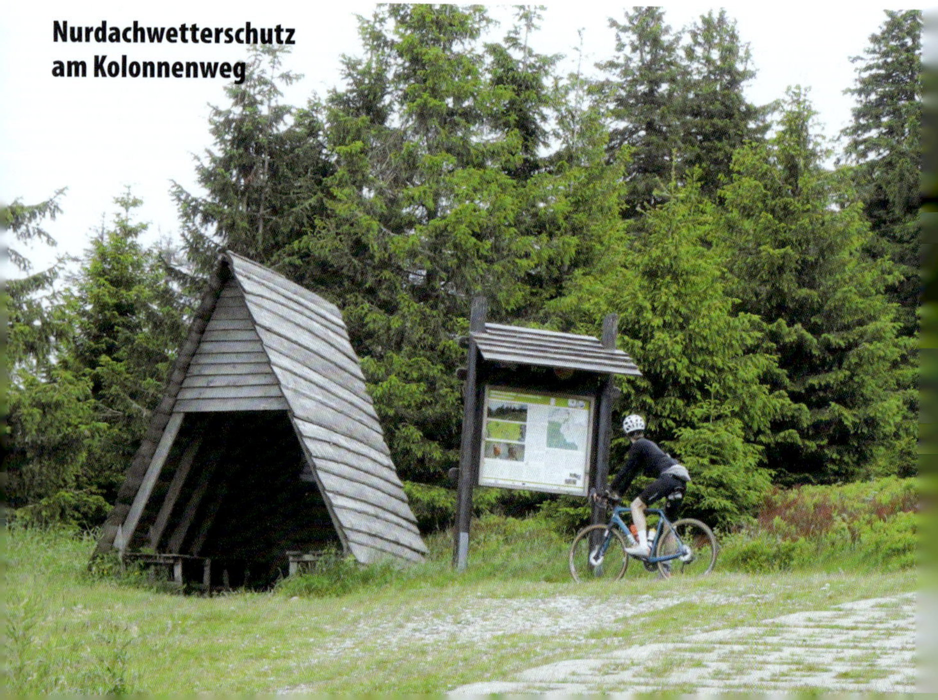

Nurdachwetterschutz am Kolonnenweg

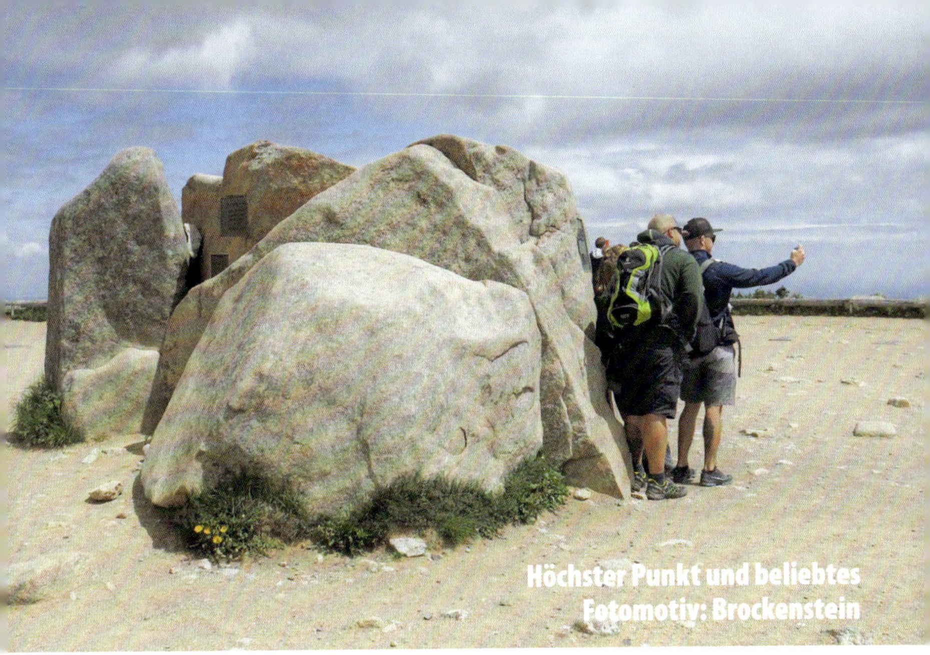

Höchster Punkt und beliebtes Fotomotiv: Brockenstein

nehmen. Allerdings fühlt es sich weit weniger entspannend an: Wir atmen hörbar. 150 Höhenmeter später genießen wir an einer Linkskurve die Aussicht auf das Wasser der **Eckertalsperre**. Die nächste Ablenkung kommt 100 Höhenmeter später, ein **Nurdachwetterschutz**.

Wir haben den **Kleinen Brocken** erreicht, eine Wiese ohne Gipfel. Das letzte Stück geht es noch mal steil bergauf, den **Brocken** 4 – oder besser die Brockenkuppe – mit Funkmast, Hotelturm und Museum im Blick. Es geht vorbei an einem Moor-Fichtenwald, an Wollgras und an Moor-Birken. Wir überqueren die **Brockenbahn**, biegen die zweite Straße rechts ab und folgen ihr bis zu einem runden Sandplatz. Dort befindet sich der Brockenstein, ein beliebtes Fotomotiv.

Wir gehen nach links und kommen auf das hoch gebaute **Brockenhotel** mit seinen Gaststätten zu und auf den flacheren Bau des **Nationalpark-Besucherzentrums**, mit dem Stempelkasten davor. Letzteres beherbergt unter der Kuppel die früheren Abhöreinrichtungen, die Dachterrasse bietet einen tollen Überblick über den höchsten Harzberg. Der Brocken liegt an der

Hier, auf der Höhe von über 1.000 Metern, ist es windig, feucht und kalt. Mit diesen Bedingungen kommen nur ***Spezialisten*** *zurecht, wie Heidelbeere, Heidekraut und Wolliges Reitgras. Auf den Granitblöcken vermehren sich seltene Flechten.*

Laut amtlicher Messung hat der ***Brocken*** *eine Höhe von 1141,20 Metern. Das reichte den Harzern nicht: Sie ließen 1997 einen Felsbrocken auf den höchsten Punkt setzen. Auf der dort angebrachten Bronzetafel steht 1142 Meter – sichtbar auf jedem Foto.*

ehemaligen innerdeutschen Grenze und war bis 1989 Sperrgebiet, damit also für die zivile Bevölkerung nicht zugänglich. Wir haben von so weit oben eine tolle Rundsicht auf den Harz und weit darüber hinaus. Trotzdem machen wir nicht auf dem Brocken Pause, wo uns der Wind empfindlich um die Nase weht, sondern während der fast zweistündigen Rückfahrt mit der Brockenbahn. Auf dem Weg zum **Brockenbahnhof** gehen wir am Ende der Gebäude mehrfach rechts. Wir steigen an der Endhaltestelle, dem Bahnhof von Wernigerode, aus und fahren erschöpft, aber glücklich nach Hause. Wer noch Energie hat, geht in die Innenstadt und kehrt dort ein, beispielsweise im **Altwernigeröder Kartoffelhaus** 5.

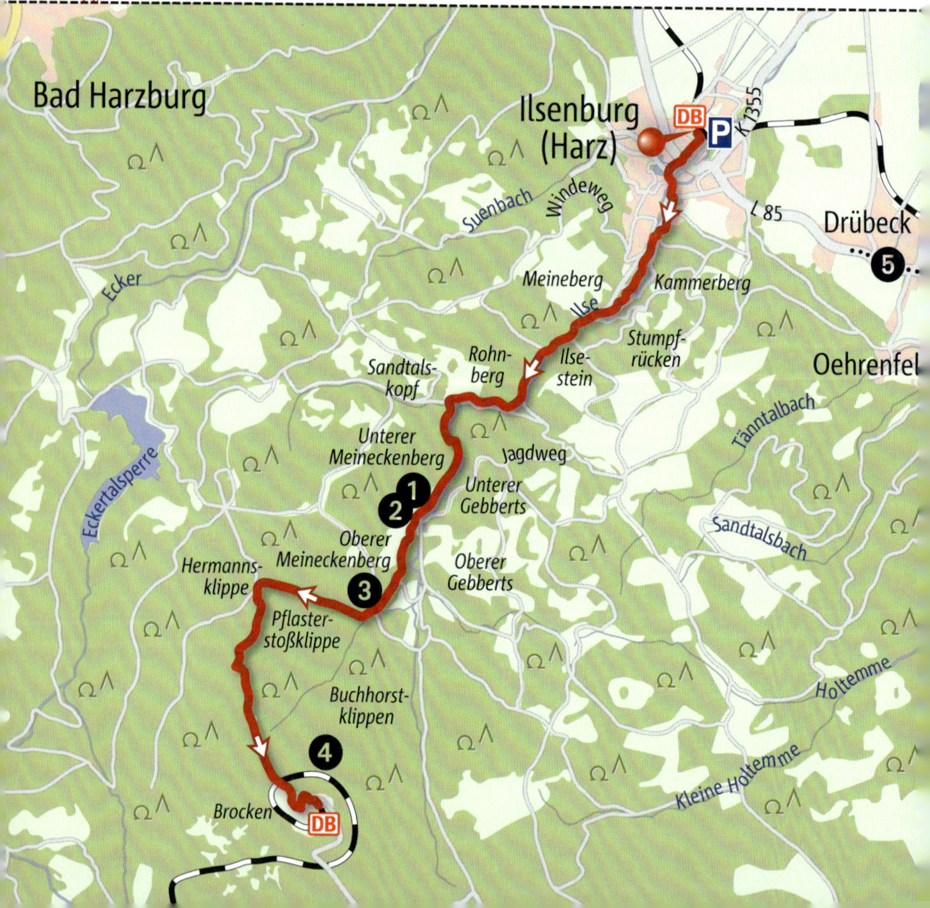

Alles auf einen Blick

WIE & WANN:
Überwiegend über wurzelige Pfade und den steilen Kolonnenweg, bestehend aus löchrigen Platten. Trittsicherheit und feste Schuhe sind erforderlich. Ganzjährig begehbar, wochentags und außerhalb der Ferien, ist es nicht so voll. Beste Wanderzeit von April bis Oktober (im Winter ist der Brocken öfter wegen Orkanen gesperrt)

Entspannung ★★★☆☆
Genuss ★★★☆☆
Romantik ★★★★★

HIN & WEG:
Auto: Parkplatz am Bahnhof, 38871 Ilsenburg (GPS: 51.86838, 10.68316)
ÖPNV: Hinfahrt bis Bahnhof Ilsenburg, Rückfahrt ab Bahnhof Wernigerode

ESSEN & ENTSPANNEN:
Altwernigeröder Kartoffelhaus ❺ Markstraße 14, 38855 Wernigerode, Tel. (0 39 43) 94 92 90, kartoffelhaus-wernigerode.de

ENTDECKEN & ERLEBEN:
Ilsefälle ❶
Bremer Hütte ❷ Stempel 6, Harzer Wandernadel
Schutzhütte Stempelsbuche ❸ Stempel 8, Harzer Wandernadel
Brocken ❹ Stempel 9, Harzer Wandernadel

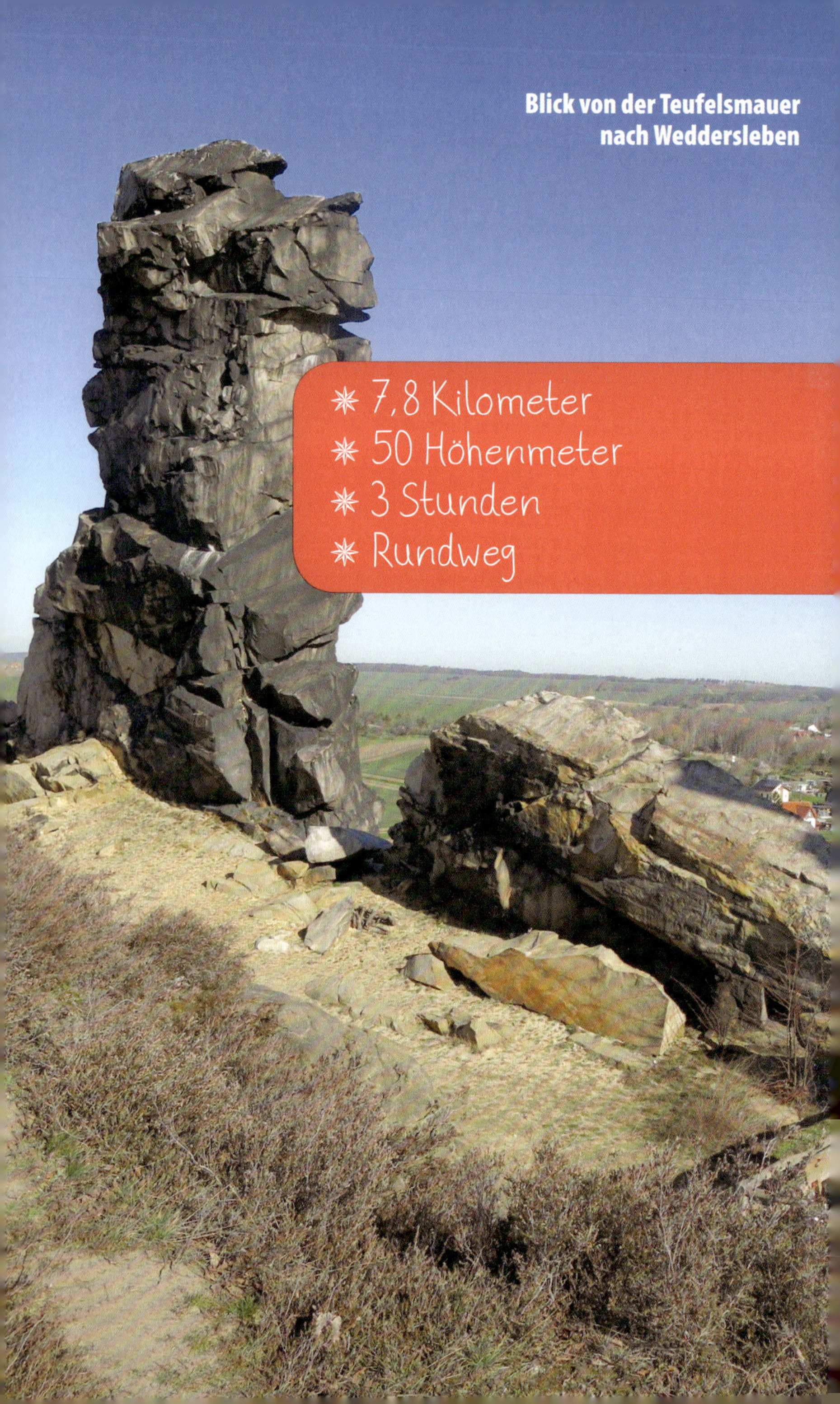

Blick von der Teufelsmauer nach Weddersleben

Unser Ausgangspunkt ist der Parkplatz **Teufelsmauer** zwischen Weddersleben und Neinstedt.

In den Ferien und am Wochenende muss man früh dran sein, um einen Stellplatz fürs Auto zu bekommen. Wir gehen zum südlichen Ende des Parkplatzes, stoßen an den Fluss Bode und gehen rechts durch ein

Bizarre Felsen

Auf der Teufelsmauer

hölzernes Portal mit der Aufschrift Teufelsmauer-Stieg, markiert mit einem roten Teufel, der auf einem Felsen sitzt. Dahinter befindet sich eine Plattform mit Zugang zum Fluss. Wir gehen rechts über eine **Brücke** über den Mühlgraben und an einer Bank vorbei. Ein Specht klopft. An einer weiteren Bank gehen wir geradeaus. Unser Weg wird durch ein Seil auf der rechten Seite abgegrenzt, links führt eine Brücke zum **Marienhof**, ein Abstecher, den wir auf dem Rückweg machen.

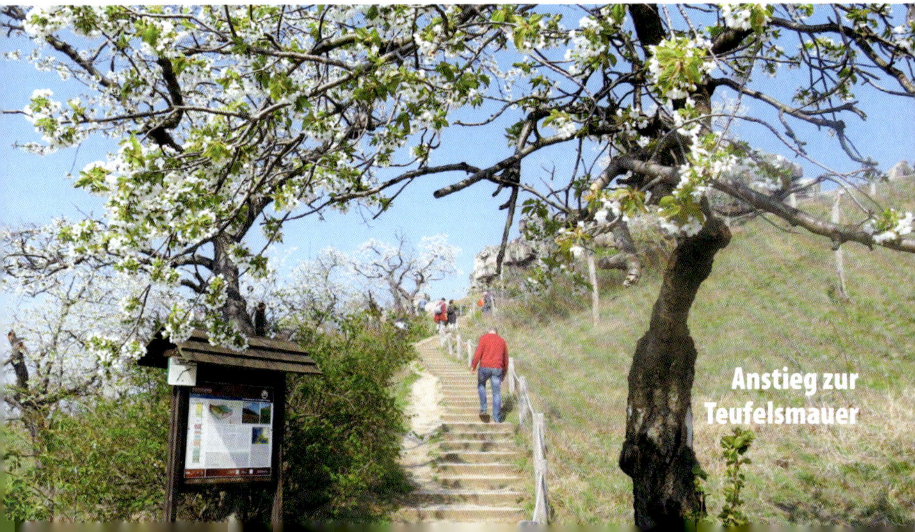

Anstieg zur Teufelsmauer

Die **Teufelsmauer** ist eine Felsformation aus Sandstein, die vor ungefähr 100 Millionen Jahren entstand. Sie ist insgesamt mehr als 20 Kilometer lang und an drei Stellen sichtbar. Wir wandern an der markantesten davon.

Wir kommen zur **Teufelsmauer mit einem Picknickplatz** ❶, biegen rechts ab und stoßen nach ein paar Schritten auf die **Stempelstelle 188 der Harzer Wandernadel**. Von dort erklimmen wir die Teufelsmauer. Treppenstufen führen nach oben. Wir wandern zunächst auf dem Rundwanderweg **Königsstein**. Klettern wäre hier verlockend, ist aber nicht erlaubt: Wir befinden uns im Naturschutzgebiet. Rechts ragen die ersten Sandsteine der Teufelsmauer in den Himmel. Links wachsen die Blumen des **Teufelsmauergartens** ❷, in dem sich ausschließlich regionale Pflanzen befinden. Erste Obstbäume blühen. Die Tour ist ideal für den Frühling, denn hier, im Regenschatten des Brockens, zeigen sich oft schon im März erste Blüten und zaghafte Sonnenstrahlen. Oben angekommen führt ein Abzweig nach rechts zum Königsstein. Der Pfad dorthin ist schmal und ausgesetzt. Am Ende des Aussichtsplatzes steht eine Bank und es gibt einen tollen Blick auf den Ort **Weddersleben**. Wem es beim Anstieg zu warm geworden ist, der kann hier seine Jacke ausziehen. Manchmal sieht man einen Greifvogel über die Landschaft gleiten.

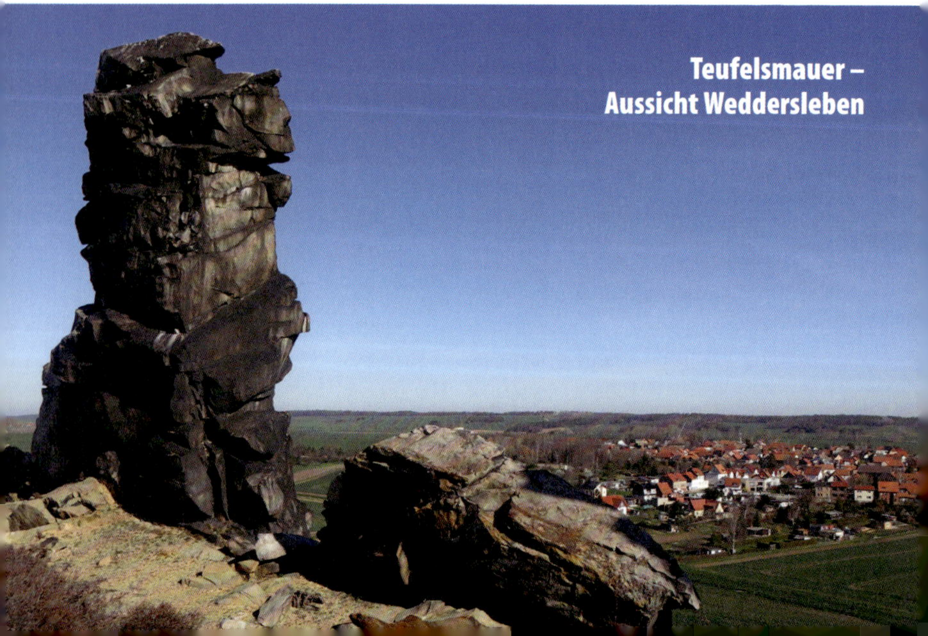

Teufelsmauer – Aussicht Weddersleben

Wir gehen zurück und weiter bergauf. Rechts ragen schroff die Felsen der Teufelsmauer auf, links wächst eine **Streuobstwiese**. Hier wurden bereits 1922 erste Obstbäume mit Süßkirschen angelegt. Neben dem Weg breitet sich Heidekraut aus. Wir gehen auf Treppenstufen bergab. Vögel zwitschern, es gibt Insekten wie

Für die Seele

Sandstein, Obstbäume und viel Sonne erwarten uns auf der Teufelsmauer, Feuchtigkeit und Schatten am Fluss Bode.

Hummeln, Schmetterlinge oder Ameisen. Auch die Wandernden sind anfangs zahlreich, im Laufe der Tour werden es weniger. Wir stoßen auf eine T-Kreuzung, ab der sich Schotter auf dem Weg befindet, gehen dort rechts und gleich wieder links, entlang der Teufelsmauer. Wer will, nutzt den **überdachten Rastplatz** für eine Pause oder informiert sich über hier wachsende Hundsrosen oder Weißdorn. Wir gehen in der Ebene, ein Absperrseil auf der einen und Bäume auf der anderen Seite. Ein Trampelpfad führte früher zur Teufelsmauer hoch. Inzwischen ist er gesperrt und Wandernde werden unterhalb des Sandsteinfelsens entlanggeführt. Am Wegesrand stehen Bänke, die mit dem Rücken zur Teufelsmauer stehen. Der Blick ist auf die Bergkette des Harzes gerichtet. Wir folgen dem Weg und seinen Kurven, sehen eine Windmühle. Bäume blühen und werden von Bienen umschwirrt. Es surrt, summt und duftet intensiv nach

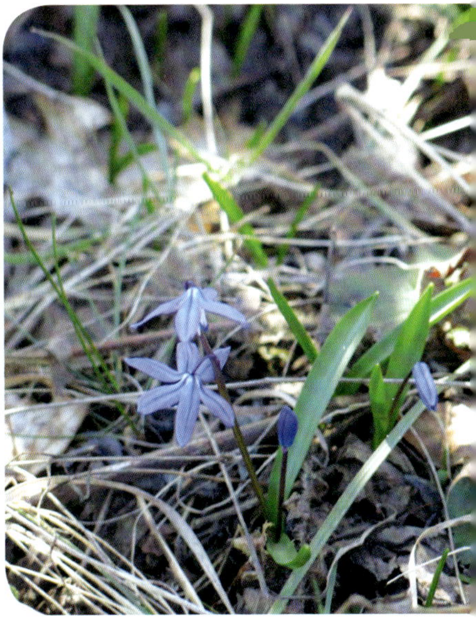

Blüten. Wir kommen an eine T-Kreuzung und folgen dem Teufelsmauer-Stieg nach links auf einen breiten ausgetretenen Feldweg unterhalb der Mauer. Hier wachsen verschiedene Pflanzen mit blauen oder lilafarbenen Blüten unter Alleebäumen. An der Stelle, an der die Allee endet, biegen wir nach rechts Richtung Teufelsmauer.

Wir befinden uns auf einem Feld, der Weg ist schwer zu erkennen. Wir gehen bis zum oberen Feldrand, vielleicht 80 Meter vor der Teufelsmauer, biegen dort links ab und folgen einem Trampelpfad. Wir gehen unter einer **Streuobstwiese mit Wildkirschen** entlang, stoßen an eine T-Kreuzung, biegen dort erneut links ab und folgen einer schmalen, asphaltierten Straße, auf der die Menschen lediglich mit dem Fahrrad oder zu Fuß unterwegs sind. Es geht erst leicht bergauf und dann leicht bergab. An der höchsten Stelle geht links ein Weg ab, wir wandern geradeaus weiter bis zum **Ende der Asphaltstraße** und biegen erst dort

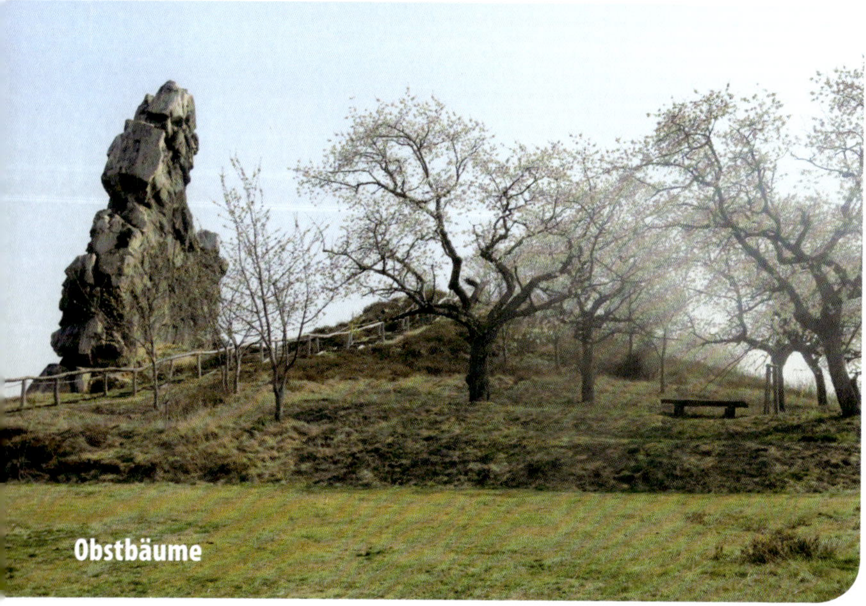

Obstbäume

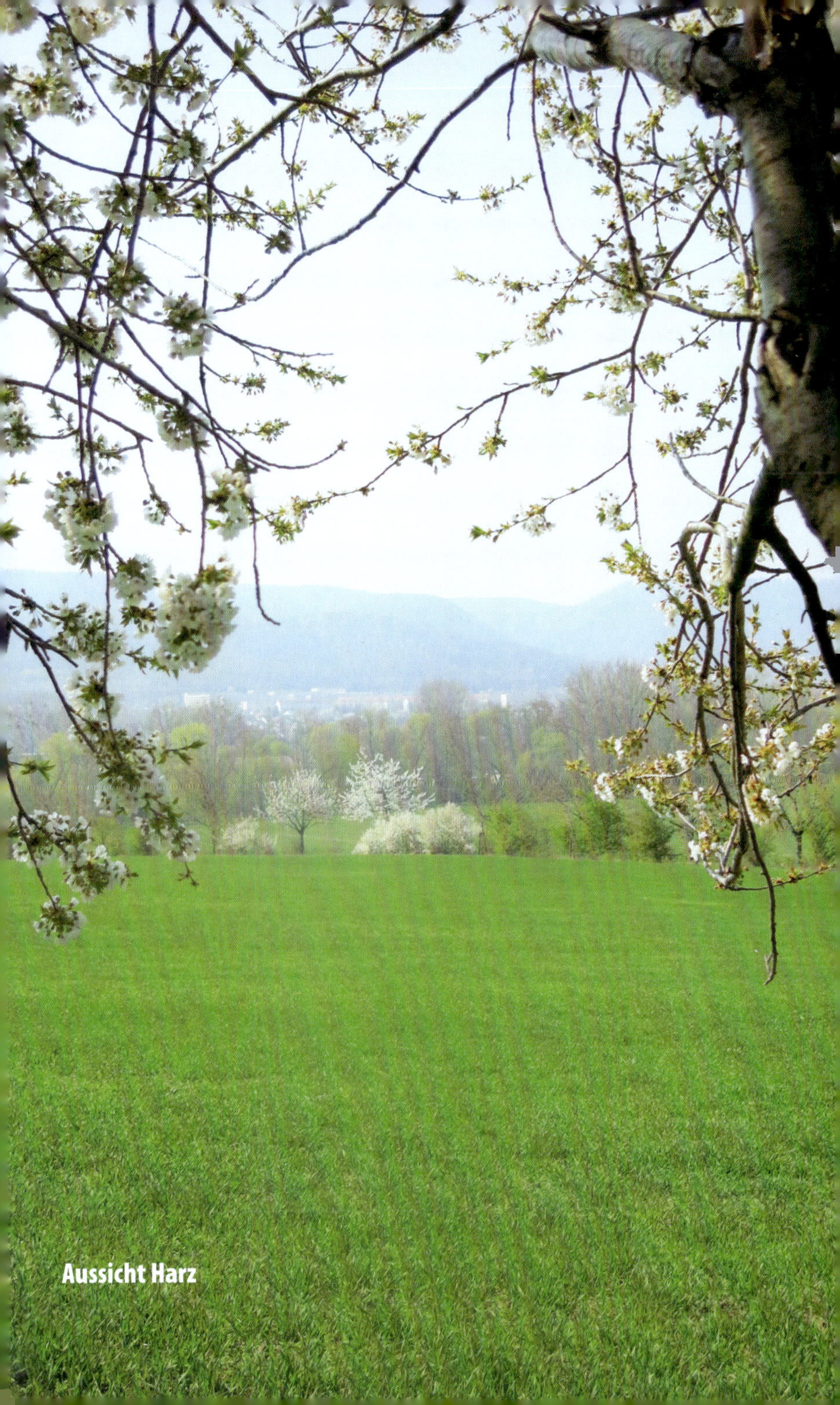

Aussicht Harz

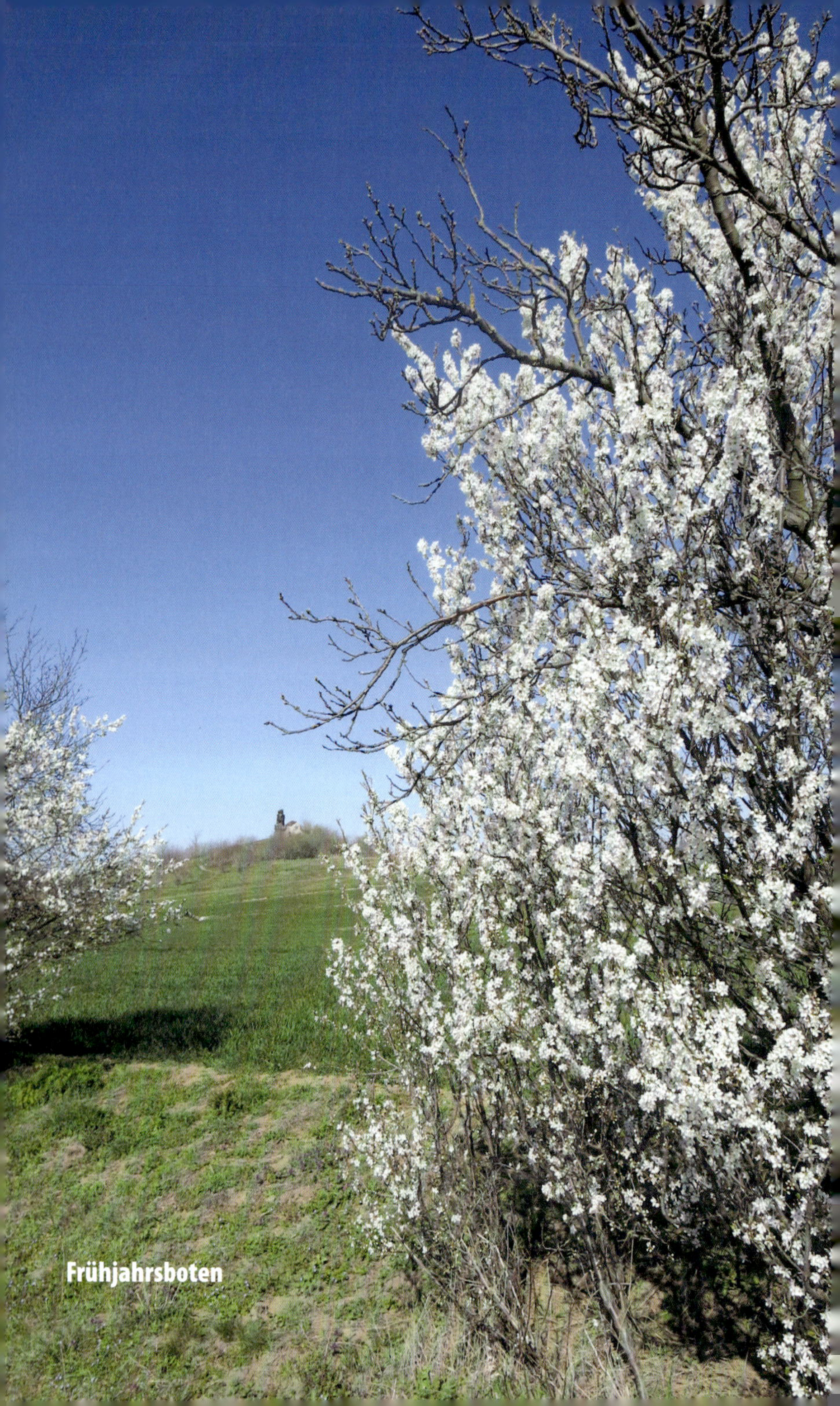

Frühjahrsboten

links ab. Damit umgehen wir den Ort Thale. Wer Stempel sammelt oder an Baugeschichte interessiert ist, geht 700 Meter weiter geradeaus, Richtung **Kloster Wendhusen**. Das Gebäude ist um das Jahr 825 entstanden und Interessierte können einen Sonderstempel der Harzer Wandernadel ergattern oder das Café besuchen. Alle anderen gehen weiter auf Asphalt, an einer **Kleingartensiedlung** vorbei (Achtung, bellende Hunde) und stoßen am Ende der Straße auf eine T-Kreuzung. Wir folgen der Straße nach rechts. Es geht steil bergab, der Untergrund wechselt zu **Pflastersteinen**. Als die ersten Dächer des Ortes auftauchen, gehen wir scharf links auf einen Feldweg und bergab. Die **Bode** ist unter uns, wir hören sie rauschen und sehen sie nach einer Weile zwischen den Sträuchern blitzen. Sie begleitet uns von jetzt an bis zum Ziel. Nach etwa 800 Metern führt ein Stichweg ans Wasser. Dort befindet sich ein wunderschöner **Rastplatz an der Bodefurt** ❸, mangels Bank setzen wir uns auf die Stämme der umgestürzten Bäume. Die Bode ist hier seicht. Danach gehen wir parallel zum Fluss, sonnige und schattige Abschnitte

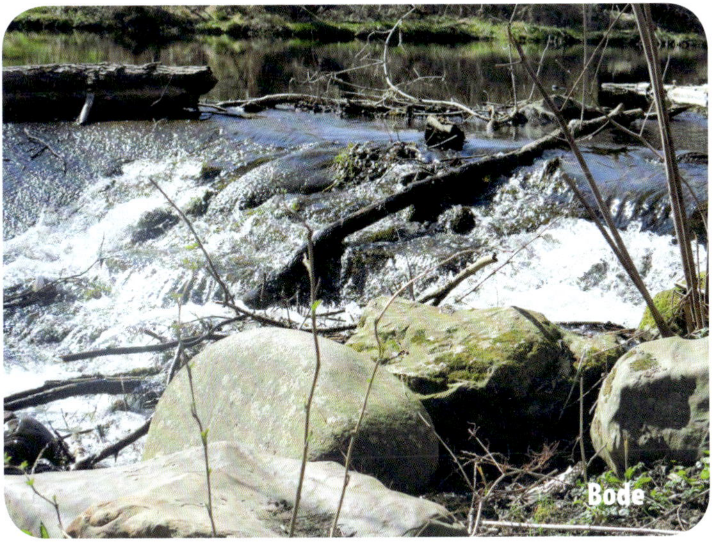
Bode

Der **Marienhof** ist ein biologischer Bauernhof der Evangelischen Stiftung Neinstedt. Die Stiftung wurde 1850 gegründet und betreibt unter anderem Werkstätten und Kindergärten für Menschen mit Behinderung. Seit 2018 gibt es auf dem Marienhof ein **integratives Café** mit wechselnden hausgemachten Kuchen und Torten.

wechseln sich ab. Die Sonne glitzert, Vögel singen und wir spüren einen Windhauch auf der Haut. An der Stelle, an der sich unser Weg mit einem anderen vereint, gehen wir schräg rechts und haben noch mal einen schönen Blick auf die Teufelsmauer. Wir kommen an einen **Pausenplatz** mit Bank und Tisch, direkt an der Bode gelegen, folgen weiter unserem Weg. An einem Abzweig wandern wir geradeaus, bis wir den Rastplatz vom Hinweg erreichen, an dem wir die Teufelsmauer erklommen haben. Kurz dahinter führt die Brücke zum **Marienhof** 4.

Nachdem wir uns gestärkt haben, gehen wir zurück, biegen hinter der Brücke rechts ab und kommen wieder auf den **Parkplatz**.

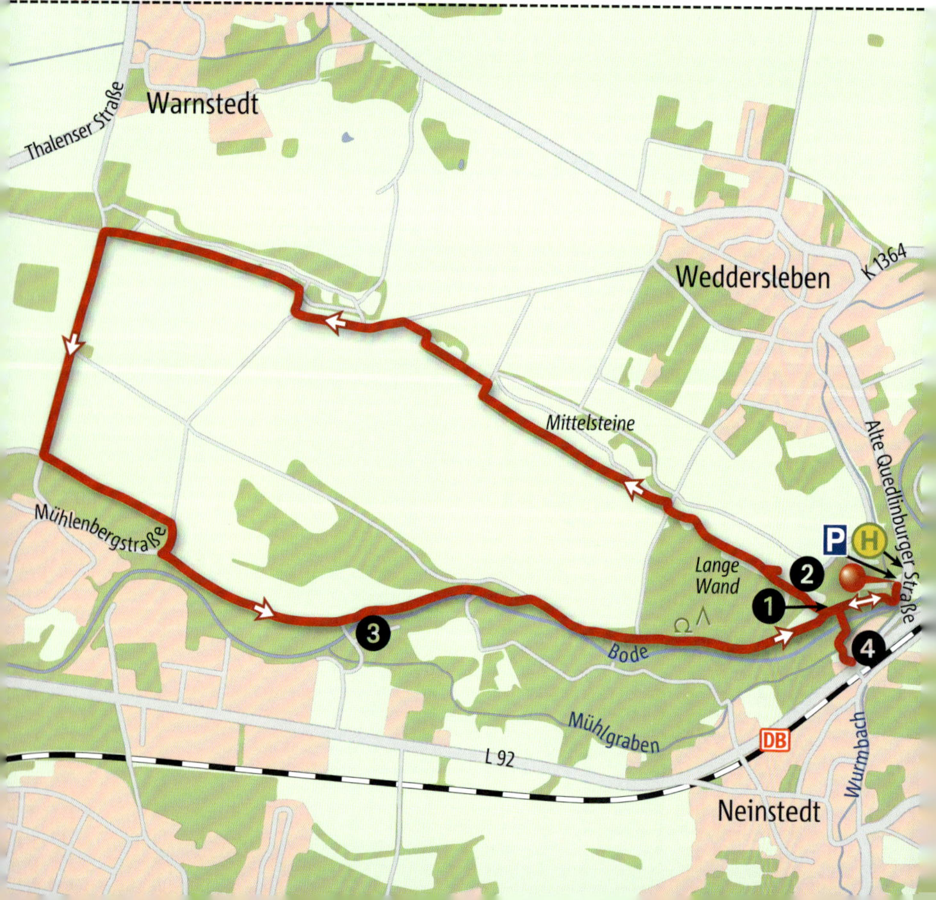

Alles auf einen Blick

WIE & WANN:
Auf Wegen und Pfaden über größtenteils offenen Flächen. Ganzjährig begehbar, beste Wanderzeit im Frühjahr, wegen der blühenden Obstbäume und der angenehmen Temperatur

Entspannung ✱✱✱☆☆
Genuss ✱✱✱✱✱
Romantik ✱✱✱✱✱

HIN & WEG:
Auto: Parkplatz Teufelsmauer, hinter Weddersleben, 06502 Thale (GPS: 51.75701, 11.09069)
ÖPNV: Bus 251, 252 bis Haltestelle Weddersleben, Teufelsmauer, oder RE bis Bahnhof Neinstedt, von dort 9 Minuten zu Fuß

ESSEN & ENTSPANNEN:
Marienhof ❹ Am Marienhof 1a, 06502 Thale OT Neinstedt, Tel. (0 39 47) 7 72 91 11, www.neinstedt.de

ENTDECKEN & ERLEBEN:
Teufelsmauer mit Picknickplatz ❶ Stempel 188, Harzer Wandernadel
Teufelsmauergarten ❷
Rastplatz an der Bodefurt ❸

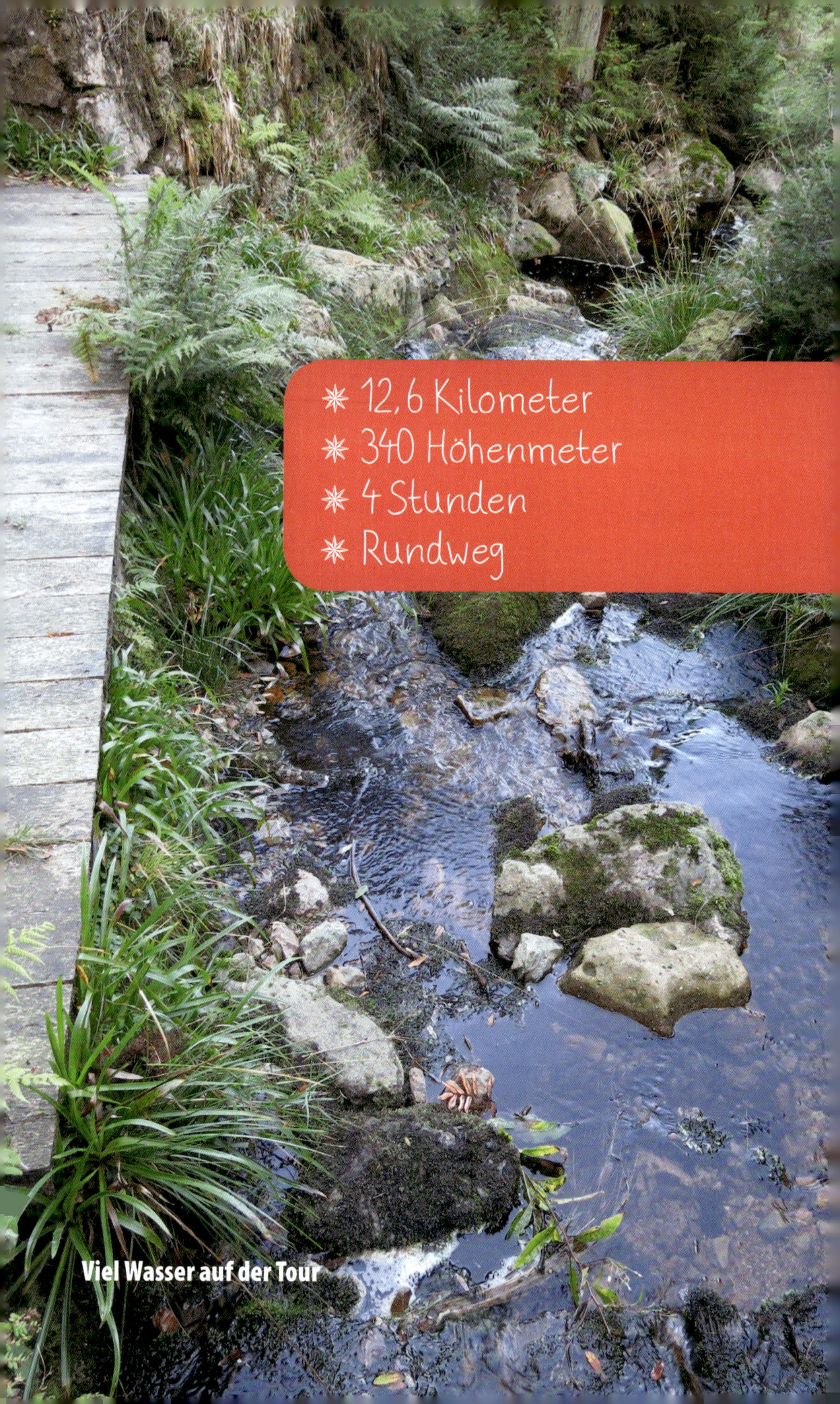

Viel Wasser auf der Tour

Wir starten unsere Wanderung auf **Torfhaus**, der mit 800 Metern höchstgelegenen Siedlung des Harzes. Am unteren Ende des Parkplatzes, am **Skilift**, beginnt der Waldweg, der uns zum beliebten Fernwanderweg **Hexenstieg** führt, dem wir auf der ersten Wegeshälfte Richtung Altenau folgen. Unter dem Skilift biegen wir

Es wird steil

Hoch oben auf Torfhaus

links auf einen Wanderweg, der über den Skihang – im Sommer eine Wiese – führt. Den Weg, der wenige Meter dahinter abgeht, ignorieren wir und wandern geradeaus weiter. Wir hören Wasser rauschen und Vögel zwitschern. Zwischen den grauen Fichtenstämmen sprießen junge grüne Bäume. Der Weg geht in einen Pfad über, der wurzelig und steinig ist und steil bergab führt. Es riecht nach dem Harz der Bäume. Wir gehen vorbei an umgestürzten Bäumen, halten uns an den beiden Abzweigen rechts. Ein **weiter Bogen** führt uns bergab, der Pfad wird etwas breiter und wird wieder zum Weg. Nach einer Weile folgen wir einer engen Linkskurve entlang eines Grabens. Der Weg wird noch etwas breiter und geht in einen **Schotterweg** über. Hier im **Kellwassertal** sehen wir die jungen Bäume, die eine regionale Stiftung anpflanzen ließ: Ziel ist ein stabiler Mischwald. Dafür werden Laubbäume wie Ahorn und Buchen und auch Nadelbäume wie Lärchen gepflanzt. An der nächsten Kreuzung halten wir uns links. Wer Stempel sammelt, biegt nach rechts, geht ein Stück bergauf und nimmt den Stempel 221 der sonst unspektakulären **Jungfernklippe** mit. Hier führt

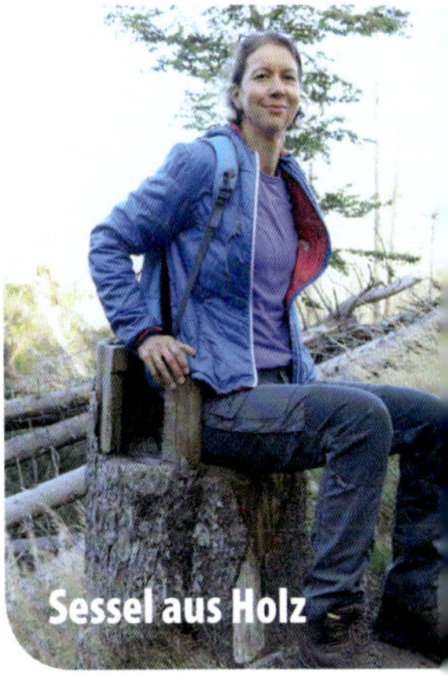
Sessel aus Holz

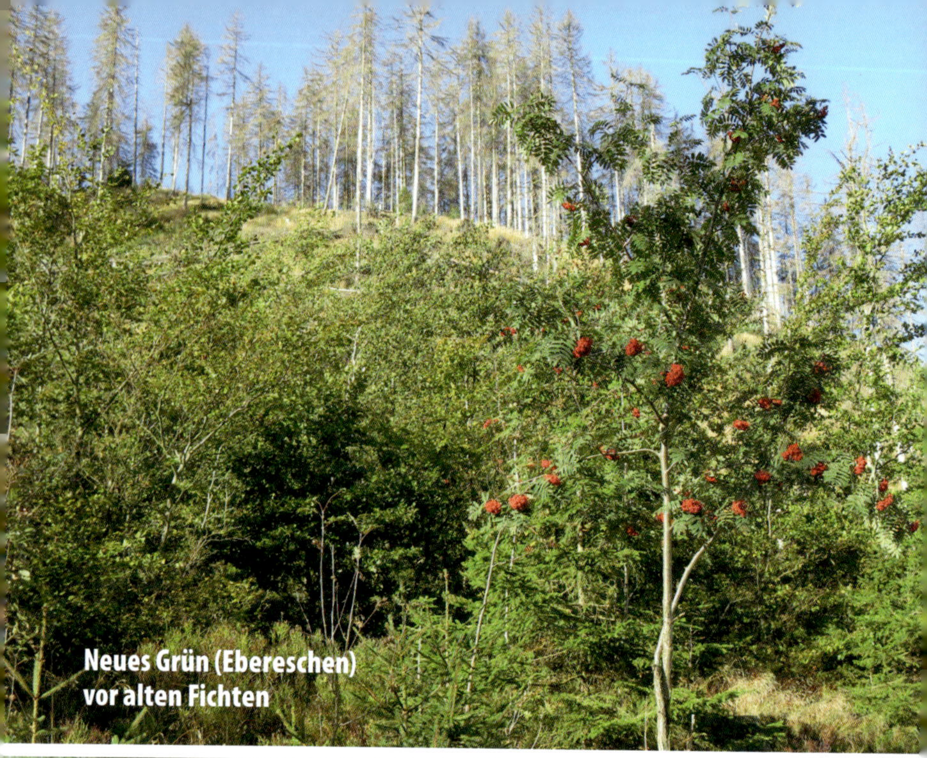

Neues Grün (Ebereschen) vor alten Fichten

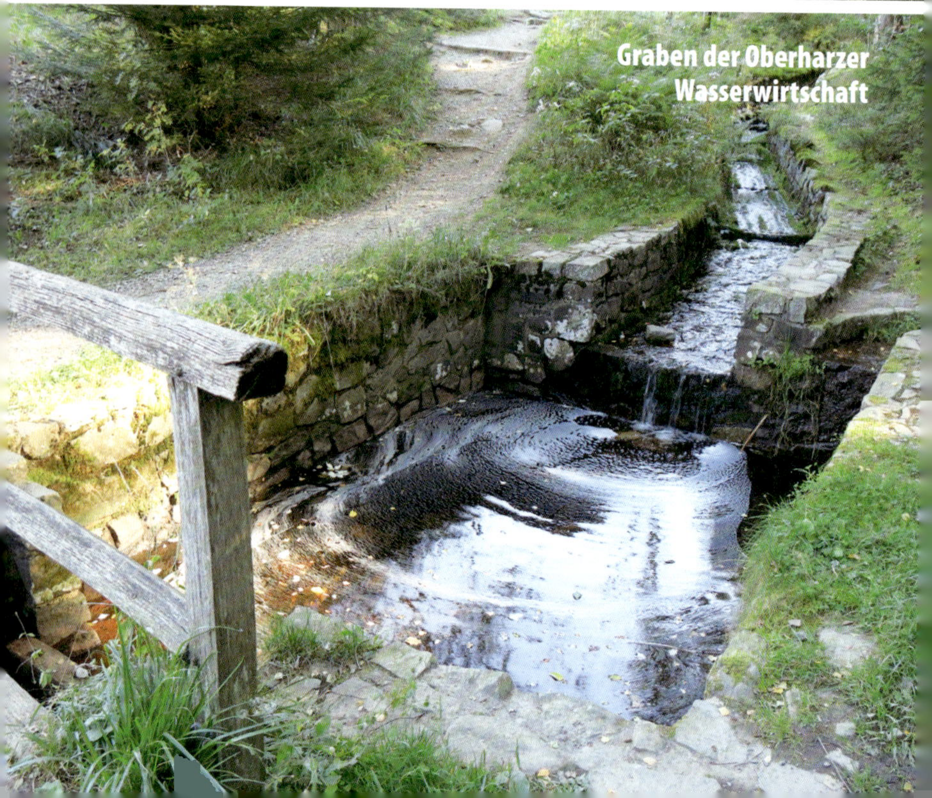

Graben der Oberharzer Wasserwirtschaft

auch die **Umleitung** für diejenigen lang, die das kommende, steile Stück nicht gehen wollen. Alle anderen biegen gleich wieder links auf einen **Pfad**. Nach ein paar Metern geht es über eine **Brücke**, Wasser plätschert. Hier beginnt der **Dammgraben**.

Für die Seele

Plätschernde Wassergräben, federnde Waldpfade und weite Blicke in teils fast alpinem Gelände begleiten uns auf unserem Weg.

Wir genießen es, auf dem idyllischen Pfad zu wandern – er führt in Schleifen am Graben entlang, vorbei an einem kleinen **Wasserfall** und einem Steilhang. Hier wachsen Heidelbeeren, Ebereschen, Fichten, Birken und Buchen. Wir kommen auf die erwähnte steile, fast hochalpine Stelle zu. Das Kellwasser tritt hier in einen Wasserlauf ein, einen unterirdisch verlaufenden Graben. Der Pfad ist schwierig: glatt, festgetreten und teilweise wurzelig. Nach gut 150 Metern ist es geschafft. Am Ende kommen wir an eine **T-Kreuzung**, links zweigt der ab hier gesperrte Teil des **Magdeburger Wegs** ab. Ursprünglich führte der Hexenstieg dort entlang. Wir gehen nach rechts, ruhen uns auf einer Bank aus oder ein paar Meter weiter auf einem Holzsitz, der auf einem Baumstumpf angebracht ist. Dahinter befindet sich der **Nabetaler Wasserfall**, der das Wasser einige Meter bergab plätschern lässt. Der Pfad wird breiter und führt als Waldweg viel über Freiflächen, deshalb besser nicht das Eincremen vergessen!

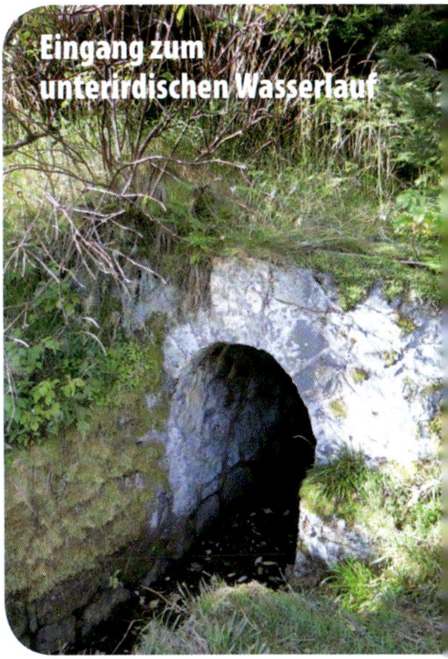
Eingang zum unterirdischen Wasserlauf

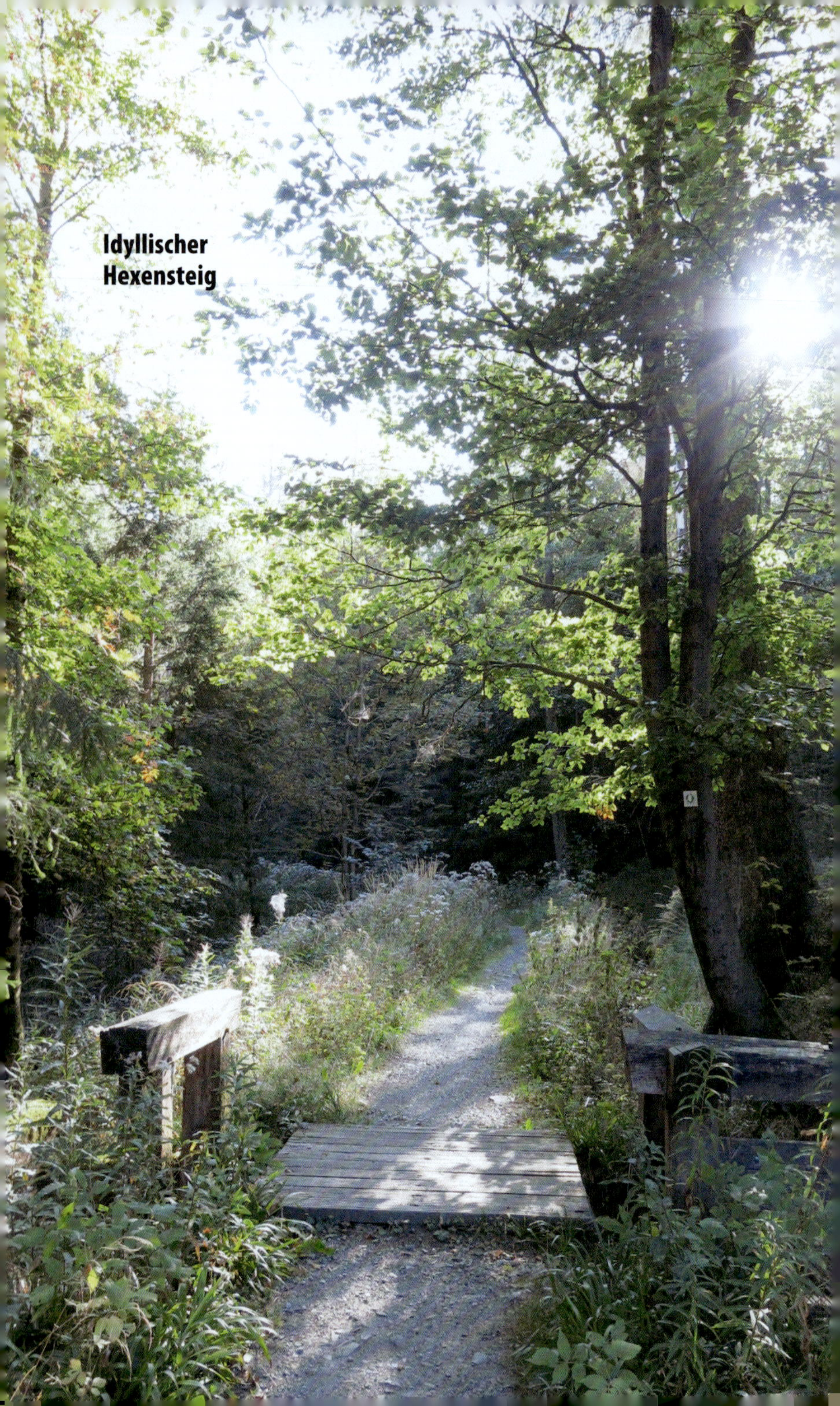

Idyllischer Hexensteig

Wir folgen dem Weg bergab. Unten erwartet uns das Grün von Gräsern und das Rosa von Schmalblättrigen Weidenröschen. Wir kommen 400 Meter nach dem gesperrten Weg wieder an eine T-Kreuzung, folgen der **Schotterstraße** nach links, stoßen nach 50 Metern erneut an eine **Kreuzung**, gehen geradeaus und leicht bergab auf einen Pfad. Auf ihm wandern wir erst über eine Brücke und dann am gurgelnden **Dammgraben** entlang. Hier wachsen Farne und Brombeeren und manchmal ist das Schwingen der Flügel eines großen Vogels zu hören. Wir folgen dem Pfad an Freiflächen vorbei und gehen geradeaus über eine Waldstraße. Am Dammgraben gehen wir leicht bergab. Der Graben verläuft die ganze Zeit linkerhand. Knapp 1,5 Kilometer nach dem schwierigen Anstieg zum Magdeburger Weg kommt ein richtiger Rastplatz: die **Schachtkopf-Hütte** am **Förster-Ludewig-Platz** (1) mit einem Tisch und Bänken. Die Brücke gegenüber führt zur Stempelstelle 133 der Harzer Wandernadel. Unsere Tour geht an der Hütte vorbei und geradeaus. Wir hören die Motorräder auf der kurvigen Straße zwischen Torfhaus und Altenau röhren. Auf unserem Pfad wechseln sich Licht und Schatten ab, die Sonne funkelt und glitzert im Wassergraben. Ab und zu begegnen wir freundlich grüßenden Wandernden, manche allein, manche zu zweit. Wir kommen einen knappen Kilometer hinter der Hütte auf die **Asphaltstraße L 504** und überqueren diese, was bei dem vielen Verkehr gar nicht so einfach ist. Auf der anderen Seite geht der Pfad geradeaus weiter, am Graben entlang, oft an Baumstümpfen vorbei. Wir kommen nach 800 Metern an eine Kreuzung, an der wir den **Hexenstieg** verlassen und über eine Brücke nach links bergauf

Die ***Oberharzer Wasserwirtschaft*** *ist das bedeutendste historische System zur Energieversorgung der Bergwerke im Harz. Dazu gehört der einst 25 Kilometer lange Dammgraben, der Wasser vom Bruchberg und Brockenfeld in die Gegend um Clausthal-Zellerfeld leitete.*

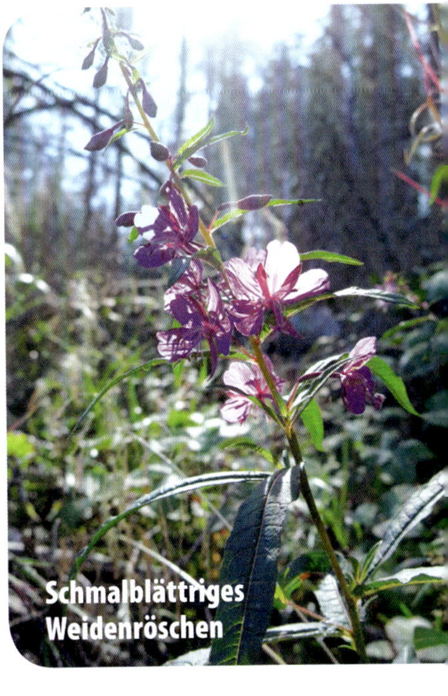

Schmalblättriges Weidenröschen

*Die **Wolfswarte** ist eine Blockhalde, gelegen auf dem Bruchberg, auf 918 Metern Höhe. Blockhalden bestehen aus mindestens schuhschachtelgroßen Steinen. Ursprünglich war die Wolfswarte ein Felsen, den Frost und Wasser zu Steinen gesprengt haben.*

gehen. Stempelsammler wandern ein paar Meter weiter geradeaus und nehmen den Stempel 149, Kleine Oker, mit. Für alle anderen führt der Weg bergauf, vorbei an vielen Freiflächen, zu einer **T-Kreuzung**. Wer noch viel Energie übrig hat, biegt links und gleich wieder rechts ab auf einen Pfad, der etwa 1 Kilometer parallel der Straße entlangführt. Danach geht es nach rechts und über den wurzeligen Butterstieg 600 Meter steil bergauf zur **Wolfswarte** ❷. Wer es gemächlicher mag, biegt mit uns rechts auf die Waldstraße ab und geht bergauf, vorbei an einer jetzt frei stehenden Hütte. Das Jahr 2018 hat den dort stehenden Fichten stark zugesetzt: erst Sturm Friederike und dann der Dürresommer, den zahlreiche Borkenkäfer nutzten, um die geschwächten Bäume zu attackieren. Weiter oben lädt ein **Baumstamm** mit abgeschrägter Sitzfläche und Blick auf Altenau zu einer kleinen Pause ein. Danach überqueren wir zahlreiche **Bäche**, die am Bruchberg

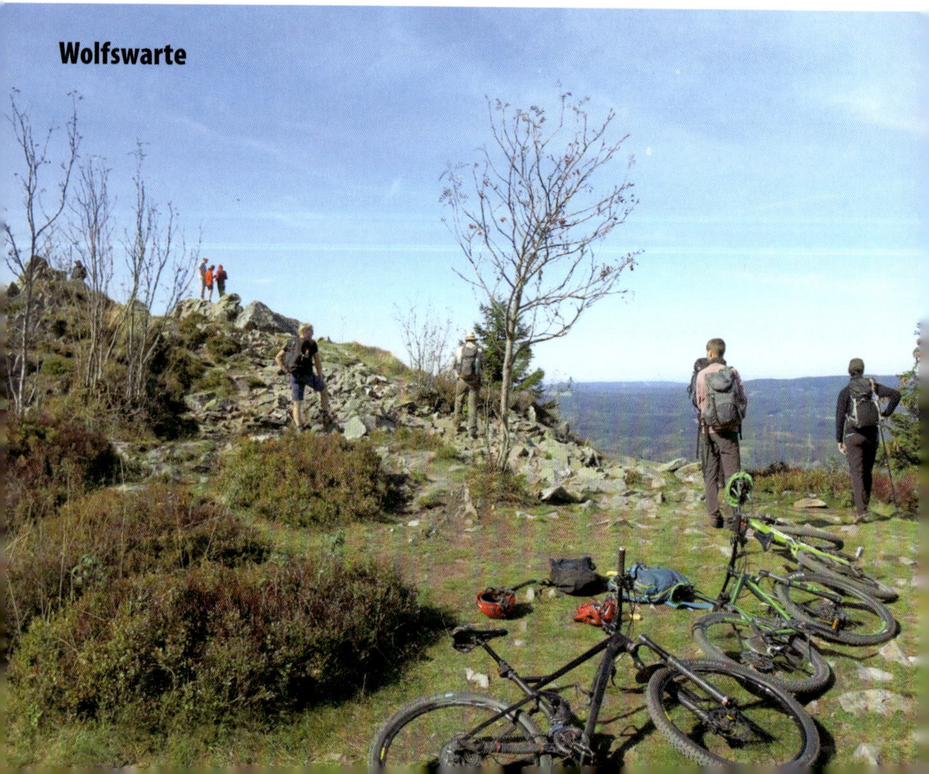

Wolfswarte

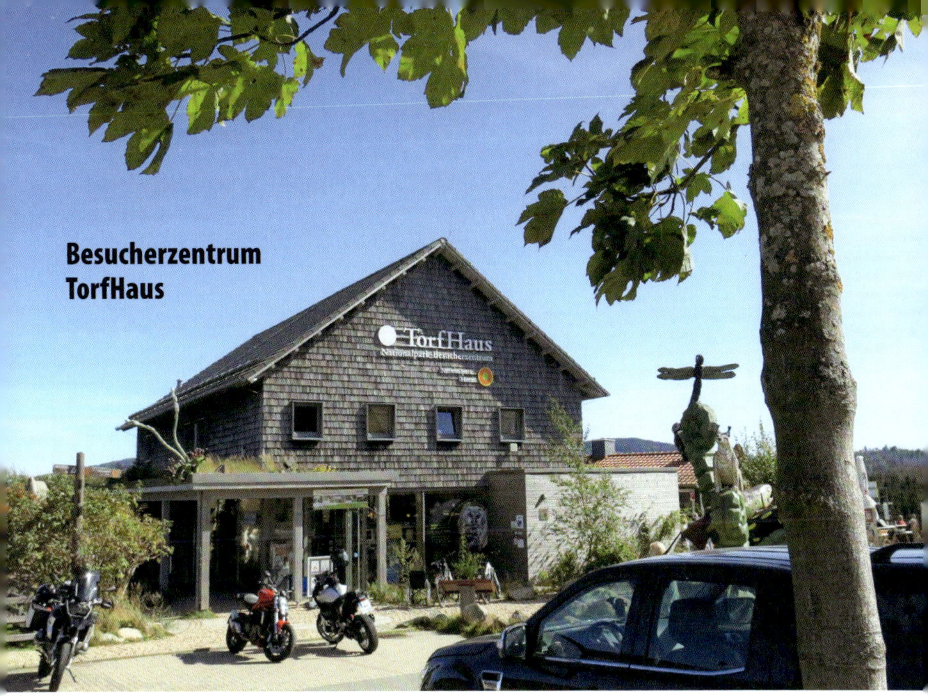

Besucherzentrum TorfHaus

entspringen und in die Oker fließen. Der Weg zieht sich, der Tritt wird rhythmisch. Wir kommen an eine T-Kreuzung und biegen links ab. Knapp die Hälfte des Anstiegs ist geschafft. Ein etwa 4 Meter breiter Weg, auf dem sich Waldboden und Kies abwechseln, führt uns in Richtung Wolfswarte. Nach knapp 400 Metern geht es an der nächsten T-Kreuzung links. Wir wandern geradeaus bergan, kommen nach weiteren 750 Metern vorbei an der **Wilde-Sau-Hütte**. 1 Kilometer später biegen wir rechts auf einen beschilderten, steinigen Pfad, der steil nach oben führt. Es ist geschafft: Wir erklimmen die **Wolfswarte** und blicken westlich auf den **Okerstausee**, das darüber gelegene Schulenberg und auf Altenau.

Wir trennen uns von der Aussicht und gehen rechts bergab, vorbei am **Stempelkasten** der Harzer Wandernadel. Es geht auf steinigem Pfad 1 Kilometer talwärts. Kurz bevor wir die Asphaltstraße zwischen Torfhaus und Altenau erreichen, überqueren wir den **Clausthaler Flutgraben**. Dahinter folgen wir einem Pfad rechts zu einem kleinen **Parkplatz**, dort gehen

*Das Nationalpark-Besucherzentrum **TorfHaus** zeigt eine Ausstellung mit einem dreidimensionalen Harzmodell, informiert über Tiere wie Luchs und Rothirsch, über das Grüne Band und erklärt, wie sich der Nationalpark zum Urwald entwickelt.*

Typische Harzer Küche erwartet uns in der ***Bavaria Alm*** *nicht. Dafür gibt es – wie der Name erwarten lässt – alpenländische Küche mit Leberknödelsuppe, Leberkäse oder Schweinebraten. Ideal nach dem Wandern. Mit Brockenblick von der Terrasse.*

wir über die Straße und zum direkt gegenüber gelegenen Weg. Nach 700 Metern wandern wir rechts Richtung Hauptstraße und umgehen damit den gesperrten Abzweig zum **Magdeburger Weg**. An der Hauptstraße wandern wir nach links, gehen nach einigen Metern beim Haltestellenschild wieder links und biegen nach rechts auf den ursprünglichen Weg. Es gibt mehrere Bäche und es ist ziemlich feucht. Wir gehen über Holzbrücken und -planken, kommen an eine **T-Kreuzung**, gehen rechts und erreichen den Parkplatz. Wir nutzen die Gelegenheit, einen knappen Kilometer entfernt, das kostenlose **Nationalpark-Besucherzentrum TorfHaus** ❸ zu besichtigen und in der **Bavaria Alm** ❹ einzukehren.

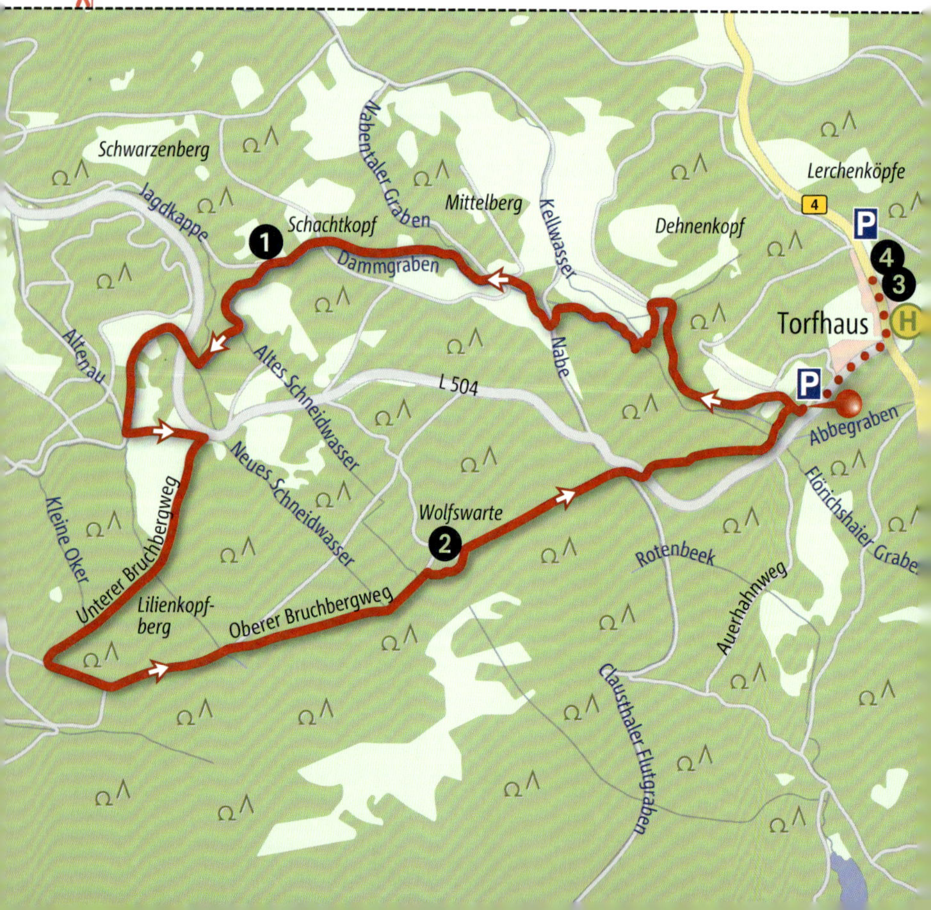

Alles auf einen Blick

WIE & WANN:
Über Wege und Pfade, teilweise steil bergauf. Trittsicherheit, gute Grundkondition und trockenes Wetter erforderlich. Außerhalb der Skisaison ganzjährig begehbar, beste Wanderzeit von April bis Oktober

Entspannung ★★★☆☆
Genuss ★★★★☆
Romantik ★★★★★

HIN & WEG:
Auto: Parkplatz Skilift am Rinderkopf (GPS: 51.79754, 10.53130), in den Ferien und an Wochenenden am 800 Meter entfernten gebührenpflichtigen Großparkplatz, 38667 Altenau OT Torfhaus (GPS: 51.80333, 10.53643)
ÖPNV: Bus 820 bis Haltestelle Torfhaus

ESSEN & ENTSPANNEN:
Bavaria Alm Torfhaus ❹ Torfhaus 10, 38667 Altenau OT Torfhaus, Tel. (0 53 20) 33 10 34, www.bavariaalm.de

ENTDECKEN & ERLEBEN:
Förster-Ludewig-Platz ❶ Stempel 133, Harzer Wandernadel
Wolfswarte ❷ Stempel 135, Harzer Wandernadel
Nationalpark-Besucherzentrum TorfHaus ❸ Torfhaus 8, 38667 Altenau OT Torfhaus, Tel. (0 53 20) 33 17 90, www.torfhaus.info

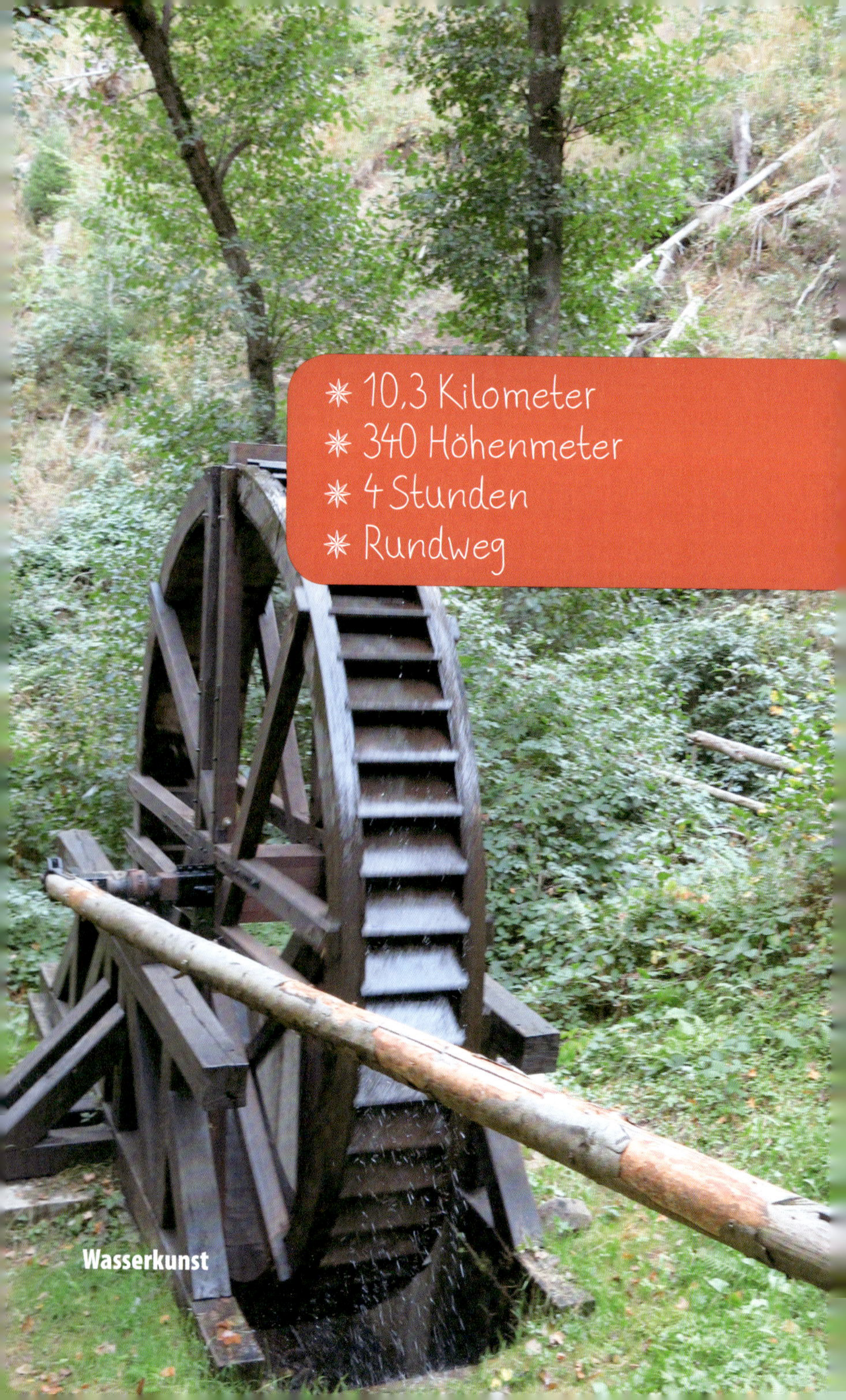

- 10,3 Kilometer
- 340 Höhenmeter
- 4 Stunden
- Rundweg

Wasserkunst

Vom **Waldparkplatz im Thumkuhlental** gehen wir links in den Wald. Hier befindet sich ein ehemaliges Bergbaugebiet mit einer **Wasserkunst** ①. Wer mit öffentlichen Verkehrsmitteln kommt, fährt am besten mit der Brockenbahn der HSB zum Bahnhof Steinerne Renne und steigt dort in die Rundtour ein.

Dampfende Lok

Steinerne Renne und Ottofelsen

Ein Stück weiter treffen wir auf den **Schacht Teufel**. Einst war er 17 Meter tief, heute ist davon nur noch eine unspektakuläre Kuhle übrig. Wir gehen geradeaus durch eine Unterführung und biegen dahinter rechts ab. Der Weg verläuft parallel zu den Schienen der **Brockenbahn** und bis zum Bahnhof Steinerne Renne auf einem **naturkundlich-geologischen Lehrpfad** ②.

Die Schienen der Brockenbahn, einer Schmalspurbahn, verlaufen eng nebeneinander. Das hat den Vorteil, dass sie enge Kurven fahren kann – wie hier nach knapp 2 Kilometern eine deutliche **Linkskurve**. Abhängig von der Saison pendelt die Bahn bis zu 20-mal am Tag zwischen Wernigerode und dem Brocken – die Chancen stehen also gut, sie zumindest einmal zu sehen. Oder Spuren von ihr, denn der Wanderweg ist größtenteils zugewachsen und versperrt die Sicht. Tatsächlich fährt die Bahn bald mit lautem „tut, tut“ vorbei und hinterlässt eine große, weiße Dampfwolke. Wir gehen durch einen Mischwald bergab zum **Bahnhof Steinerne Renne**.

Unter anderem wachsen hier Fichten, die früher Rottannen genannt wurden. Eigentlich haben sie hier,

*Die **Wasserkunst** ist ein nachgebautes Wasserrad, angetrieben von einem 40 Meter langen hölzernen Gestänge. Sie diente dazu, Wasser, das in die Grube sickerte, über Tage zu heben.*

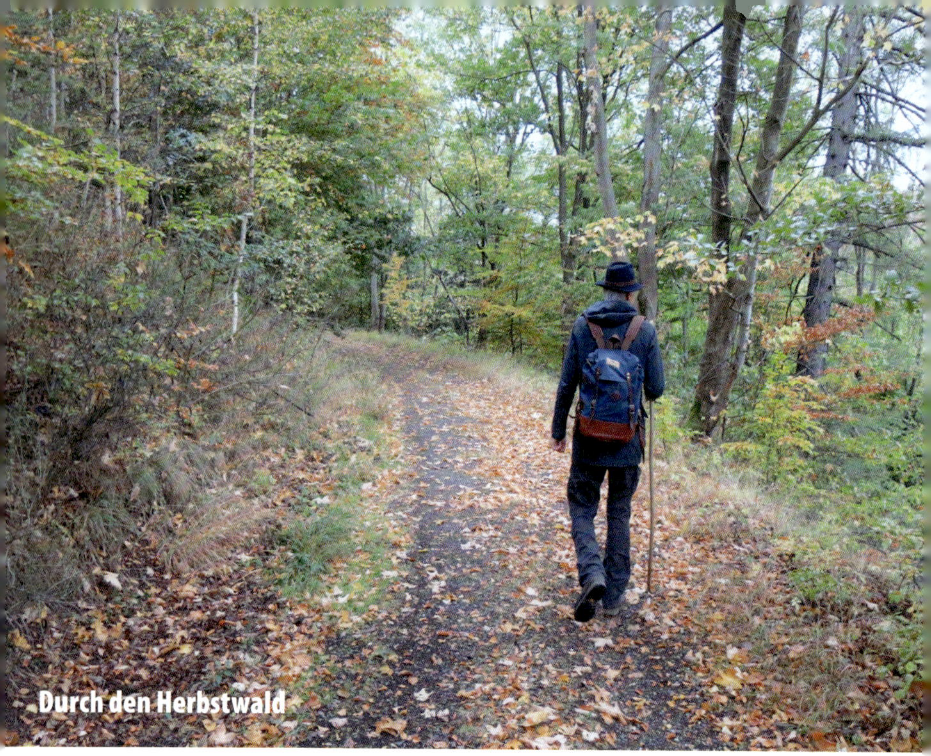

*Auf dem naturkundlich-geologischen **Lehrpfad Wernigerode-Hasserode** erfährt man, dass es nach dem Ersten Weltkrieg allein 40 Granitsteinbrüche zwischen Wernigerode und dem Brocken gab – für Pflastersteine, Hafenanlagen oder Schleusen.*

auf einer Höhe von rund 300 Metern über null, nichts zu suchen. Natürlich wachsen sie erst ab 700 Höhenmetern. Durch den Menschen verbreitet, sind sie heute auch in Tieflagen zu finden.

Es geht vorbei an einem **alten Stollen**. Wir steigen ein paar Schritte eine kleine Anhöhe hoch und sehen den Eingang und einen schwarzen Schienentransportwagen, eine Lore. Der Stollen ist abgeschlossen, er dient heute als Fledermausquartier. Wir hören das Rauschen des nahen Flusses. Nach ein paar Schritten sieht man den Bahnhof. Wir gehen daran vorbei und gelangen an eine T-Kreuzung. Hier wandern wir rechts bergab, vorbei an einer stillgelegten **Verladevorrichtung für Granitblöcke** und einer Kreissäge. Wir kommen wieder an eine Kreuzung: Rechts befindet sich ein unbeschrankter Bahnübergang mit Andreaskreuz, wir gehen links, am Fluss **Holtemme** entlang. Einem Schild an einem Baum entnehmen wir, dass es 2,5 Kilometer bis zum Gasthaus Steinerne Renne sind und der Weg für Fahrräder und Kinderwagen nicht geeignet ist.

Es geht bergauf, erst ein wenig, dann immer mehr. Wir wandern durch saubere, würzige Waldluft. Jetzt sehen wir auch, woher das Rauschen kommt: Im Flussbett befinden sich Felsbrocken, an denen das

Für die Seele

Wir wandern entlang der nostalgischen Dampflok und der wildromantischen Wasserfälle der Steinernen Renne und bestaunen einen großartigen Rundblick vom Ottofelsen.

Wasser vorbeimuss. Der Weg verzweigt sich nach 700 Metern, wir gehen links. Wir könnten auch rechts über die **Brücke** auf die andere Seite der Holtemme gehen, auf einen steilen, schönen Wanderpfad, wie ein

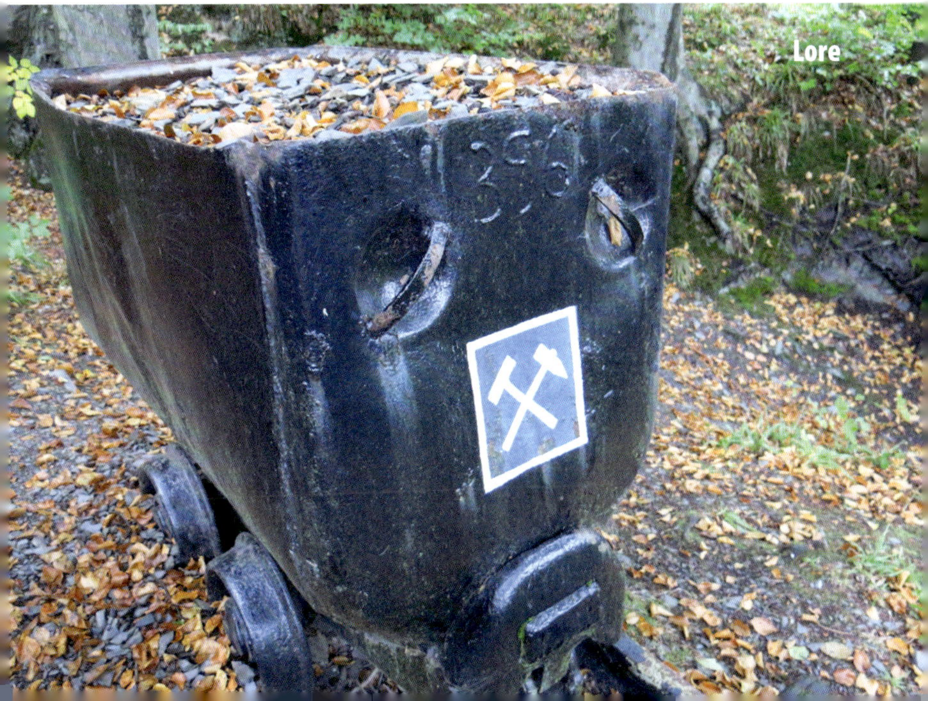

Lore

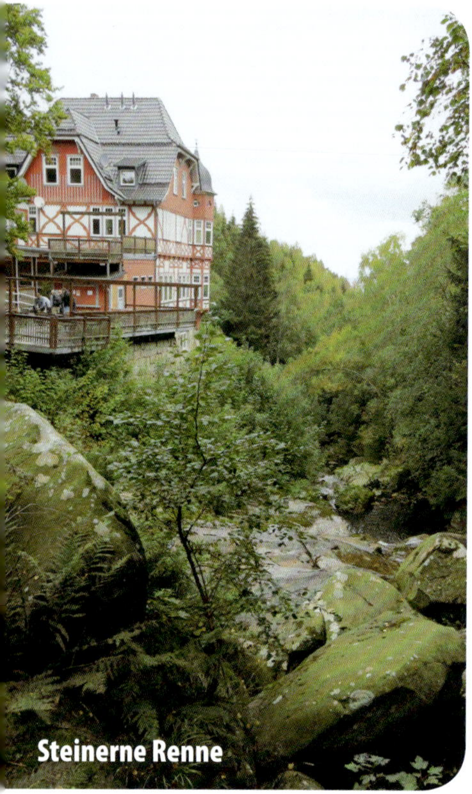

Schild verkündet. An dessen Ende führt jedoch eine Straße zum **Gasthaus**, die wir lieber meiden. Unser Weg ist idyllisch, wenn auch ruppig: Es geht über Wurzeln und vor allem Steine. Auf unserer Strecke befindet sich ein abgedeckter **Wasserlauf**. Darauf steht: Wasserwirtschaftliche Anlage. Betreten verboten. Unser Weg wird zum Pfad. Dieser zweigt etwa 100 Meter vor dem Gasthaus Steinerne Renne links ab. Wir gehen geradeaus weiter, müssen fast klettern, so groß sind die Felsen, die auf dem Boden liegen. Es wächst viel Moos. Wir gehen an tosenden **Wasserfällen** vorbei. Rechts führt eine **Brücke** über den Fluss, zum **Gasthaus Steinerne Renne** ❸. Das Gasthaus ist ein Fachwerkbau, in hellem Rot gestrichen, ein schöner Kontrast zum Grün der Bäume. Der anstrengendste Teil ist geschafft, Zeit für eine Pause!

Anschließend geht es über die Brücke zurück und gleich dahinter rechts steil bergauf. Der Pfad ist kurz, aber beschwerlich. Die 200 Meter gehen anfangs über sehr hohe Stufen, dann über Steine. Der Pfad führt zu einer **T-Kreuzung**, wir gehen links auf einen Schotterweg, der uns zum Ottofelsen bringen wird. Es geht noch mal leicht bergauf. Nach 200 Metern kommen wir erneut an eine Kreuzung und folgen weiter unserem Weg geradeaus. Wir ignorieren alle abgehenden Pfade. Früher standen hier Fichten. Jetzt gehen wir an freien Flächen vorbei – Folgen des Orkans Kyrill von 2007. Hier wachsen ein paar Pionierpflanzen wie junge Birken und das rosafarbene Schmalblättrige Weidenröschen, das sich gerne auf frei gewordenen

*Von der Terrasse des **Gasthauses Steinerne Renne** gibt es freien Blick auf den wildromantischen Abschnitt des Flusses. In diesem Bereich heißt er auch Steinerne Renne, da er in Wasserfällen und Stromschnellen über Granitblöcke fließt.*

Böden ansiedelt. Von hier oben überblicken wir das nördliche Harzvorland. Wir kommen knapp 850 Meter nach der letzten Kreuzung erneut an eine und gehen weiter geradeaus. Nach ein paar Schritten folgen wir dem beschilderten Pfad zum **Ottofelsen** 4 nach rechts.

Vom Felsen aus blicken wir auf viele Freiflächen, den Brocken und das Harzvorland. Nachdem wir uns sattgesehen haben, geht es auf dem Pfad zurück und wir biegen rechts auf den Schotterweg. Wir kommen auf ein **Haus der Bergwacht** zu, das vor allem als Ausbildungsstätte des Roten Kreuzes für die Bergrettung dient. Es besteht aus Holz und hat ein rotes Ziegeldach. Kurz bevor wir es erreichen, überqueren wir eine Brücke und gehen links auf einen Waldweg. Rund um das Gebäude ist alles freigeschlagen. Kurz darauf kommt eine T-Kreuzung, an der wir wieder links, ins **Thumkuhlental** gehen. Ab hier werden wir von einem Bach namens **Braunes Wasser** begleitet, einem Zufluss

*Der **Ottofelsen** liegt auf 584 Metern Höhe und besteht aus Granitsteinblöcken, die an den Kanten rund sind (Wollsackverwitterung). Auf steilen Eisenleitern geht es 36 Meter nach oben, von dort kann man rundum alles sehen.*

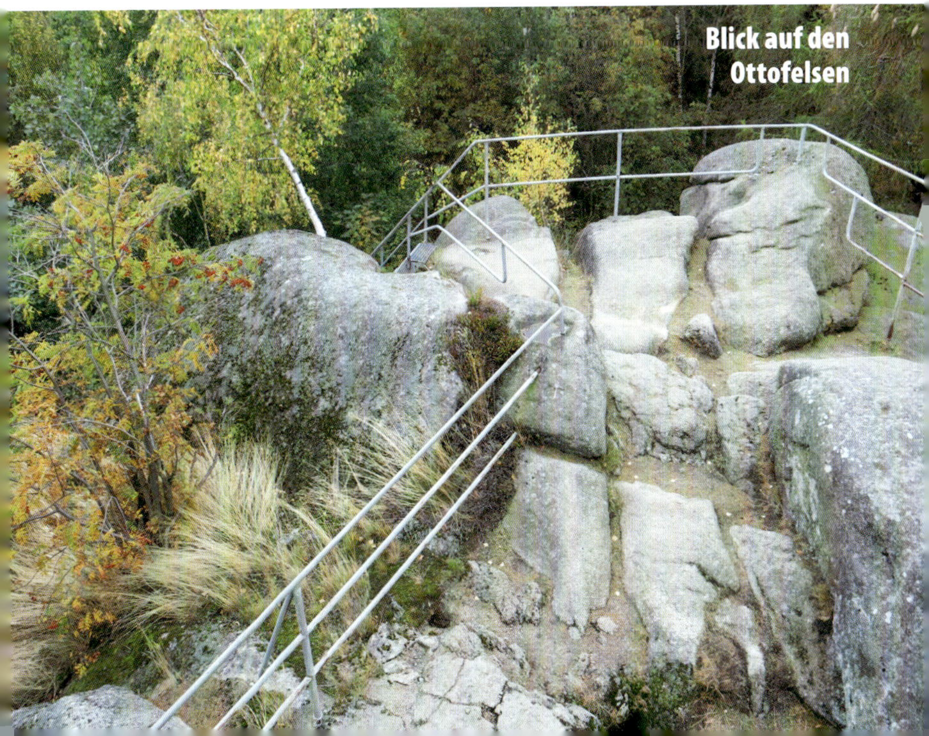

Blick auf den Ottofelsen

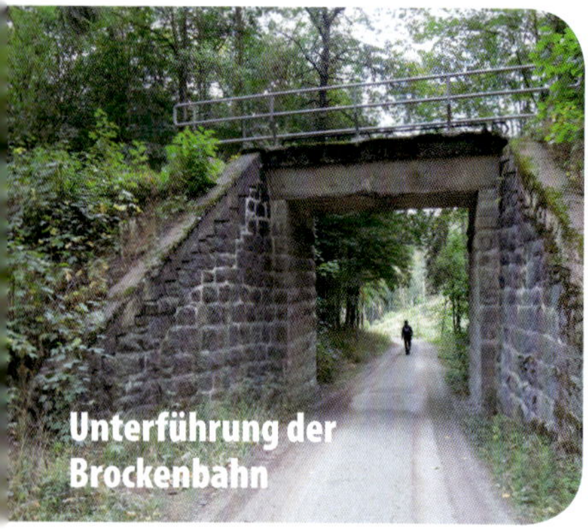

Unterführung der Brockenbahn

der Holtemme. Wir folgen weiter unserem Weg bergab in Richtung des Wernigeröder Stadtteils **Hasserode** und überqueren eine **Brücke** mit grün gestrichenem Geländer. Wir wandern erneut durch die **Unterführung** der Brockenbahn, vor der ein Gedenkstein an ein Eisenbahnunglück im Sommer 1927 erinnert. Rechts über uns befinden sich der Eisenbahntunnel und der Bahnparallelweg nach Drei Annen. Wir kommen zurück ins Thumkuhlental und zum naturkundlich-geologischen Lehrpfad. Nach ein paar Metern erreichen wir unseren **Waldparkplatz**.

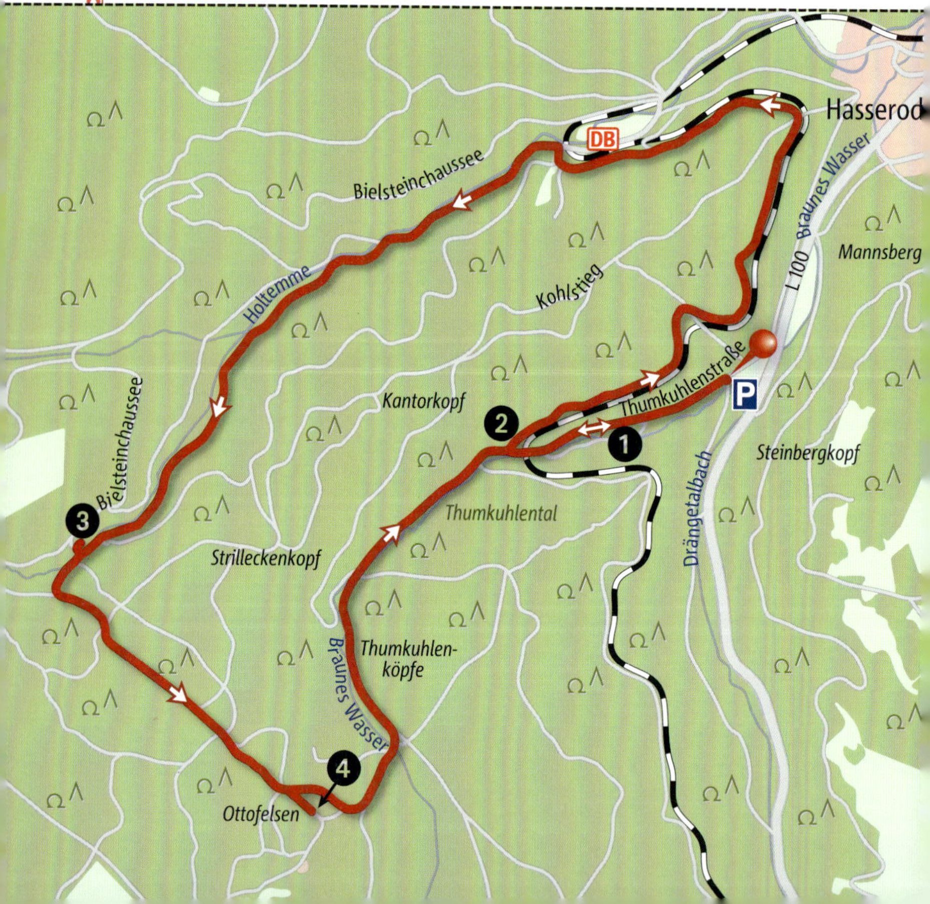

Alles auf einen Blick

WIE & WANN:
Überwiegend Waldpfade und -wege. Trittfestigkeit und trockenes Wetter erforderlich. Bei Eis oder Schnee sind die Felsen um die Steinerne Renne zu rutschig. Ganzjährig begehbar, beste Zeit von April bis Oktober

Entspannung ★★★★☆☆☆
Genuss ★★★★☆☆☆
Romantik ★★★★★

HIN & WEG:
Auto: Waldparkplatz Thumkuhlenstraße, 38855 Wernigerode (GPS: 51.81023, 10.73239)
ÖPNV: Brockenbahn bis Bahnhof Steinerne Renne

ESSEN & ENTSPANNEN:
Gasthaus Steinerne Renne ❸ Steinerne Renne 67, 38855 Wernigerode, Tel. (0 39 43) 60 75 33, www.steinerne-renne.de, Stempel 28, Harzer Wandernadel

ENTDECKEN & ERLEBEN:
Wasserkunst Thumkuhlental ❶ Stempel 85, Harzer Wandernadel
Naturkundlich-geologischer Lehrpfad Wernigerode-Hasserode ❷
Ottofelsen ❹ Stempel 27, Harzer Wandernadel

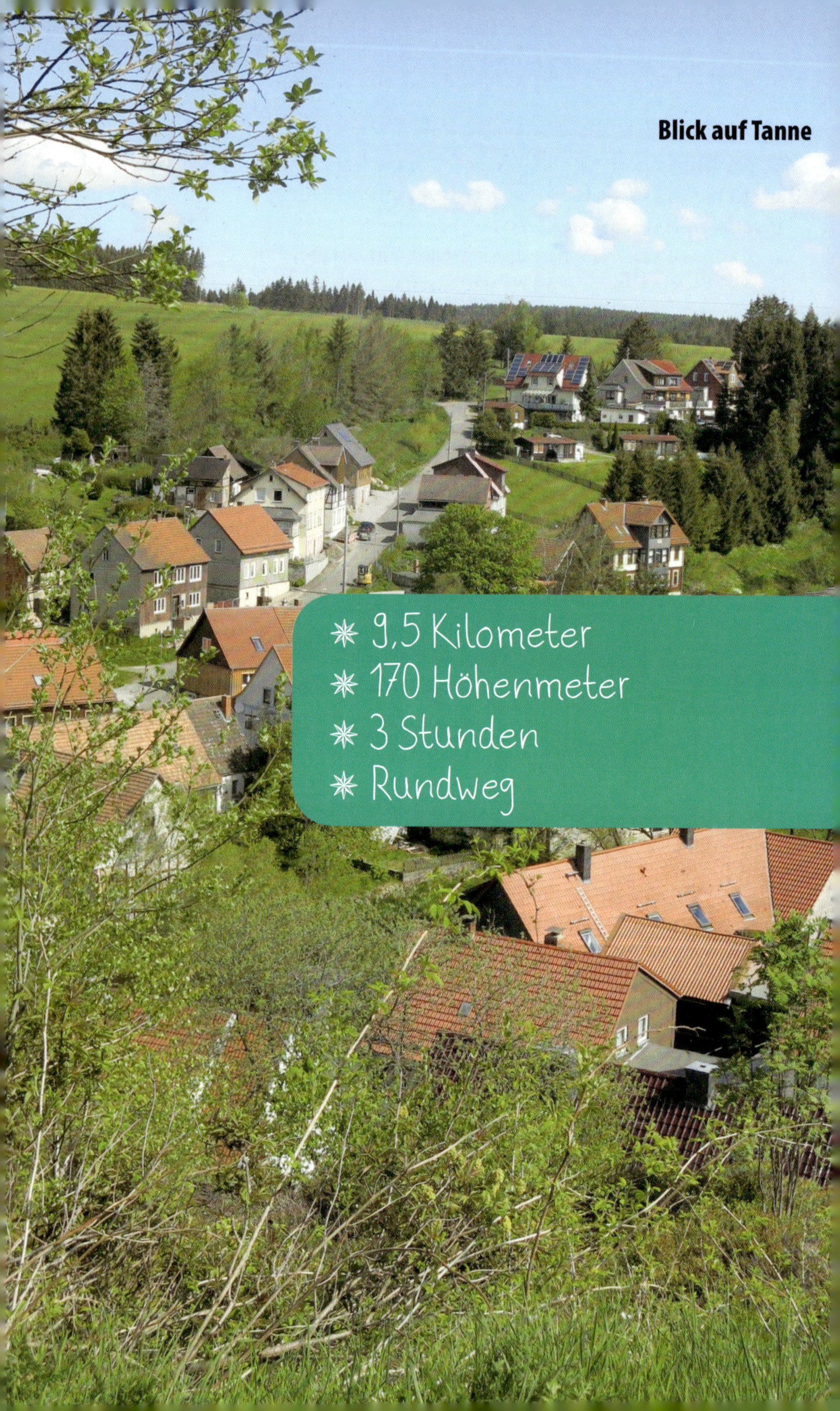

Blick auf Tanne

* 9,5 Kilometer
* 170 Höhenmeter
* 3 Stunden
* Rundweg

Wir umrunden den Ort Tanne auf dem gut beschilderten **Harzer-Höhenvieh-Pfad**, markiert mit einem Rinderkopf in einem roten Kreis.

Vom Parkplatz aus, mit dem Rücken zur Straße, gehen wir rechts auf einen Feldweg, der parallel zum **Fluss Warme Bode** verläuft. Früher befand sich hier das Anschlussgleis zur Tanner Eisenerz-Hütte, die es heute nicht mehr gibt. Am Ende des Weges stoßen wir auf eine Straße, an der wir ein paar Meter links und auf einer **Brücke** über den Fluss gehen. Danach geht es gleich wieder links auf den Harzer-Höhenvieh-Pfad. Am Abzweig hinter dem Haus Jägerborn halten wir uns rechts und gehen bergauf. Linkerhand befindet sich ein **Mischwald**, der unter anderem aus Fichten,

*Das **Harzer Rote Höhenvieh** ist eine alte, fast ausgestorbene Rinderrasse, die im Harz jahrhundertelang heimisch war. Als Dreinutzungsrind lieferte es Fleisch, Milch und Kraft für die Feldarbeit. Es ist zurückgekehrt: in artgerechter Weidehaltung.*

Harzer Höhenvieh

Idyllische Bergwiesen um Tanne

Buchen und Ebereschen besteht. Wir kommen an dem gemauerten **Jägerborn-Brunnen** ❶ vorbei. Im 16. und 17. Jahrhundert verliefen hier die Wasserleitungsrohre der ehemaligen Hütte.

Es geht weiter **steil bergauf**. Wir gehen ein Stückchen hinter dem Brunnen zweimal kurz hintereinander links, das zweite Mal an einer Kreuzung. Kurz danach führt ein Abzweig nach links unten, wir bleiben auf dem Hauptweg. Das wird uns noch häufiger passieren. Wir ignorieren aber sämtliche Abzweige, die Richtung Ort führen. Es geht vorbei an einer **Schutzhütte**, die in dieser feuchten Gegend mit Moos bewachsen ist. Der Weg ist kurvenreich und ermöglicht immer wieder Ausblicke auf Tanne. Es geht bergab,

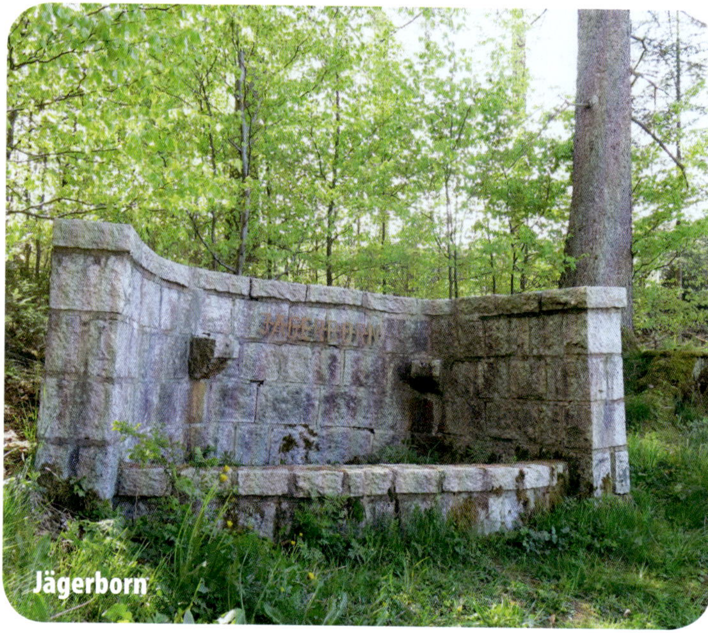
Jägerborn

auf eine **asphaltierte Straße**, die wir überqueren. Auf der anderen Seite der Straße, hinter dem Fluss, folgen wir weiter dem Weg links bergan. Wir gehen durch ein abgeholztes Waldstück. Auf der linken Seite wachsen Birken und Ebereschen. Viele Insekten schwirren herum. Wir gehen in einen Wald, der Weg wird schmaler und zum Pfad, verläuft mal auf Gras, das einem grünem Teppich gleicht, mal auf Waldboden. Er führt an einem Zufluss zur Warmen Bode entlang. Nachdem wir diesen überquert haben, halten wir uns links. Es geht sanft auf einem **Wiesenpfad** bergab. Wir sind fast zurück an der Warmen Bode und wandern nach rechts auf einem mehr oder weniger parallel zum Fluss verlaufenden, stellenweise leicht ausgesetzten Waldpfad. Nach etwa 200 Metern führt eine **grüne Eisenbrücke** über die Warme Bode. Wir bleiben auf unserem Pfad, der neben dem Fluss sanft bergab führt, biegen nach gut 300 Metern links ab, überqueren einen weiteren

*Der **Kapitelsberg** wurde von der Harzer Wandernadel zur schönsten Stempelstelle 2020 gewählt. Dort steht eine neu gebaute Holzhütte und es gibt einen Aussichtsplatz mit Blick auf Tanne, das Tal der Warmen Bode, den Wurmberg und den Brocken.*

Zufluss zur Warmen Bode und wandern den idyllischen, aber wurzeligen Pfad nach rechts bergauf Richtung Kapitelsberg. Wir hören die Vögel zwitschern, ein kleiner Bach plätschert. Ein Abzweig führt nach links. Der Pfad sieht unwegsam aus, ist aber offiziell vom Harzklub beschildert. Wir folgen ihm bergauf, es kommt eine Etappe mit Birken, Fichten und **alten knorrigen Eichen**, die kein Laub mehr tragen. Der Wald geht über in reinen Fichtenwald. Schließlich erreichen wir den **Kapitelsberg** (2) auf 548 Metern.

An kalten Tagen lädt die **Holzhütte** zur Pause ein, für schöne Tage gibt es einen Tisch und Bänke im Freien. An der Hütte ist ein **Stempelkasten** der Harzer Wandernadel angebracht. Der Aussichtspunkt liegt ein

Für die Seele

Entlang bunter und duftender Bergwiesen wandern, auf Bänken den Blick schweifen lassen und zu Biosteak oder Torte einkehren.

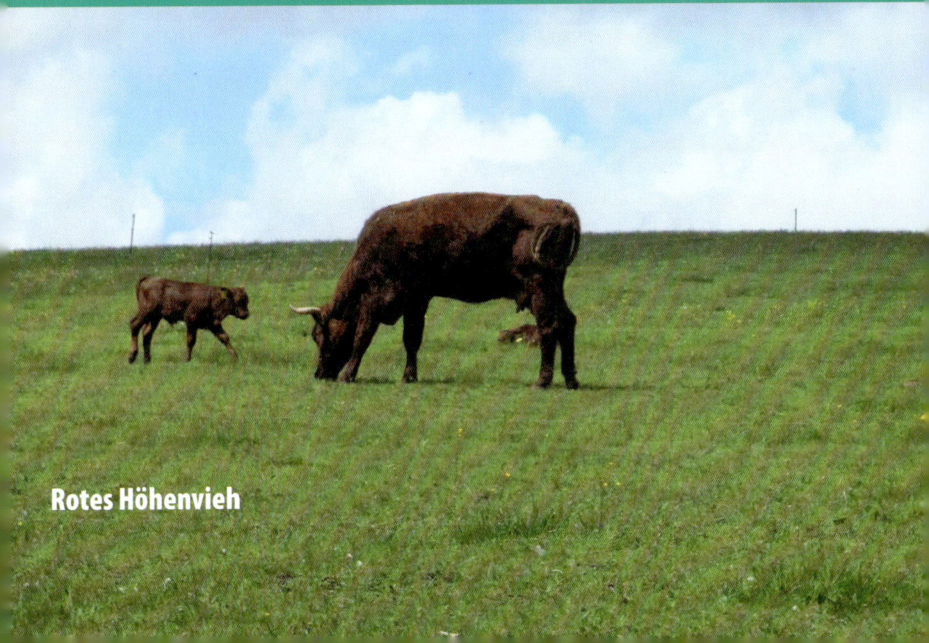

Rotes Höhenvieh

paar Meter weiter. Wir verlassen den **Kapitelsberg** auf demselben Pfad, biegen diesmal rechts ab, wandern bis kurz vor die **grüne Eisenbrücke** und überqueren diese. Wir kommen an die **Bodetalstraße**, biegen links ab, überqueren die Straße und biegen nach gut 100 Metern hinter einem hölzernen **Willkommensschild** rechts ab auf einen Weg, der ein kurzes Stück zwischen den Häusern langgeht. An dessen Ende stoßen wir an eine T-Kreuzung und wandern erneut nach rechts. Nach einigen Metern kommt rechts des Weges eine ehemalige **Getreidemühle**, die 1956, zeitgleich mit der Hütte, ihren Betrieb einstellte. Bis dahin verrichtete sie mehr als 300 Jahre ihre Arbeit. Wir gehen an einer Weide vorbei, ein Stück parallel der Bodetalstraße Richtung **Königshütte**. Wir folgen ihm 650 Meter, biegen nach links in den Wald und gehen bergan. Nach weiteren 350 Metern stoßen wir an eine **Kreuzung**, gehen gerade-

Warme Bode

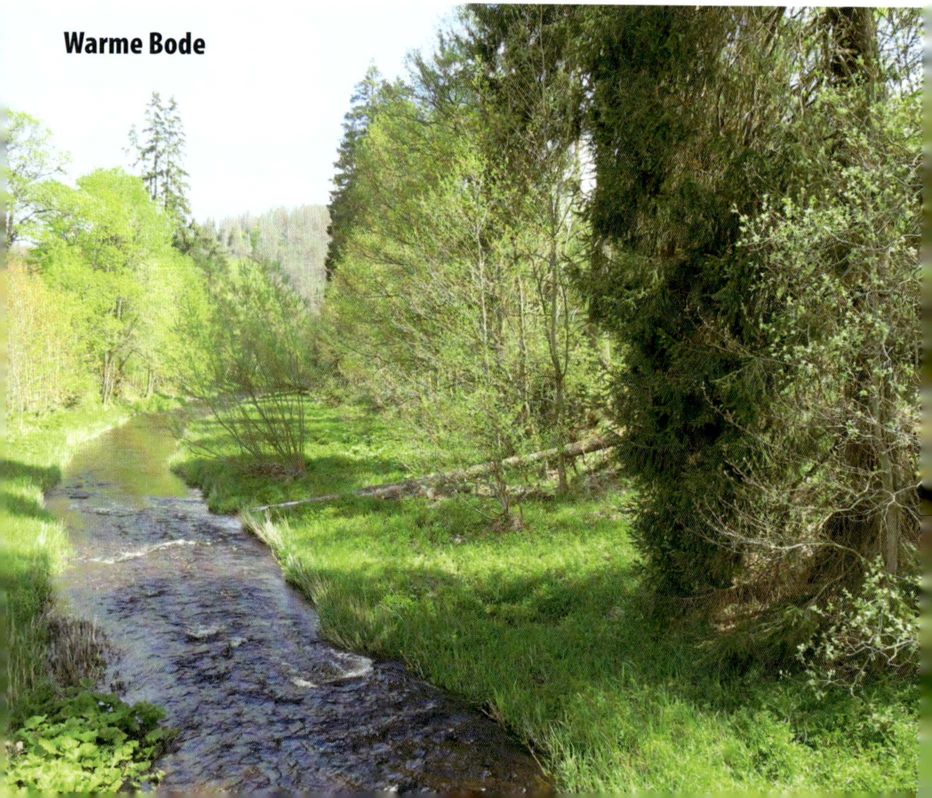

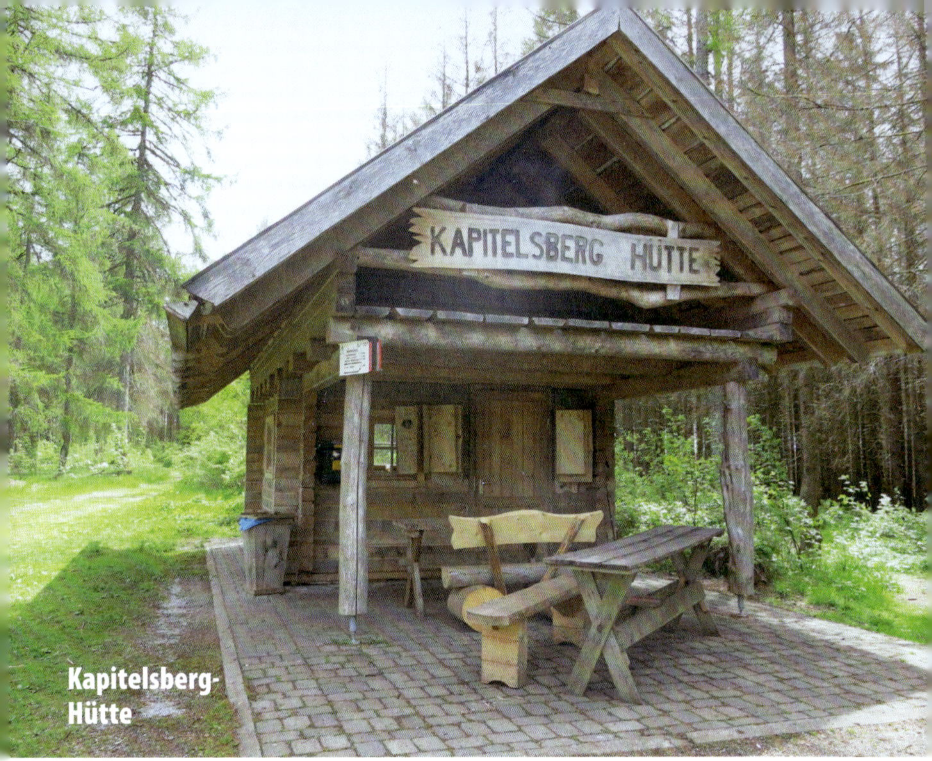

Kapitelsberg-Hütte

aus über eine Waldstraße aus Schotter auf einen Pfad, der zwischen Wald und Weide entlangführt. Der Weg gabelt sich, wir folgen links dem **Trampelpfad** am Waldrand. Die Fichten rücken stellenweise so nah, als wollten sie uns die Hand schütteln oder den Nacken kraulen. Nach einigen Hundert Metern bergauf, geht unser Pfad in einen richtigen Weg über. An einer Bank geht ein Weg rechts ab, wir wandern geradeaus weiter. Nicht ohne die Bank vorher zu nutzen: Wir genießen den Blick auf Tanne, die Hügelkette dahinter und die farbenfrohen Bergwiesen. Hier blühen gelber Löwenzahn, weiße Sternmiere und blauer Gamander-Ehrenpreis, auch Wildes Vergissmeinnicht genannt. Wir beobachten Schmetterlinge, Hummeln und andere Insekten.

An der nächsten Kreuzung gehen wir erneut geradeaus. Wir kommen vorbei an einer Schonung mit jungen Lärchen und Ebereschen,

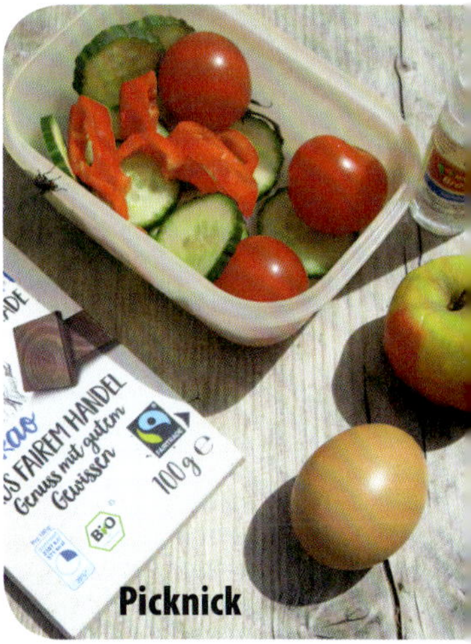

Picknick

Beim **Brockenbauern** können wir das Fleisch des Harzer Roten Höhenviehs probieren. Im dortigen Steakhaus gibt es zum Beispiel Rindergulasch oder Steaks in Bioqualität. Im Sommer werden die Tiere auf der Weide gehalten.

gelangen erneut an eine Kreuzung, an der wir auf den kaum sichtbaren **Wiesenpfad** geradeaus gehen. Er knickt 150 Meter hinter der Kreuzung links ab. Wir folgen ihm durch ein kleines Waldstück mit jungen Ebereschen, kommen an eine T-Kreuzung, biegen links auf einen Weg und gehen an der Kreuzung kurz dahinter geradeaus, vorbei an einer Pferdeweide und an Blockhäusern für Gäste. Der Schotterweg führt bergab in den Ort und geht in eine Asphaltstraße über. Wir belohnen uns für die Runde, indem wir die Straße weiter geradeaus bergab wandern, bis sie in den **Schierker Weg** übergeht. Dort kommen wir zum Steakhaus des **Brockenbauern Thielecke** 3.

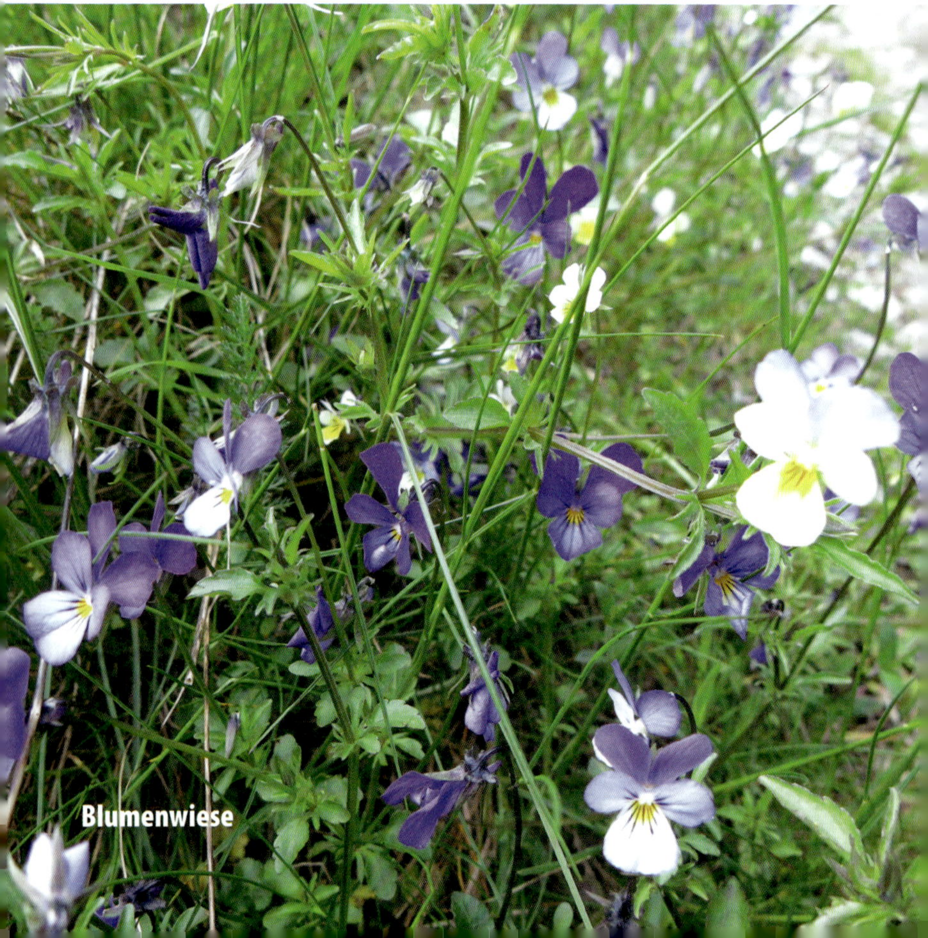

Blumenwiese

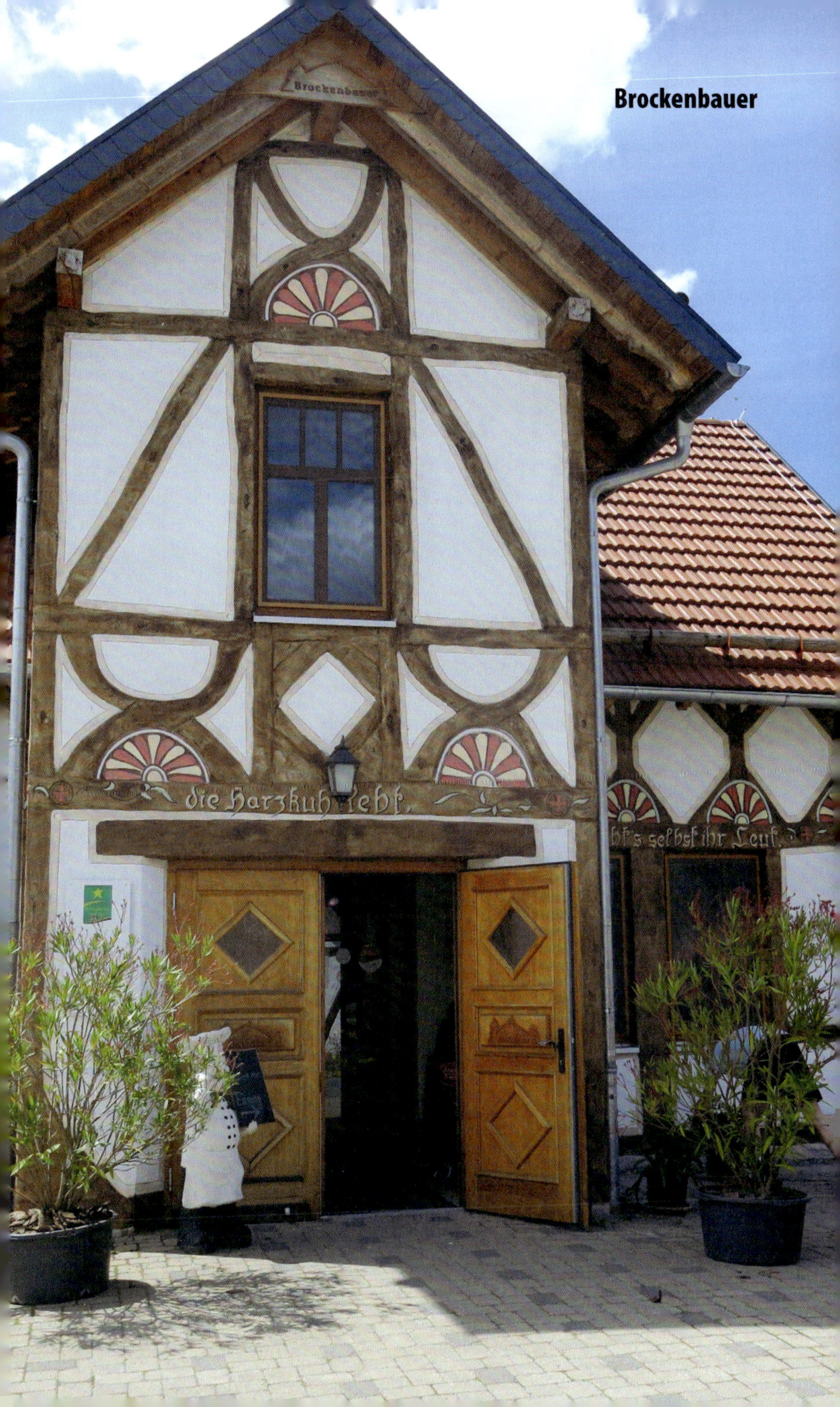

Brockenbauer

Verwöhntour 10

*Im **Waldhotel Auszeit** gibt es immer ab 14.30 Uhr die berühmte Brockentorte, die aus Brandteig, Sahne und Ananas hergestellt wird. Die Torte stammt von der Brockenbäckerei, die seit Generationen hauseigene Backwaren produziert.*

Alternativ genießen wir im **Waldhotel Auszeit** 4 eine große Auswahl an Kuchen und Torten und eine Tasse Kaffee.

Um zum Waldhotel zu gelangen, biegen wir noch vor dem Brockenbauern an der **Kreuzung rechts** ab, es geht vorbei an einer Pension mit diversen Schützenkönig-Scheiben. Ein paar Meter weiter befindet sich das Waldhotel. Wir kehren dort ein oder machen uns auf den Rückweg. Gegenüber dem Hotel führt ein Pfad zwischen Weiden bergab. Wir gehen hinunter, bis wir eine schmale, asphaltierte Straße erreichen, die **Zinne**. Dort biegen wir links ab. An deren Ende überqueren wir die Bodetalstraße. Vor der Brücke zur Warmen Bode biegen wir erneut links ab und gehen zurück zum Parkplatz.

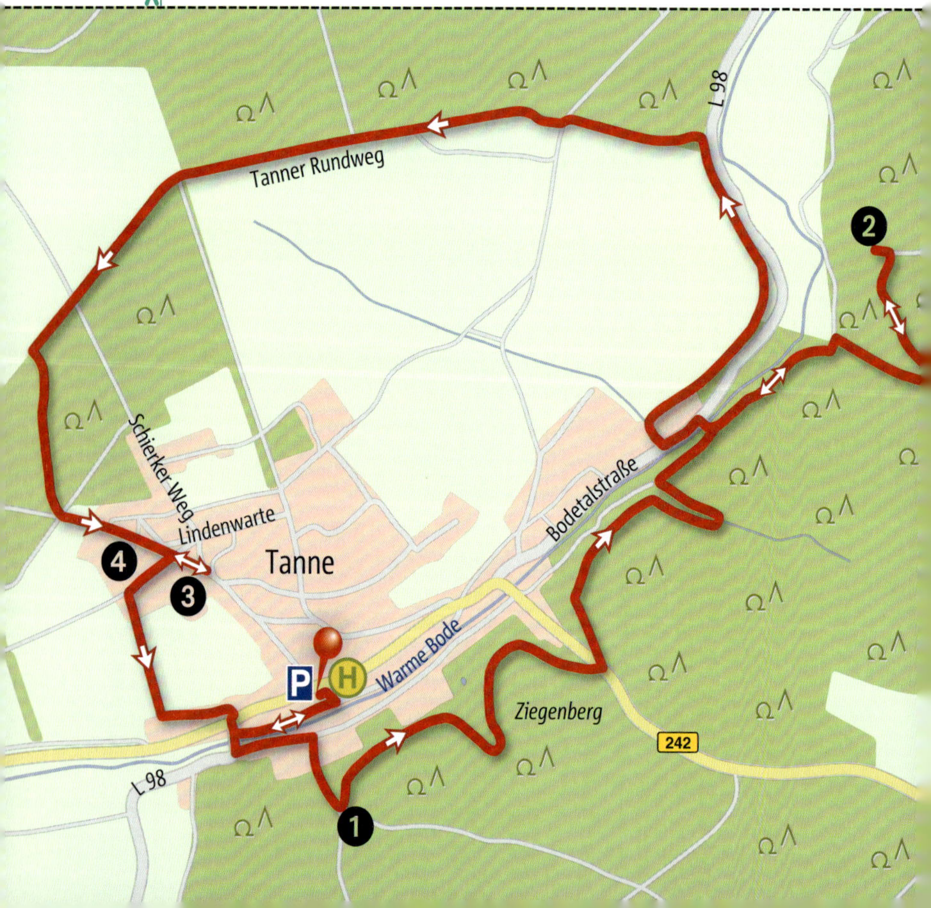

Alles auf einen Blick

WIE & WANN:
Überwiegend Pfade und Feldwege, Trittsicherheit erforderlich, ganzjährig begehbar, beste Wanderzeit etwa Ende Mai bis Mitte Juni während der Blüte der Bergwiesen

HIN & WEG:
Auto: Parkplatz, Bodetalstraße 36, 38875 Oberharz am Brocken OT Tanne
(GPS: 51.696760, 10.720668)
ÖPNV: Bus 265 bis Haltestelle Tanne, Schierker Weg

ESSEN & ENTSPANNEN:
Brockenbauer Thielecke ❸ Schierker Weg 13, 38875 Oberharz am Brocken OT Tanne, Tel. (03 94 57) 33 12, www.brockenbauer.de, mit Sonderstempel der Harzer Wandernadel
Waldhotel Auszeit ❹ Lindenwarte 20, 38875 Oberharz am Brocken OT Tanne, Tel. (03 94 57) 97 60, www.waldhotel-auszeit.de

Entspannung ★★★★☆
Genuss ★★★★★
Romantik ★★★☆☆

ENTDECKEN & ERLEBEN:
Jägerborn-Brunnen ❶
Kapitelsberg ❷ Stempel 44, Harzer Wandernadel

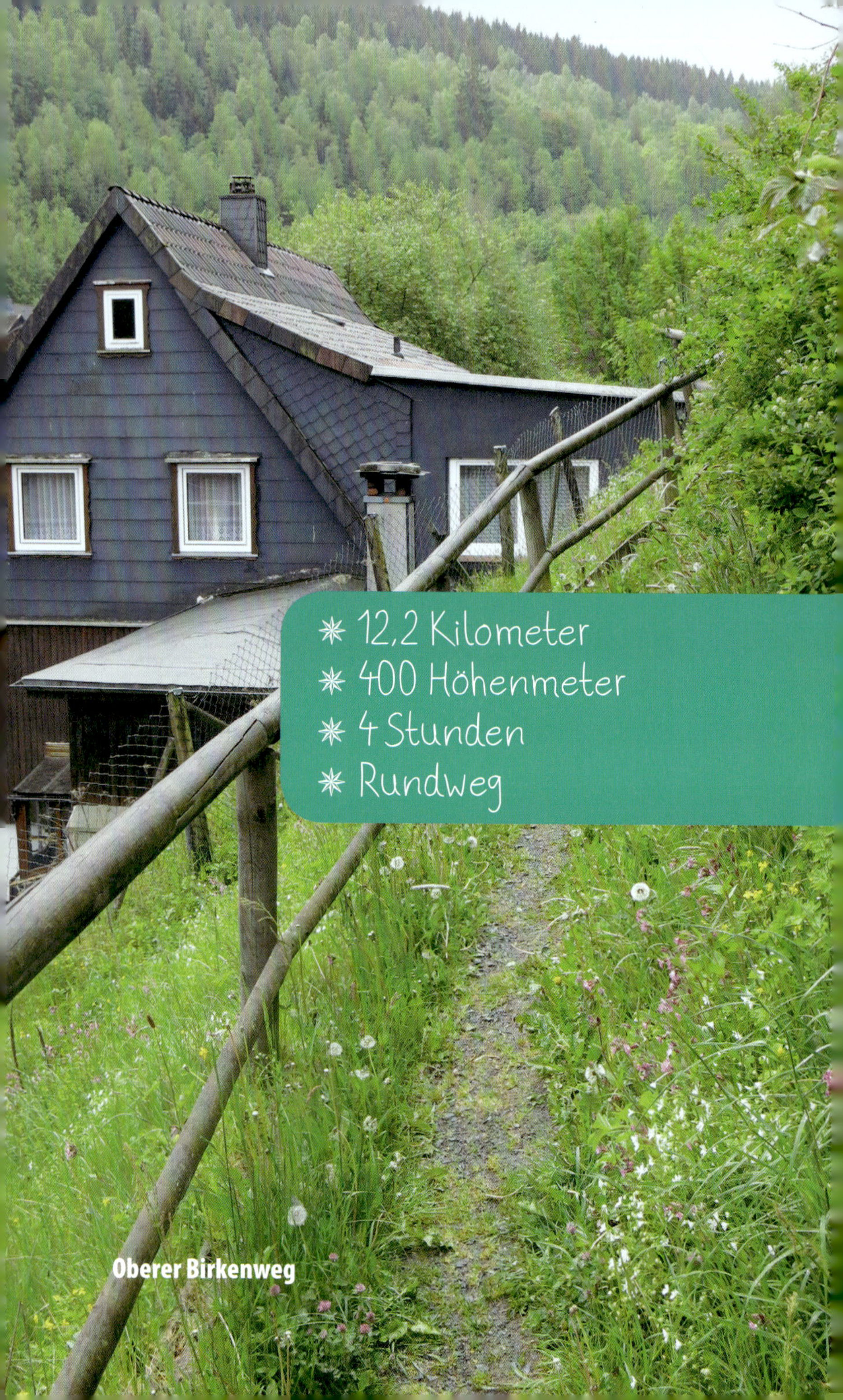

- 12,2 Kilometer
- 400 Höhenmeter
- 4 Stunden
- Rundweg

Oberer Birkenweg

Für diese Tour ist ein wenig Abenteuerlust gefragt: Sie führt über einsame Pfade und auf einen mit Höhlen durchsetzten Berg. Wer früh dran ist, besucht die 11-Uhr-Führung im **19-Lachter-Stollen** ① (Jacke mitnehmen!) und bekommt einen fundierten Einblick in die Geschichte des Bergbaus. Den Parkplatz neben dem Hotel Rathaus im Rücken, überqueren wir die Straße und gehen nach links. Nach etwa 20 Metern biegen wir rechts ab, gehen **Am Gallenberg** zwischen den Häusern steil bergauf, anfangs auf einem geteerten Weg, später auf Stufen. Es gibt mehrere Möglichkeiten, über die Treppe nach oben zu gelangen: Als sich diese verzweigt, halten wir uns in der Mitte. Oben angekommen, geht es scharf links auf einen schmalen, zugewachsenen Pfad,

Für Genießer

Um die Bergstadt Wildemann

den **Oberen Birkenweg** und weiter sanft bergauf. Wir gehen an **Bergwiesen** entlang, vorbei an hohen Gräsern, fliederfarbenem Fingerhut und duftenden Blüten. Am Rand unseres grasbewachsenen Pfades stehen mit Moos überzogene knorrige Birken, Ahorn und junge Ebereschen. Von einer Bank haben wir einen schönen Blick auf den Ort Wildemann. Daneben steht ein Schild des **Mundart-Wegs**, der Zitate in der Sprache der Bergleute und auf Hochdeutsch wiedergibt.

Wir kommen an einer zweiten Bank vorbei und hören im Tal das Wasser der Innersten plätschern. Eine dritte Bank taucht auf. Schmetterlinge schwirren umher. Vor allem die seltenen Dukatenfalter gibt es hier, bei denen das Männchen auffällig goldrot gefärbt

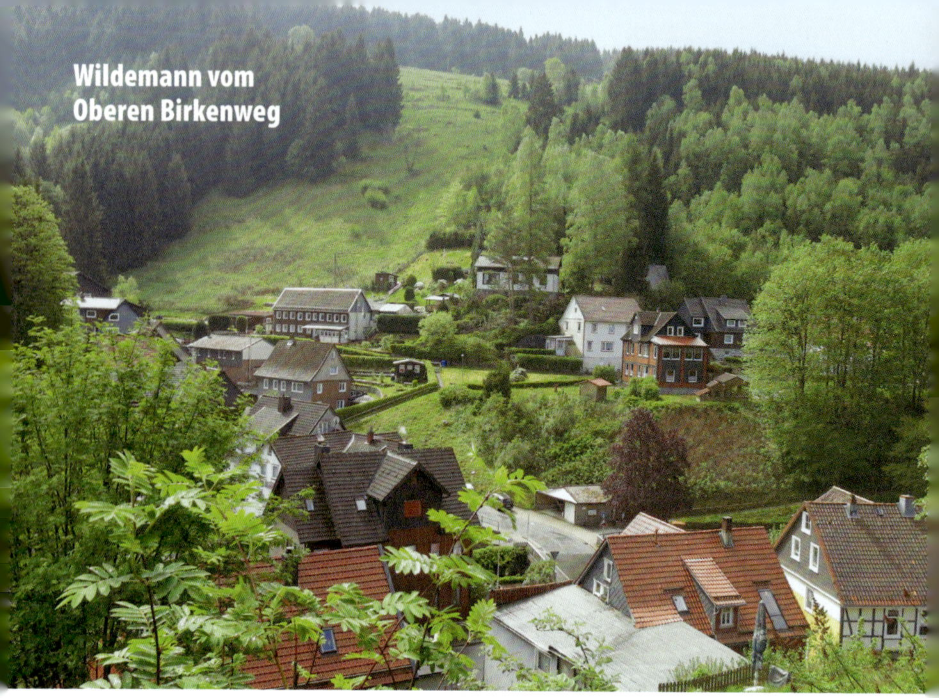

ist. Wir folgen dem Schild zum Schweinebraten scharf links, gehen vorbei an einer weiteren, etwas abseits stehenden Bank, mit Blick auf Wildemann. Danach geht es auf dem **Waldweg** leicht bergab. Die Bäume werden mehr und nach einer Weile tauchen wir in den Wald ein. Unter uns rauscht die Innerste. Wir gehen knapp 700 Meter nach der letzten Bank, die wir gesehen haben, den zweiten Weg links hinauf zum **Bärenhöhlental**. Dabei überqueren wir einen Zufluss zur Innersten, gehen vorbei an einer Hütte und erneut an einer Bank. Die erste Möglichkeit wandern wir links und gleich wieder rechts, folgen, vorbei an einer weiteren Sitzgelegenheit, dem steilen Anstieg Richtung **Schweinebraten**. Alternativ kann man hier geradeaus auf die geschotterte Waldstraße wandern, dabei geht man etwas gemächlicher und nur 200 Meter mehr.

Der Weg, den wir gewählt haben, ist mit Gras bewachsen und führt an verschiedenfarbigen Blumen vorbei, darunter weiß und rosafarben blühende Disteln sowie Farne, Brennnesseln und Gänseblümchen. Wir treffen wieder auf die geschotterte Waldstraße und gehen sie links bergauf. Dort kommen wir zur **Wegespinne Schweinebraten**, begrüßt von einem hölzernen Wildschwein. Wir machen eine erste Pause. Danach müssen wir aufpassen, um den richtigen Weg zu finden: Wir gehen die dritte Straße von links etwa 30 Meter auf Asphalt, bis rechts zwei Wege abgehen, wir nehmen den linken. Das folgende Waldstück ist einsam und wunderschön grün. Rechts im Tal wachsen **hohe Laub- und Nadelbäume**. Vögel zwitschern und wir folgen dem Pfad 600 Meter steil bergab bis zum Parkplatz der Iberger Tropfsteinhöhle, dem **HöhlenErlebnisZentrum** ❷.

Wir wandern vom **Parkplatz** aus über die **B 242**, gehen etwa 30 Meter nach rechts und biegen links auf

*Die **Iberger Tropfsteinhöhle** entstand durch Absinken des Grundwasserspiegels und wurde auf der Suche nach Erz entdeckt. Seit 1874 ist sie für die Öffentlichkeit zugänglich. Beim Besuch ist es besser, etwas Warmes anzuziehen, es sind nur 8 Grad in der Höhle.*

Für die Seele

Auf einsamen Pfaden wandeln, Bäume aus fremden Ländern bewundern, hervorragenden Kuchen essen und moderne Küche aus der Region genießen.

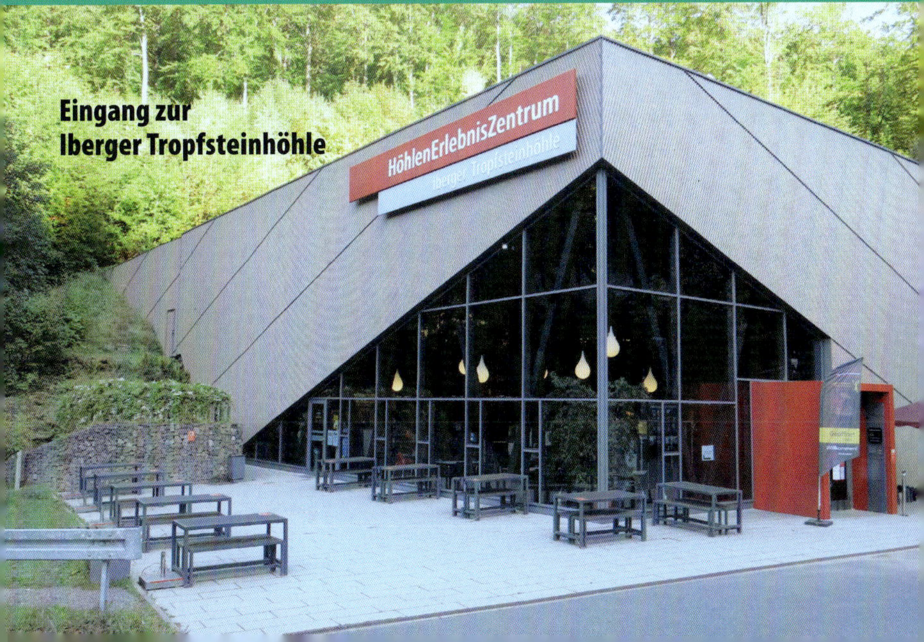

Eingang zur Iberger Tropfsteinhöhle

einen Pfad, dem Schild Märchental bergab folgend. Wir gehen am Märchenwald und einem **Eisensteinstollen** vorbei: Wer an Heuschnupfen oder Asthma leidet, atmet im Stollen reine Luft und entlastet dadurch Nasennebenhöhlen und Bronchien.

Der Pfad verbreitert sich zu einem Weg, der parallel eines Baches verläuft. Wir kommen auf eine Bergwiese, auf der überwiegend **Gesteine** aus dem Harz zu sehen sind, etwa Anhydrit und Gips aus Osterode oder Schwerspat aus Bad Lauterberg. Sie stehen zwischen Gräsern und Blumen. Begleitet vom Zwitschern der Vögel und dem Rauschen des Baches kommen wir an einen **Sportplatz**. Am dortigen Parkplatz geht unser Weg über in eine asphaltierte Straße. Auf ihr gehen wir links am Sportplatz vorbei bis zum Ortsschild der Bergstadt Bad Grund. An der dortigen **Bergstraße** halten wir uns schräg links und gehen nach unten in den Ort hinein. Am Eingang stehen ein Seniorenzentrum und ein Hotel. Kurz vor einer T-Kreuzung überqueren wir einen Zebrastreifen und gehen an der Kreuzung nach rechts. Wir kommen zum **Markplatz** und dem ab

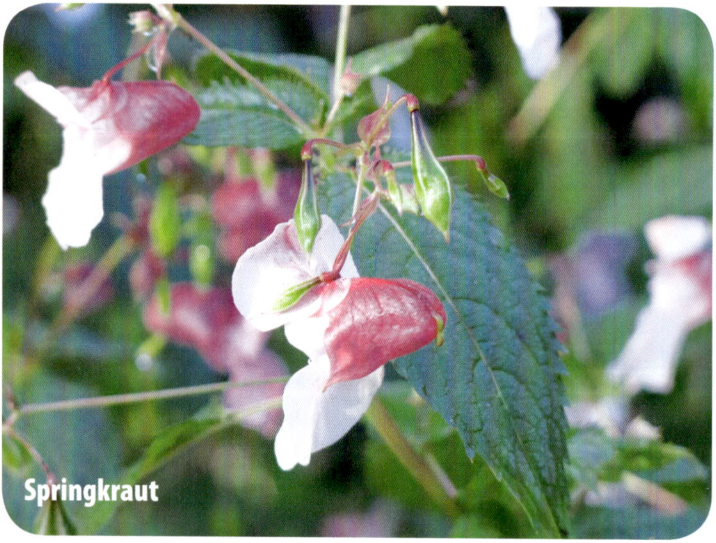

Springkraut

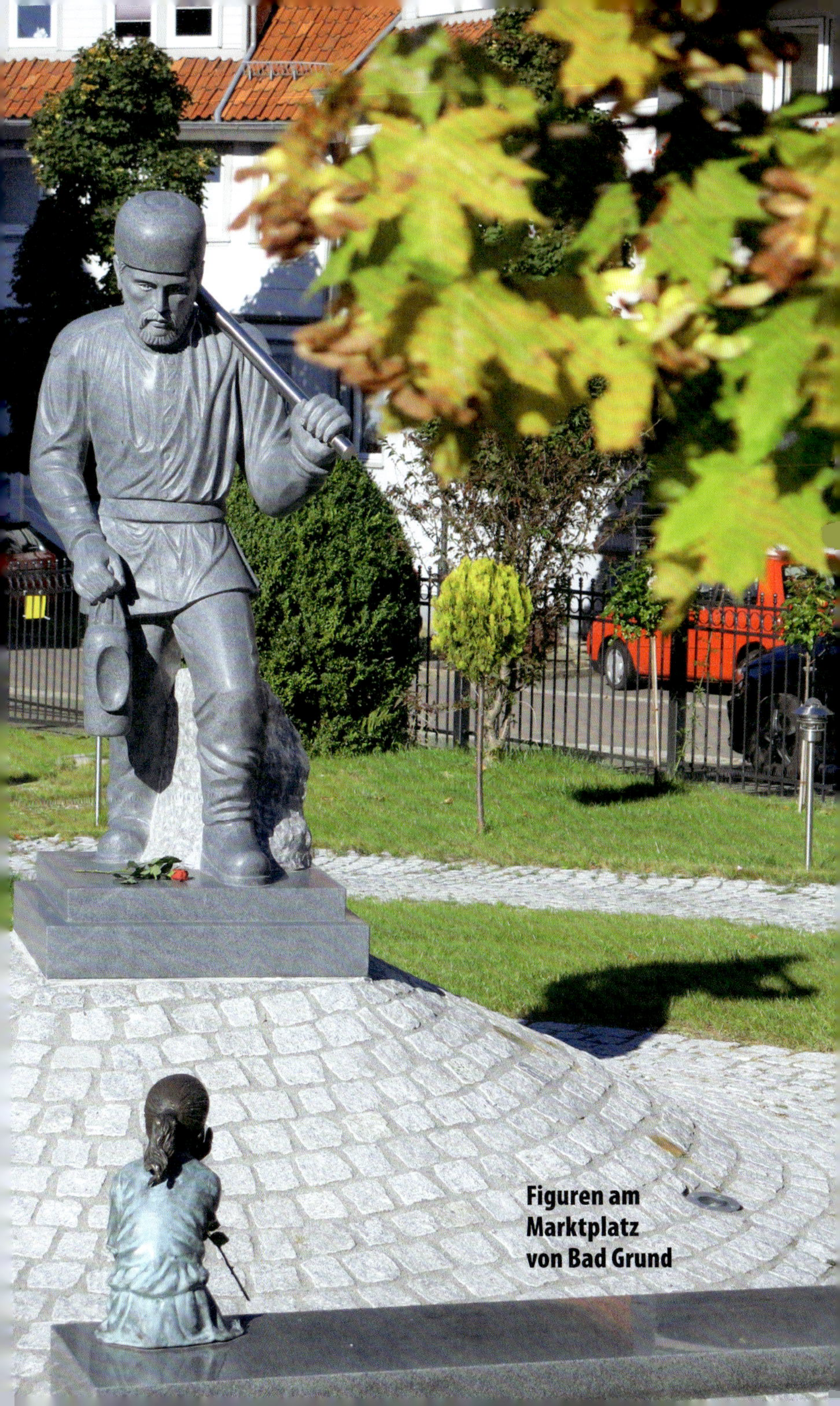

Figuren am Marktplatz von Bad Grund

mittags geöffneten **Café Antique** ③. Wer den Platz vorher erreicht und trotzdem Pause machen möchte, kann sich in der Bäckerei Blum Kaffee und Brötchen holen und sich auf eine der zahlreichen Bänke am Marktplatz setzen. Nach der Pause gehen wir am Ende des Marktplatzes schräg rechts. Die gepflasterte Straße heißt hier anfangs noch **Markt** und geht über in die Straße **An der Post**. Wir biegen erneut rechts ab und folgen der Straße **Kelchtal.** Bald kommt ein Sackgassenschild, das wir ignorieren und geradeaus und nach einer Weile deutlich bergauf gehen. Wir folgen unserer Straße, bis wir rechts auf die Straße **Am Königsberg** abbiegen und auf Asphalt weiter deutlich bergauf wandern. Die Straße geht über in einen Wanderweg. Ein Holzschild verrät, dass wir auf dem **Heuweg** sind, im **WeltWald** ④ also.

*Der **WeltWald** ist 65 Hektar groß (91 Fußballfelder) und einer der größten Baumgärten Deutschlands. Er beherbergt mehr als 600 Baum- und Straucharten aus Nordamerika, Asien und Europa. Tipp: Indian Summer auf dem Herbstlaubweg, Mitte September bis Mitte Oktober.*

Weiter steil bergauf stoßen wir auf so exotische Bäume wie den Bären-Apfel aus Korea, die Sicheltanne aus Japan oder den Amur-Ahorn aus China. Einige Wege führen ab, wir folgen aber weiter dem Heuweg

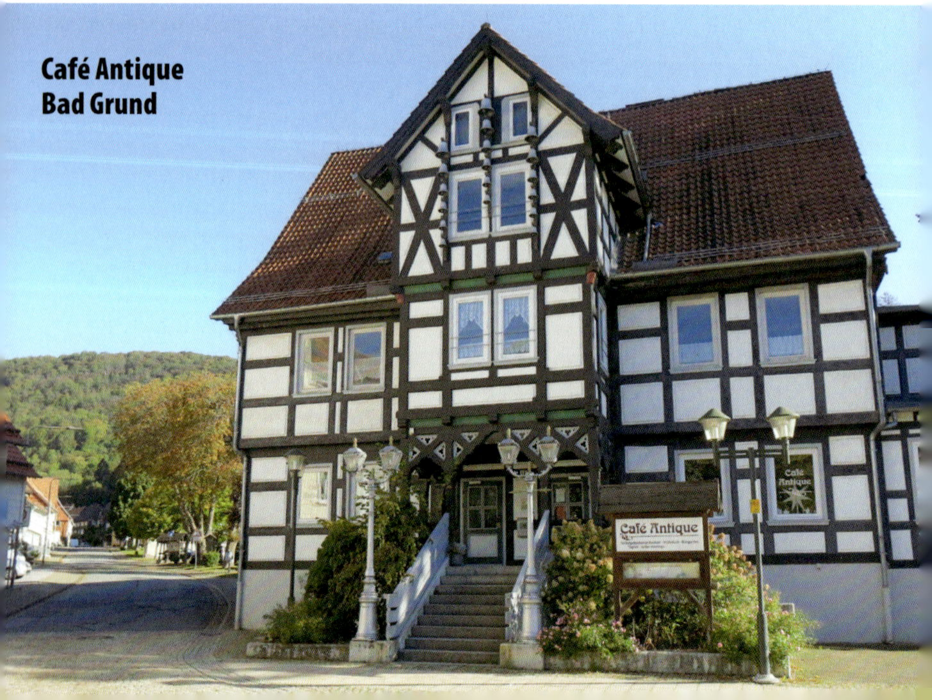

Café Antique Bad Grund

gute 600 Meter bergauf, bis wir an einen großen, frei gelegenen **Pausenplatz** mit Bänken und Tischen kommen. Hier können wir kurz verschnaufen. Wir wandern geradeaus auf den **Kanada-Weg**. Nach einigen Metern kommen wieder eine Bank und ein Tisch, dort können wir uns hinsetzen, falls eben nichts frei war. Wer keine Rast machen möchte, folgt weiter dem Weg, mal auf, mal ab, parallel der Straße, bis zu einer weiteren Picknickstelle mit Bank und Tisch. Von hier aus blicken wir auf **Bad Grund** und die umliegenden Wälder.

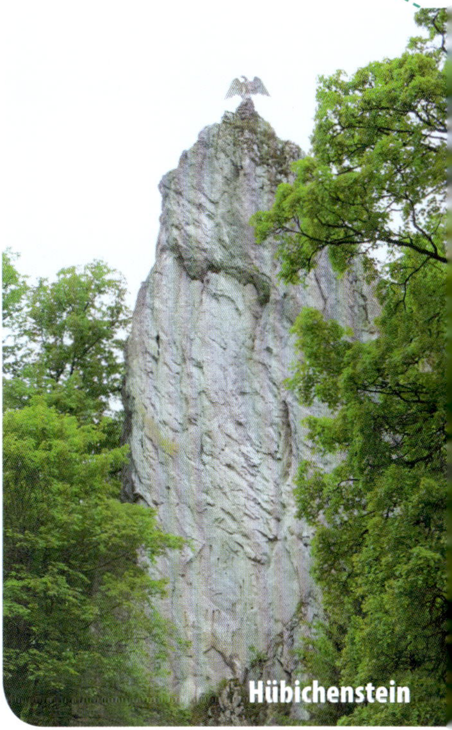

Hübichenstein

Nun geht es deutlich bergab. Wir wandern erst nach links und dann nach rechts nach unten Richtung B 242 und biegen kurz bevor wir sie erreichen, rechts ab. Nach 100 Metern kommen wir zum **Hübichenstein** ⑤, mit einem Adler an der Spitze.

Den alten Stein erklimmen wir natürlich. Dahinter gehen wir rechts in den Wald und auf einem Schotterweg bergab. Rechts von uns erblicken wir noch mal den Hübichenstein, es gibt an der Stelle auch einen idyllischen, abgeschiedenen Rastplatz auf einer Wiese. Wir gehen daran vorbei und folgen dem Wanderweg nach unten, kommen an den Häusern **Bad Grunds** vorbei. Der Weg wird schmaler und zum Pfad, bevor er wieder breiter wird. Wir stoßen auf die **Bergstraße** nach Bad Grund, gehen scharf links und 40 Meter weiter an der B 242 nach **Clausthal** nach rechts. Nach weiteren 20 Metern biegen wir scharf nach links auf einen asphaltierten, aber vielfach aufgesprungenen Weg, der steil nach oben führt und als **Sackgasse** endet. Dort biegen wir rechts auf einen Waldweg, der zu einem schmalen Pfad wird. Auf ihm gehen wir durch wunderschönen, einsamen Buchen-

*Der 50 Meter hohe **Hübichenstein** ist ein Korallenriff, das vor 400 Millionen Jahren entstand. Es befand sich damals im Meer. Den Kalkfelsen ziert ein bronzener Adler, Teil eines Ende des 19. Jahrhunderts geschaffenen Kunstwerks für Kaiser Wilhelm I.*

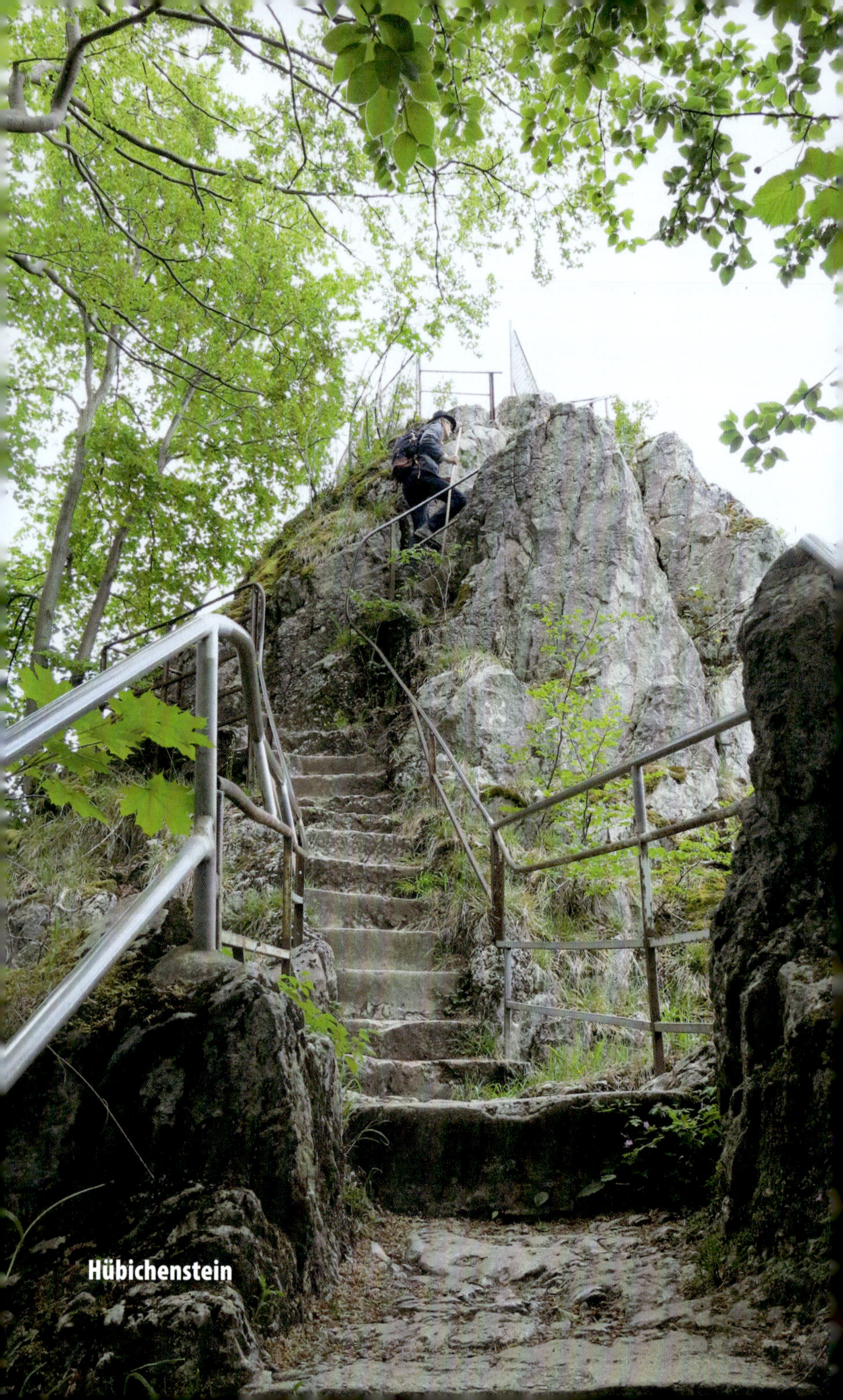

Hübichenstein

wald. Wir befinden uns auf dem Iberg, der wie der Hübichenstein ein altes Korallenriff ist. Auf dem Kalkboden wachsen neben vielen Buchen auch seltenere Eiben und Elsbeeren, im Frühjahr bedecken Bärlauch und Waldmeister den Boden. Der Berg hat 80 Höhlen, die Fledermäusen einen Lebensraum bieten. Bis heute gibt es Einbrüche, die senkrecht bis zu 100 Meter ins Erdinnere reichen. Deshalb ist es ein ungeschriebenes Gesetz: Wege und Pfade auf der Wanderung nicht verlassen!

Wir kommen an einen Abzweig und folgen weiter dem Pfad Richtung Schweinebraten. Es geht immer geradeaus, vorbei am Karstwanderweg und an einer Hütte – dem **Ausgang der Iberger Tropfsteinhöhle**. Rechts von uns verläuft der Pfad vom Hinweg. Wir folgen der Waldstraße nach links und nehmen am Schweinebraten links den Weg, der in eine geschotterte **Waldstraße**, den Harzer Försterstieg, übergeht. Dann kommen wir an die nächste **Wegespinne**. Wir gehen die erste Waldstraße rechts auf den **Quellenweg** und wandern nach etwa 80 Metern an einer Hütte vorbei. Die Straße führt bergab und geht in einen Waldweg über. Wir gehen erst an Laub- und Nadelbäumen vorbei und dann durch reinen Fichtenwald. An einem Wasserrohr steht: **Quellenweg-Tränke**. Nach 1,7 Kilometern auf dem Quellenweg kommen wir zu einer Kreuzung, an der wir rechts auf einen Pfad biegen. Unser Pfad ist schmal, neben ihm wachsen hohe Fichten. Am nächsten Abzweig geht es schräg links über den Gallenberg zurück Richtung **Wildemann**. Wir kommen vorbei an Bergwiesen, wo auch

*Wer die Wanderung spät startet, kann von 17 Uhr an im **Restaurant Rathaus** zu Abend essen. Die Küche wurde mehrfach ausgezeichnet, es gibt beispielsweise Ziegenfrischkäse-Ravioli mit Bärlauchkapern, Tomatenrösti und Fichtennadelschaum.*

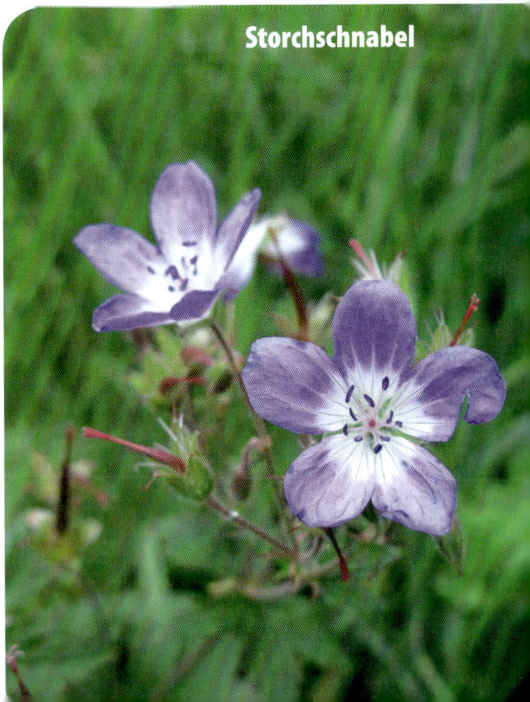

Verwöhntour 11

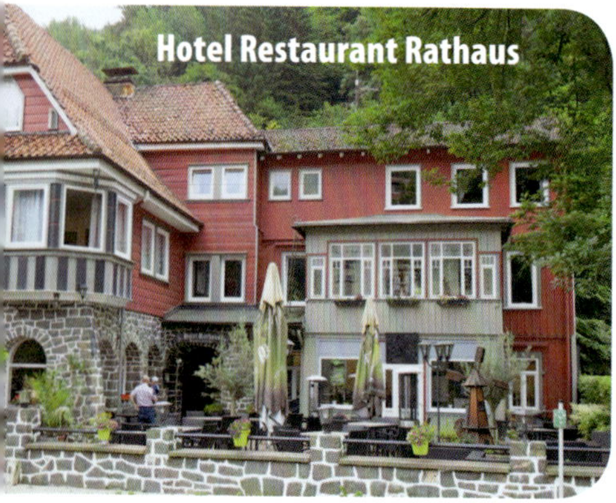

schon einmal eine Blindschleiche unseren Weg kreuzen kann. Anschließend gehen wir so zurück, wie wir gekommen sind, an der frei stehenden Bank vorbei und den zweiten Weg über die Wiese bergab. Am Ende des Weges geht es die Treppen nach unten auf die Straße. Wir überqueren die Straße, gehen nach links und kommen nach ein paar Metern rechts auf den Parkplatz. Wer möchte, kehrt im **Hotel Rathaus** 6 ein, das über ein ausgezeichnetes Restaurant verfügt.

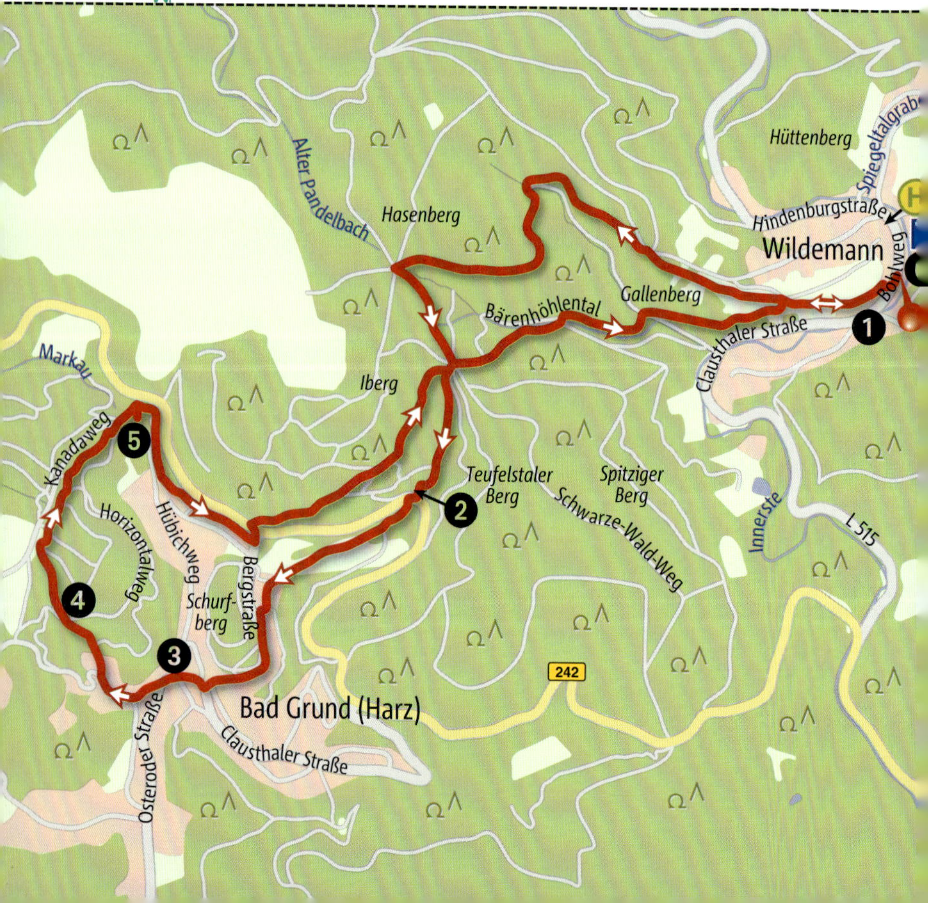

Alles auf einen Blick

WIE & WANN:
Pfade, Wald- oder Wiesenwege, ganzjährig begehbar. Beste Wanderzeit während der Blüte der Bergwiesenblumen, Ende Mai bis circa Ende Juni

HIN & WEG:
Auto: Parkplatz Bohlweg, hinter dem Hotel und Restaurant Rathaus, 38709 Clausthal-Zellerfeld OT Wildemann (GPS: 51.82568, 10.28407)
ÖPNV: Bus 832 bis Haltestelle Wildemann, Kurverwaltung

ESSEN & ENTSPANNEN:
Café Antique ❸ Markt 12, 37539 Bad Grund, Tel. (0 53 27) 30 06
Hotel Rathaus ❻ Bohlweg 37, 38709 Clausthal-Zellerfeld OT Wildemann, Tel. (0 53 23) 62 61, www.hotel-rathaus-wildemann.de

Entspannung ✱✱✱✱✱
Genuss ✱✱✱✱✱
Romantik ✱✱✱✱✱

ENTDECKEN & ERLEBEN:
19-Lachter-Stollen, Besucherbergwerk Wildemann ❶
HöhlenErlebnisZentrum, Höhle und Museum am Iberg ❷
WeltWald ❹
Hübichenstein ❺

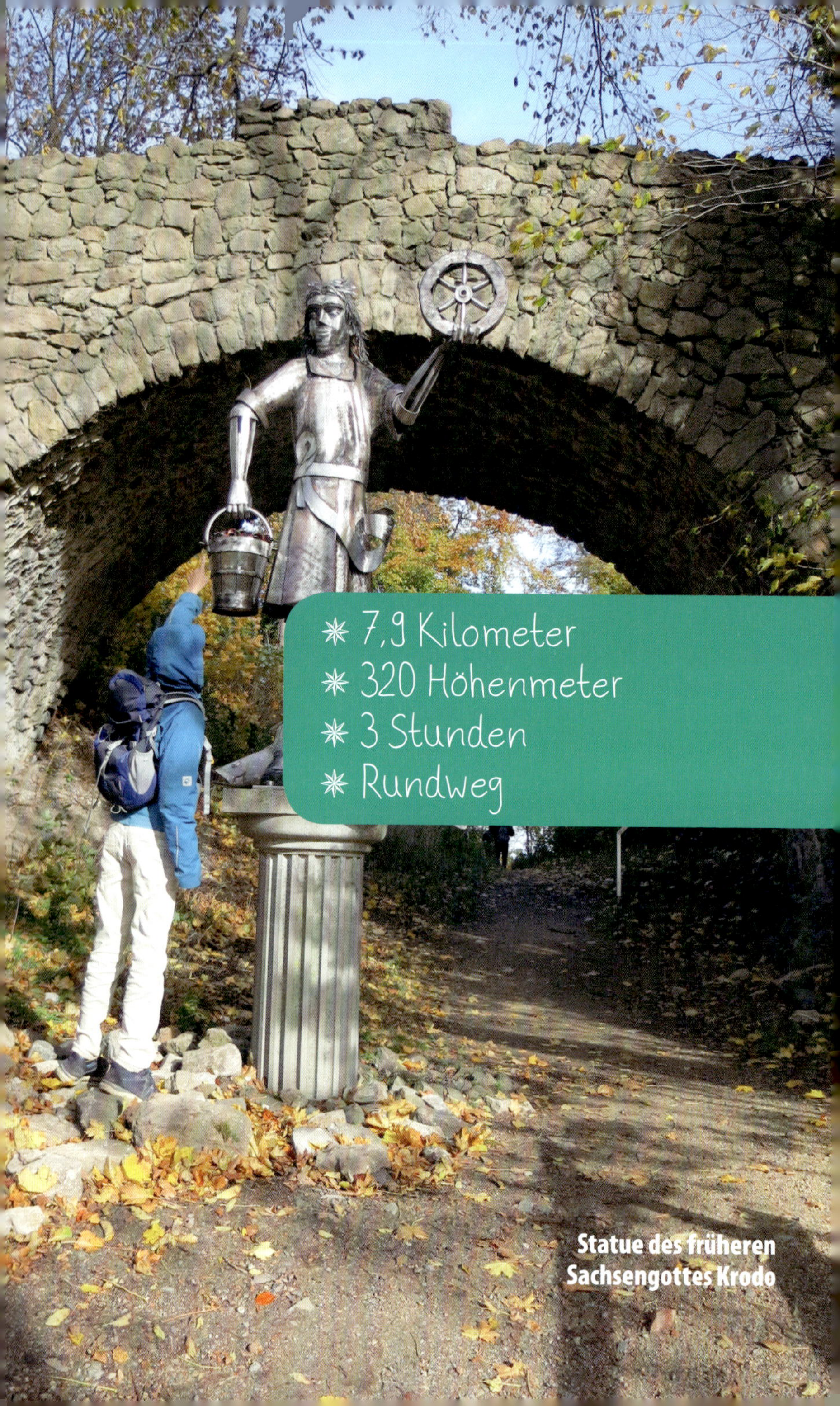

* 7,9 Kilometer
* 320 Höhenmeter
* 3 Stunden
* Rundweg

Statue des früheren Sachsengottes Krodo

Auf dieser Tour ist Trittfestigkeit gefragt. Sie beginnt harmlos, aber beinhaltet auch steile schmale Streckenabschnitte. Zunächst verschaffen wir uns einen Überblick. Vom südlichen Ende des mittlerweile kostenpflichtigen **Großparkplatzes** überqueren wir auf einem Fußgängerüberweg mit spiralförmigem Aufgang die Hauptstraße. Dahinter kommen wir in den Wald, halten uns links und bleiben an der nächsten Gabelung kurz danach auf dem linken Pfad zum Märchenwald. Wir gehen auf der Rückseite des Hotels Seela vorbei und wandern rechts auf dem Pfad weiter. Am zweiten Abzweig biegen wir nach links unten ab, überqueren eine kleine Holzbrücke über den **Kaltetalbach**. Es geht an einem Hochseilgarten vorbei, dahinter biegen wir

Essen mit Aussicht

Burgberg Bad Harzburg

links ab und folgen der Beschilderung Richtung Burgberg/Bergbahn Talstation auf die Kalte-Tal-Straße. Wir biegen gleich wieder rechts auf einen Schotterweg mit kleinem Anstieg ab. Er führt zur Eingangskrone des **Baumwipfelpfades** ❶, zur Kasse gelangen wir später. Die Krone führt Besucher auf die Aussichtsplattform auf 26 Meter Höhe und von dort auf den 1000 Meter langen Baumwipfelpfad. Wir folgen weiter leicht bergab dem gepflasterten Weg. Auf der anderen Seite befindet sich der **Märchenwald**. Es geht nach links über eine Fußgängerbrücke zum Kurpark. Dort angekommen, sehen wir auf der linken Seite die Talstation der nostalgischen **Seilbahn**, das sogenannte **BurgBergCenter** ❷, das unter anderem Tickets für die Seilbahn anbietet.

*Mit der Seilbahn geht es in 3 Minuten hinauf auf den Burgberg – und mit der **Baumschwebebahn** in 6 Minuten wieder hinunter. Da bleibt viel Zeit für den **Baumwipfelpfad** im Tal, mit Glassteg, Hängebrücke und Kiepenfrau.*

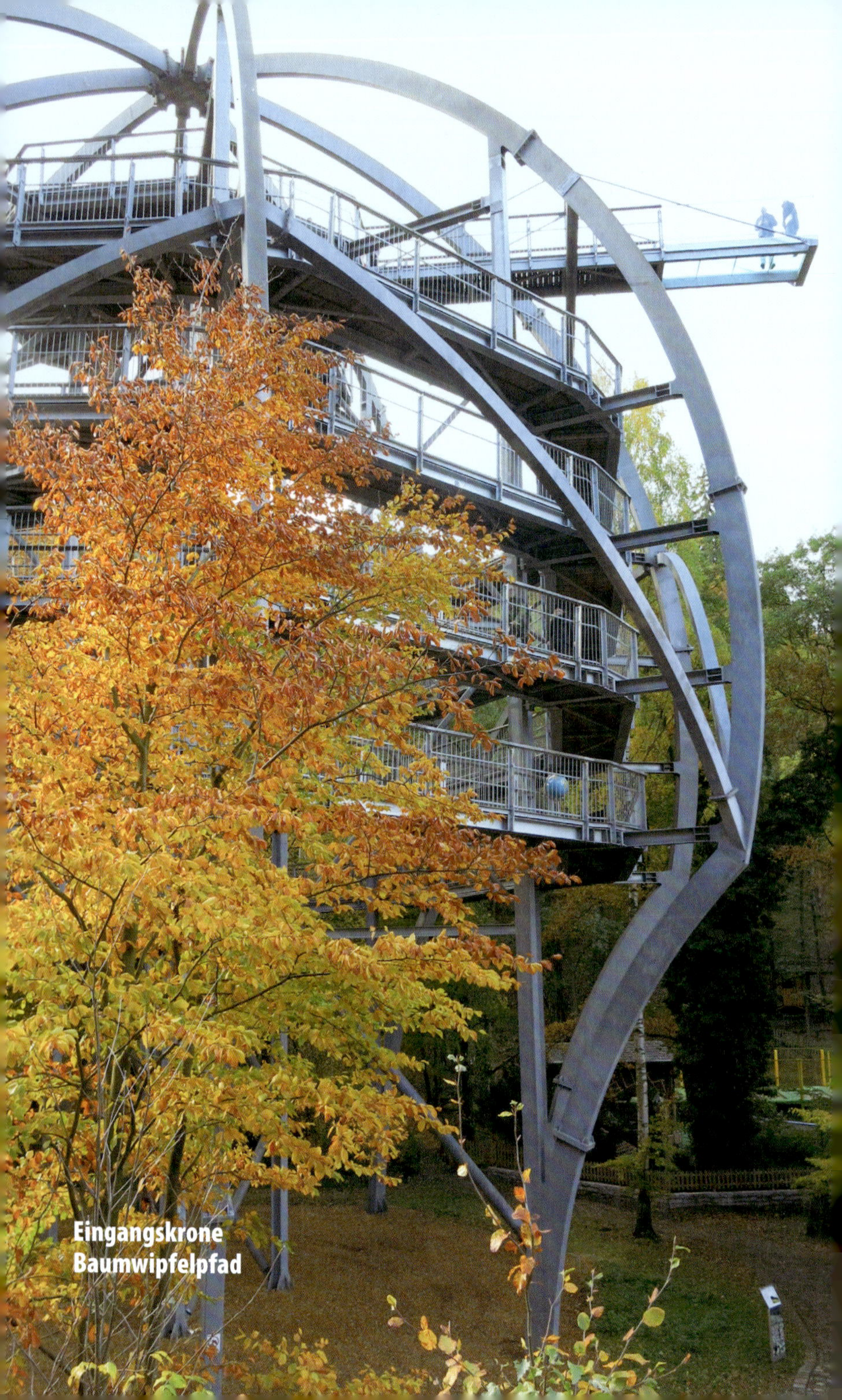

Eingangskrone
Baumwipfelpfad

Wir gehen zu Fuß auf den Burgberg und biegen dafür im Kurpark rechts ab. Dort befinden sich ein Pavillon mit Tickets für den Baumwipfelpfad sowie ein Biergarten, in dem wir eine frühe Pause einlegen können, mit Eis, kaltem Bier oder Burgern. Dahinter kommt das **HarzWaldHaus** ③ (ehemals Haus der Natur), ein gerade umgebautes Besucherzentrum des Nationalparks, in dem man viel über die Natur im Harz erfährt. Links des Weges fließt die Radau (mit langem a gesprochen) und auf dem **WasserErlebnisWeg** lesen wir, dass diese am Großen Torfhausmoor entspringt und in Bad Harzburg bereits 500 Höhenmeter hinter sich hat. Auf der rechten Seite befinden sich ein gepflegter Minigolfplatz und die **Skulptur einer Dame**

Für die Seele

Bei Rippchen mit Pommes Frites oder hausgemachter Sachertorte genießen wir das Burgberg-Panorama und kommen anschließend auf dem Besinnungsweg zur Ruhe.

auf einem Esel. So gelangten die Kurgäste früher, bevor 1929 die Seilbahn eröffnete, auf den Großen Burgberg. Vor Beginn der Fußgängerzone biegen wir am **Berliner Platz** rechts ab und gehen über die Ampel. Am Parkplatz biegen wir erneut rechts ab, nach ein paar Metern geht es links nach oben in den Wald. Wir gehen gleich noch mal links und folgen dem Rundwanderweg in Richtung Großer Burgberg, Kleiner Burgberg. Der Weg verläuft bergauf und ein kurzes Stück parallel zur **Nordhäuser Straße** (B 4), im Verlauf entfernen wir uns jedoch immer weiter von ihr.

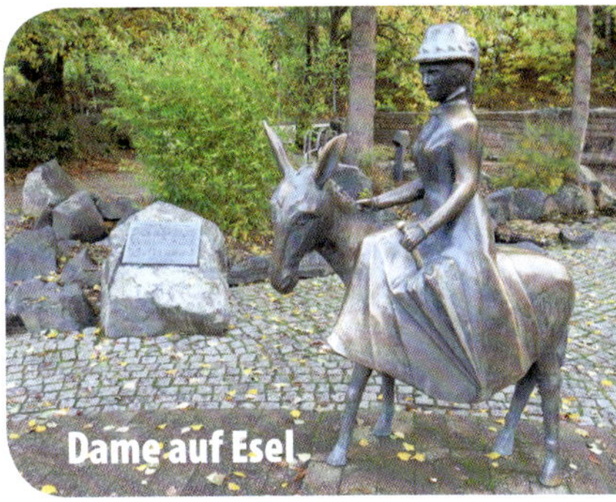

Dame auf Esel

Dann führt uns unser Weg ruhig und abgeschieden, entfernt vom sonstigen Trubel, auf den **Burgberg**. Es geht über einen Parkplatz, scharf rechts geht der Herzogsweg ab. Wir wandern an ihm vorbei, weiter geradeaus und stoßen auf ein Mahnmal für die Gefallenen des Ersten Weltkriegs. Etwa 30 Meter dahinter biegen wir rechts ab. Wir folgen einem Schild Kleiner Burgberg, 0,9 Kilometer, steil bergan. Nach etwa 200 Metern führt rechter Hand eine enge Treppe nach oben. Wir folgen ihr auf einen steilen Pfad, einem ruhigen und malerischen Abschnitt, gehen bergauf über Wurzeln, unter einem Dach aus Buchenblättern und hören nichts außer zwitschernden Vögeln. Die Pfade, die rechts weiter bergauf führen, ignorieren wir. 400 Meter nach der Treppe führt ein Weg von unten steil heran. Für uns geht es geradeaus leicht bergauf weiter, bevor wir an eine T-Kreuzung stoßen, an der wir rechts abbiegen. Wir gehen auf einem Rundweg zum Gipfel des Kleinen Burgbergs. Der Weg verzweigt sich, für die erste Pause haben wir die Wahl zwischen einem verlockenden Aussichtspunkt mit einer Bank auf der linken Seite, die ein Stückchen weiter kommt, oder dem Gipfel auf

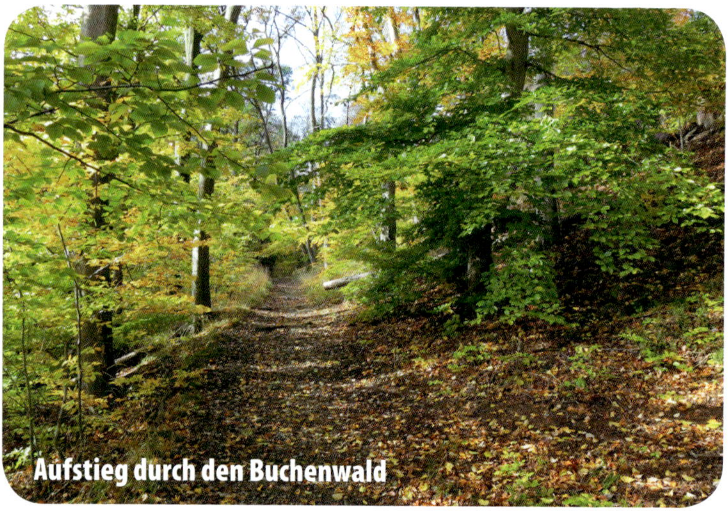

Aufstieg durch den Buchenwald

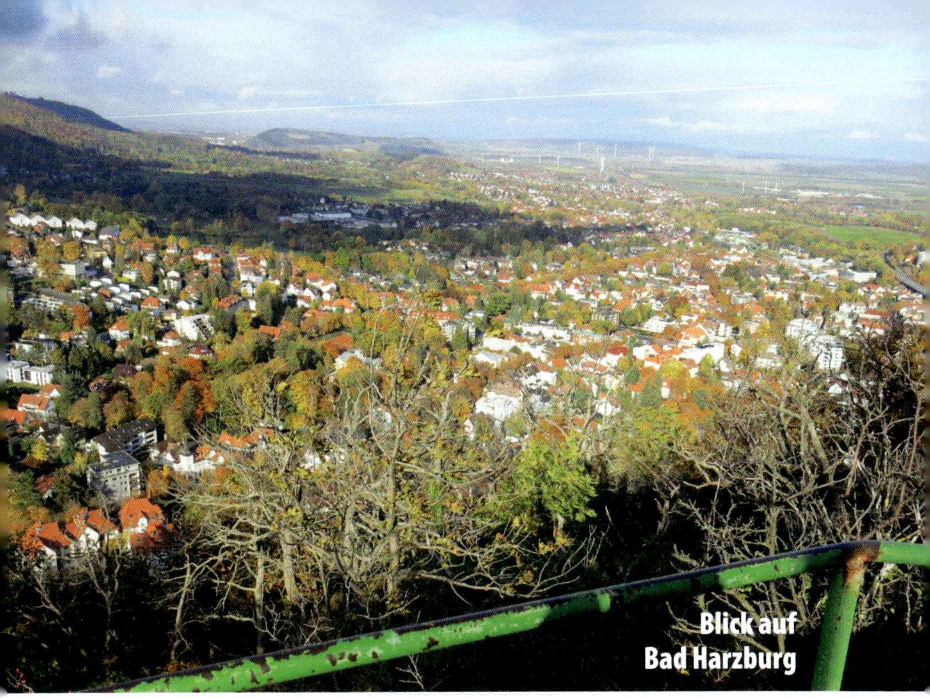

der rechten. Wir entscheiden uns für Letzteres und gehen rechts auf einem stellenweise herausfordernden Pfad bergan. Auf dem **Kleinen Burgberg** 4 angekommen, sehen wir vereinzelte Mauerreste der Burg. Es ist windig. Unseren Hunger stillen wir später. Von der Aussichtsstelle mit Bank blicken wir auf Bad Harzburg, das nördliche Harzvorland und den Großen Burgberg.

Wir gehen den Waldpfad zurück und folgen ihm bis zur Abbiegung nach Bad Harzburg, auf der wir hochgekommen sind. Diesmal gehen wir leicht rechts und steil bergauf. Nach einer scharfen Rechtskurve stoßen wir auf eine Schotterstraße, auf der wir wieder rechts weiter bergauf gehen. In der Kurve stehen mehrere Bänke, die den Blick ins Tal ermöglichen. Oben auf dem **Großen Burgberg** 5 angekommen, stoßen wir als Erstes auf die Canossa-Säule. Spätestens an dieser Stelle teilen wir die Aussicht mit anderen Wandernden. Knapp die Hälfte der Strecke liegt nun hinter uns. Zeit für eine Rast im **Restaurant Aussichtsreich** 6. Am dortigen Zaun befindet sich der Stempelkasten der Harzer Wandernadel.

Hervorragendes Essen wie Bruschetta mit Harzer Käse oder Kotelett vom regionalen Heuschwein. Das ***Restaurant Aussichtsreich*** *liegt auf dem Burgberg, auf 483 Metern Höhe und präsentiert sich stilvoll: viel Holz, Industrieleuchten, heller Anstrich.*

Heinrich IV. wurde durch seinen Gang nach Canossa berühmt: Der Papst setzte ihn in einem Machtkampf ab. Heinrich IV. reiste nach Canossa und büßte im Januar 1077 drei Tage im Schnee. Er ließ in der Nähe seiner Pfalz Goslar um 1065 die ***Harzburg*** *errichten.*

Wir verlassen das Restaurant, halten uns links und treffen auf die Überreste der romanischen **Harzburg**.

Wir gehen rechts eine Treppe hinunter und stoßen auf eine Statue des früheren Sachsengottes Krodo. Hier befinden sich auch die Bergstation der **Seilbahn** – was die vielen Besucher erklärt – und ein **Aussichtspunkt** zum Brocken, dem höchsten Berg im Harz. Unten an der Treppe gehen wir links den Weg entlang. Wenig später verzweigt er sich, wir ignorieren den Historischen Rundwanderweg und halten uns auf dem **Kaiserweg** rechts Richtung Eingangsturm der Baumschwebebahn. Dahinter liegt der Antoniusplatz, von dem aus in alle Richtungen Wege abgehen. Wir nehmen den dritten von rechts, den **Besinnungsweg** 7. Er lehrt uns Waldbaden – das Wahrnehmen des Waldes mit allen Sinnen.

Der **Besinnungsweg** ist größtenteils ein Pfad, markiert mit kreisförmig angeordneten Strahlen und einem Kreuz in der Mitte. Über den gesamten Pfad verteilt stehen **Bänke**. Zunächst gehen wir relativ eben, neben uns wachsen hochstämmige Buchen und Gräser, später kommen kleine Birken dazu. Wir hören, wie der Wind durch die Blätter rauscht und wie sich manche Bäume quietschend aneinanderreiben. Der Weg führt

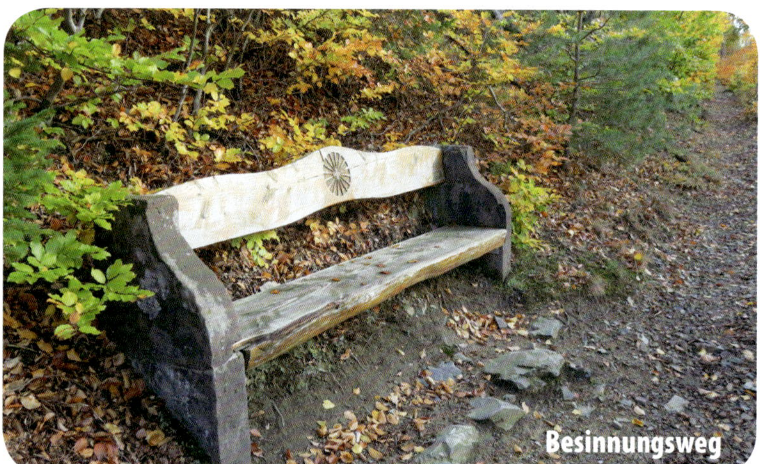

Besinnungsweg

an einer **Liege** vorbei, wir können von dort auf warmem Holz in den Himmel gucken. Dahinter verzweigt er sich. Wir gehen rechts nach oben und kommen in ein Gebiet mit einer Monokultur aus gleich alten Fichten, die inzwischen abgestorben sind. Die grauen Stämme ragen in den Himmel, auf dem Boden liegen Bäume und Astgerippe. Sie sind Sturm und Borkenkäfer zum Opfer gefallen. Noch sind die Flächen fast kahl, doch erste Buchen und Eschen breiten sich aus und bilden die Basis für den nachwachsenden Mischwald. Wir folgen dem Pfad auf den Sachsenberg, wo wir eine Bank und eine kleine Freifläche vorfinden. Von dort geht es links bergab. Nach einem kurzen Stück biegen wir nach rechts, folgen wieder dem Hauptweg.

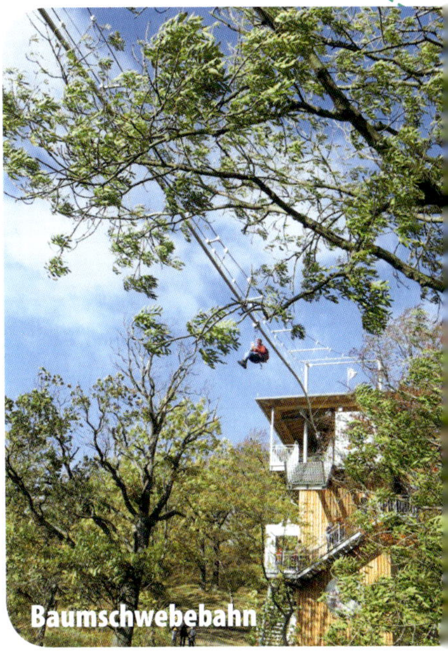

Baumschwebebahn

Von der Bank, die an der Station 6 steht, blicken wir auf den 1141 Meter hohen Brocken. Von hier an treffen wir aufgrund der Südhanglage unter anderem auf natürlich gewachsene Eichen und Kiefern. Wir hören die ersten Stimmen vom Kaiserweg, der ein paar Meter unter uns verläuft, und kommen zurück zum **Antoniusplatz**. Wer mag, kann mit der **Baumschwebebahn** (8) nach unten gleiten – und kommt am rückwärtigen Ende des Baumwipfelpfades heraus.

Wir gehen den Weg links bergab. Bei der ersten Möglichkeit nehmen wir den Weg scharf rechts nach Bad Harzburg, Bergbahn Talstation. Der Schotterweg zieht sich, er führt am Hang entlang. Es geht durch einen Buchenwald, ein Stückchen weiter unten sehen wir das Blau des Freibads der Therme. Den ersten abgehenden Weg bergab Richtung Krodotal lassen wir auf der linken Seite liegen, wir nehmen den zweiten. Unten angekommen, gehen wir am Abzweig links (oder rechts in den Kurpark, wenn wir noch eine Karte für den Baumwipfelpfad oder ein kaltes Bier kaufen wollen).

Er ist nur 1,6 Kilometer lang, aber sorgt für Ruhe an einem belebten Ort: Der ***Besinnungsweg*** *führt überwiegend als Pfad rund um den 545 Meter hohen Sachsenberg, zeigt langstämmige Buchen, junge Birken, den Blick zum Brocken – und zum Himmel.*

Verwöhntour 12

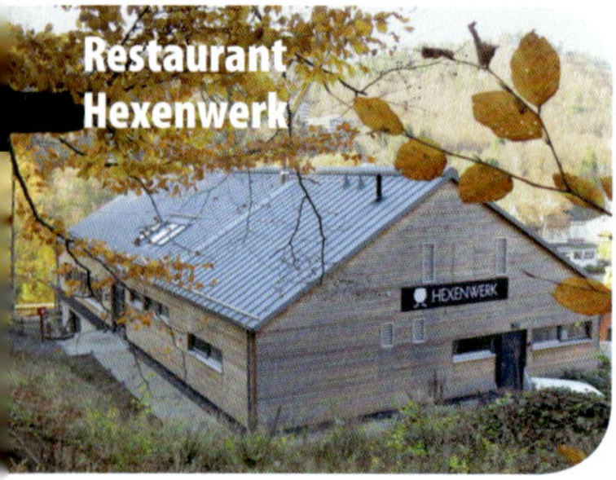

Der Weg führt wieder an der Eingangskrone zum Baumwipfelpfad vorbei, links auf die **Kalte-Tal-Straße** und gleich wieder rechts. Wir halten uns weiterhin rechts und folgen den Schildern Richtung Brocken und Torfhaus. Wir gehen links am **Hochseilgarten** vorbei, orientieren uns nach links oben und gehen diesmal vor der kleinen Holzbrücke rechts. Wer will, kann hier auf die erfolgreiche Tour anstoßen: Hinter dem ersten Baumhaus geht es nach rechts ins **Restaurant Hexenwerk** **9**. Dieser Pfad und der weiter oben verlaufende vom Hinweg führen am Ende zusammen. Kurz darauf geht es auf der Brücke über die **Nordhäuser Straße (B 4)** zurück zum Parkplatz.

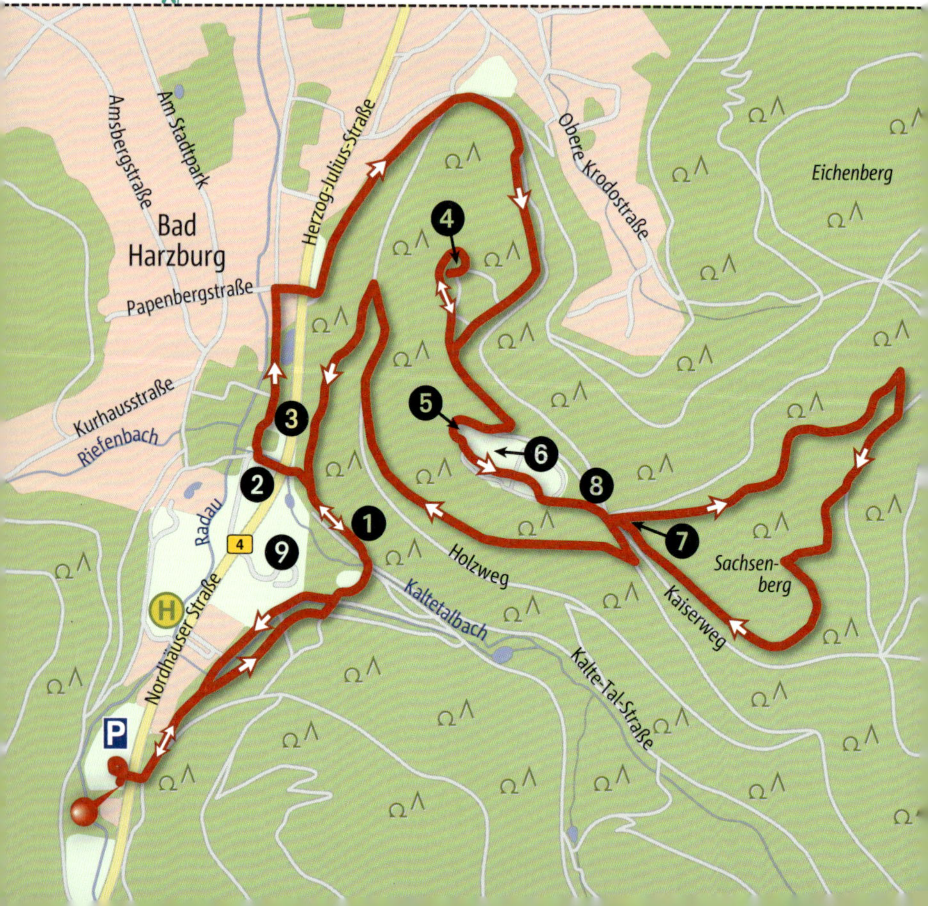

Alles auf einen Blick

WIE & WANN:
Wege und zum Teil steile Pfade. Trittfestigkeit erforderlich. An trockenen Tagen ganzjährig begehbar, beste Wanderzeit von April bis Oktober

HIN & WEG:
Auto: Kostenpflichtiger Großparkplatz an der B 4, 38667 Bad Harzburg (GPS 51.86686, 10.55668)
ÖPNV: Bus 820 bis Haltestelle Hotel Seela, Bad Harzburg

ESSEN & ENTSPANNEN:
Restaurant Aussichtsreich ❻ Burgberg 1, 38667 Bad Harzburg, Tel. (0 53 22) 27 06, www.plumbohms.de, Stempel 121, Harzer Wandernadel
Restaurant Hexenwerk ❾ Sonnenresort Ettershaus, Nordhäuser Straße 1, 38667 Bad Harzburg, Tel. (0 53 22) 78 78 96 66, www.hexenwerk-harz.de

Entspannung ✱✱✱✱✱
Genuss ✱✱✱✱✱
Romantik ✱✱✱✱✱

ENTDECKEN & ERLEBEN:
Einstiegskrone Baumwipfelpfad ❶
BurgBergCenter ❷
HarzWaldHaus ❸
Kleiner Burgberg ❹
Großer Burgberg ❺
Besinnungsweg ❼
Baumschwebebahn ❽

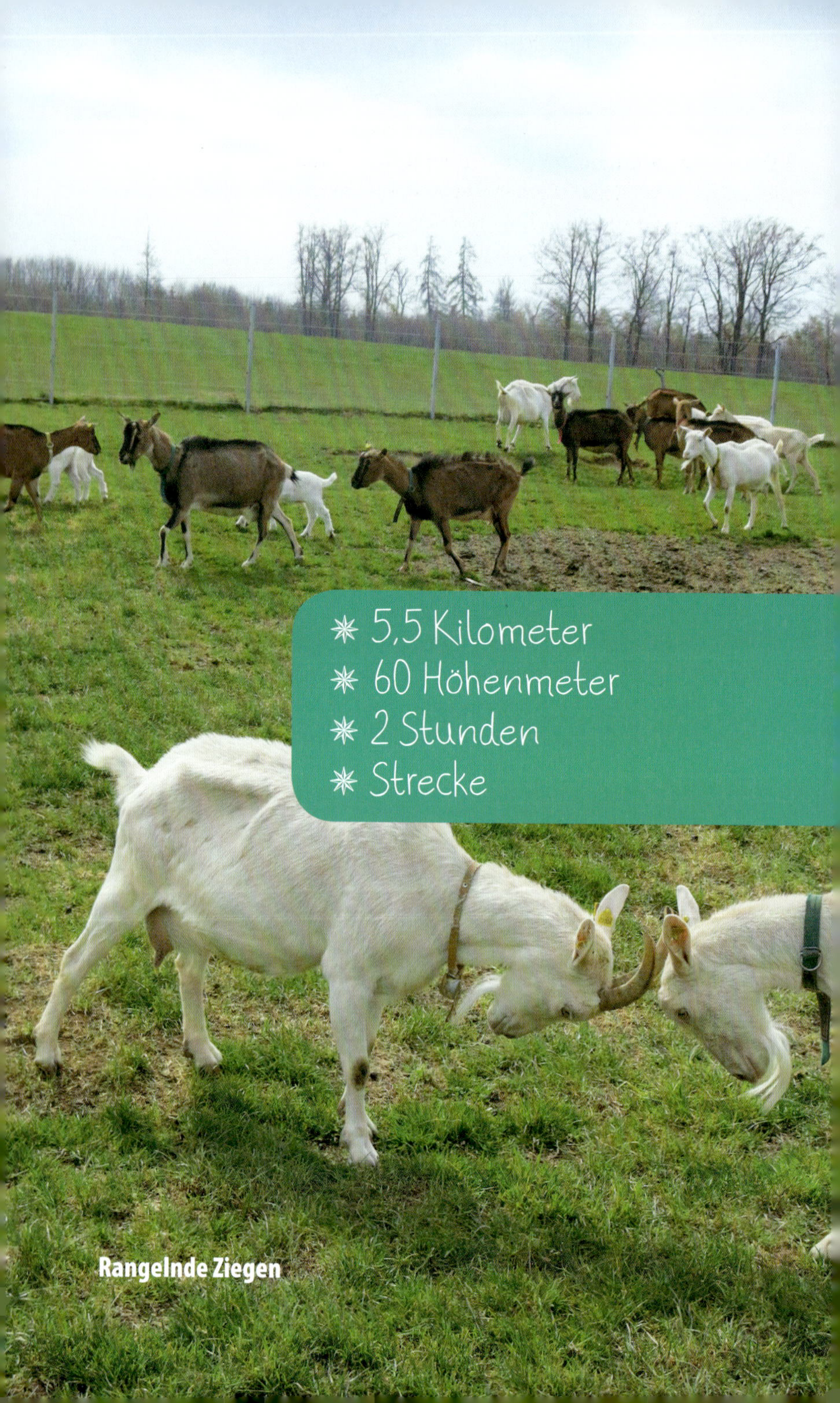

- 5,5 Kilometer
- 60 Höhenmeter
- 2 Stunden
- Strecke

Rangelnde Ziegen

Auf unserer Tour wandern wir entspannt vom Haltepunkt **Sophienhof** der Harzquerbahn erst zur **Ziegenalm**, dann bergab zum Bahnhof **Netzkater** – durch Buchenwälder, vorbei an Bergwiesen und steilen Tälern. Starten wir also in Sophienhof am Haltepunkt der Harzquerbahn, bei der das Zugpersonal anhand der Fahrkarte sehen kann, wo jemand aussteigen möchte. Und so hält der Zug entsprechend an. Wir gehen auf Nummer sicher, sagen Bescheid, dass wir aussteigen möchten. Der Haltepunkt besteht lediglich aus einer überdachten Holzhütte sowie einem Tisch mit Bänken mitten im Wald. Vögel zwitschern. Wir befinden uns im Naturpark Südharz in Thüringen. Neben der Hütte führt ein Weg nach oben – der einzige, der während

Idyll mit Ziege

Von Sophienhof bis Netzkater

unserer Wanderung bergauf geht. Wir gehen an Baumstümpfen vorbei, zwischen ihnen wachsen junge Fichten und Laubbäume. Am Abzweig **Rotheshütte** folgen wir weiter geradeaus unserem Weg. Dieser ist eine Etappe des **Südharzer Dampfloksteiges** und zuverlässig beschildert mit einer roten Dampflok. Allerdings wird der Schmalspurbahn auf dieser Strecke in der Realität selten eine Dampflok vorgespannt: Normalerweise fährt sie mit Triebwagen. Man erkennt es anhand der Symbole im Fahrplan auf der Website. Derzeit fährt nur einmal pro Tag in jede Richtung ein Zug mit Dampflok.

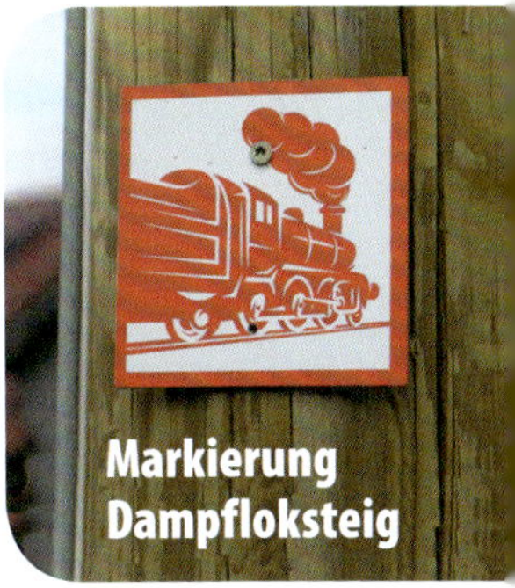

Markierung Dampfloksteig

Wir gehen an Weiden vorbei, sehen auf der linken Seite erste Häuser und kommen über die gleichnamige

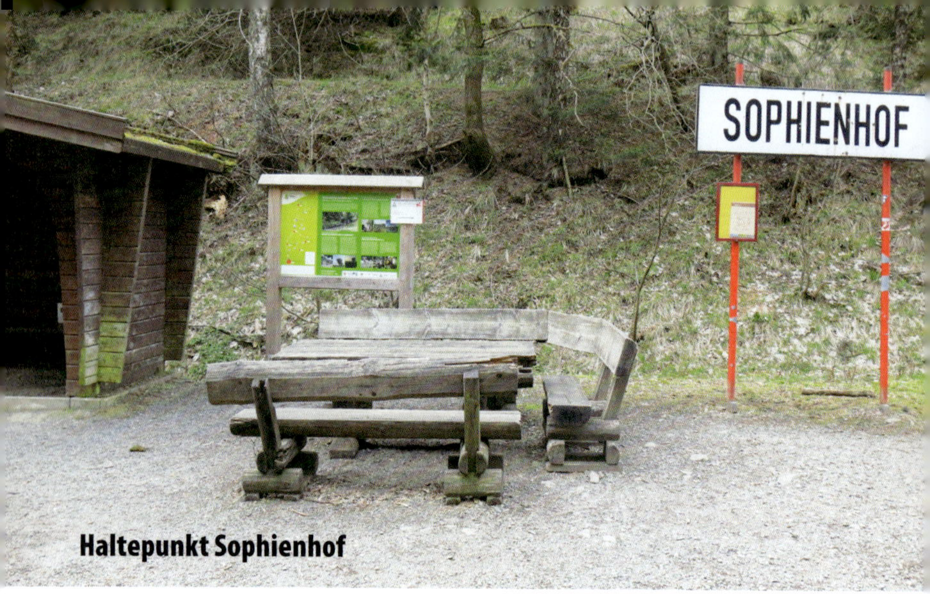

Haltepunkt Sophienhof

Straße in das Bergdorf Sophienhof. Dort stehen farbenfrohe Häuser, gestrichen in Gelb, Orange oder Hellblau. Auf der linken Seite taucht der **Braugasthof Brauner Hirsch** ❶ auf. Hier gibt es hausgebraute Biere wie das Sophienhofer IPA, das fruchtig herb, intensiv hopfig und nach Zitrus schmeckt. Dazu werden deftige Gerichte angeboten, wie selbst gemachte Rinderroulade oder Hirschgulasch. Wir könnten gleich am Anfang hier einkehren und würden die Tour trotzdem schaffen, so kurz und einfach ist sie.

Schräg gegenüber dem Brauhaus, auf der anderen Straßenseite, steht die **Zanthier-Linde** ❷. Der alte

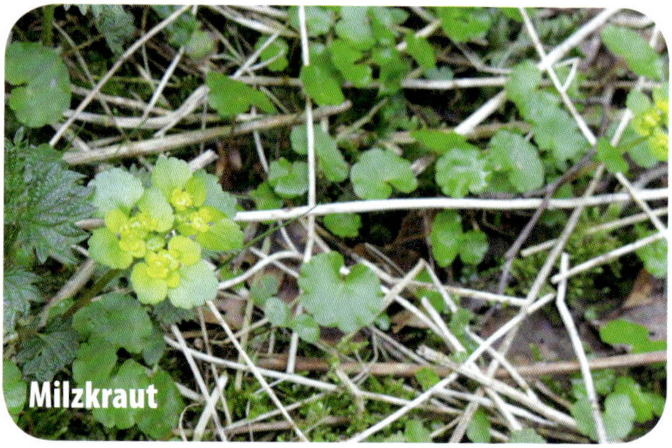
Milzkraut

Stumpf einer großen Linde, gewidmet dem Oberforstmeister Hans Dietrich von Zanthier. Er war Pionier in nachhaltiger Forstwirtschaft, gründete im 18. Jahrhundert im Harz die erste Forstakademie und hatte vorübergehend in Sophienhof seinen Dienstsitz. Hinter der Linde befindet sich eine T-Kreuzung, an der wir rechts in die **Dorfstraße** abbiegen. Wir wandern an der **Heimatstube** vorbei und erfahren dort an einer auf einem Stein angebrachten Tafel, dass das Dorf einst eine Waldsiedlung war und erst ab dem 18. Jahrhundert zu Ehren von Gräfin Sophie Sophienhof genannt wurde.

Wir kommen auf einen Platz und gehen nach links zur **Ziegenalm** ③. Hier auf 550 Metern Höhe und um-

Für die Seele

Ein weicher Waldpfad, ein plätschernder Bach und selbst gemachter Ziegenkäse sorgen für Glücksgefühle. Dazu Buschwindröschen im Frühjahr oder grüne Buchenblätter im Sommer.

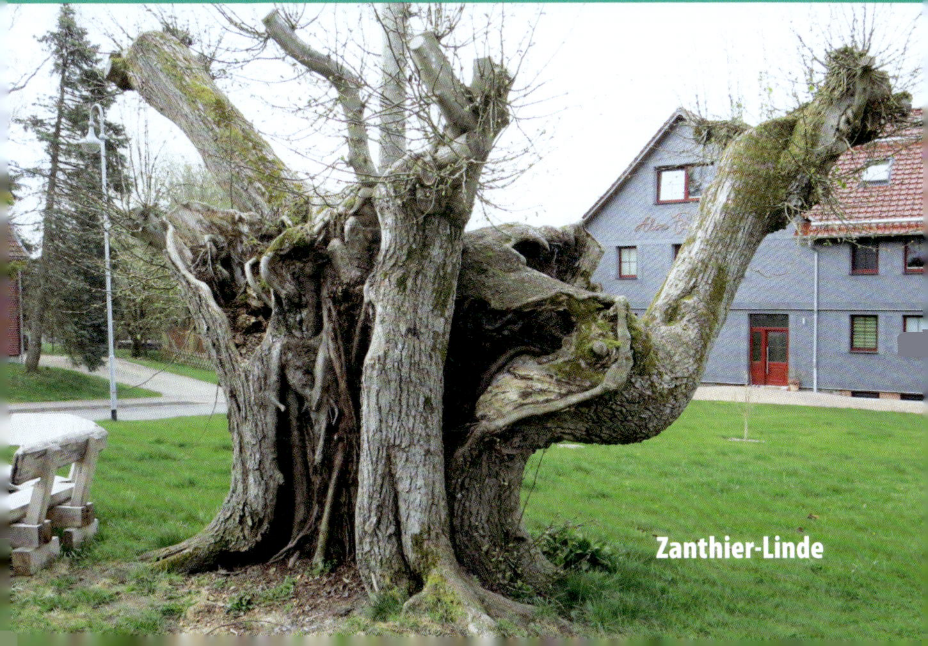

Zanthier-Linde

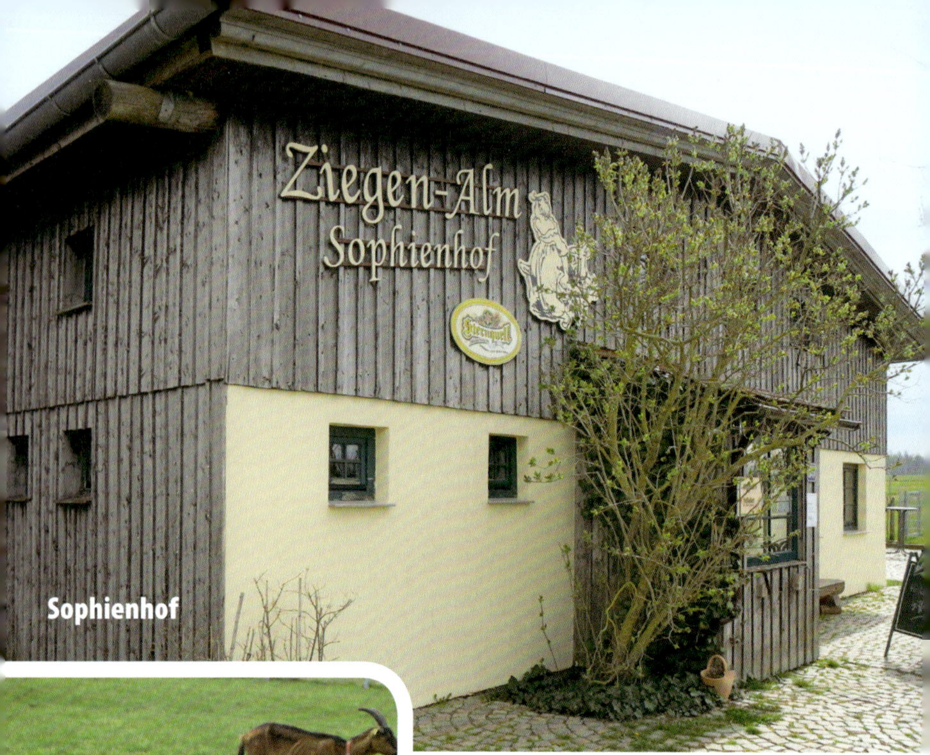

Sophienhof

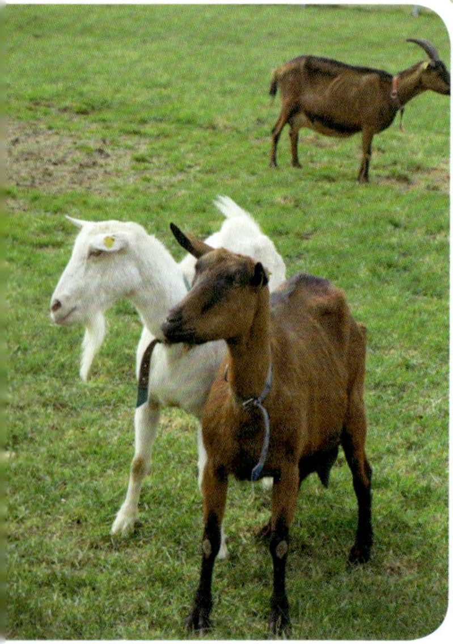

geben von Wiesen, erwarten uns eine Gaststätte, ein Hofladen, ein Spielplatz und eine Weide mit Ziegen. Wir können Bratwurst und Ziegenkäse aus artgerechter Tierhaltung und frisch gebackenen Kuchen essen oder im Hofladen Käse für zu Hause kaufen. Es lohnt sich auch für Erwachsene, die ausgelassenen Sprünge der Ziegen und Zicklein auf der Weide zu beobachten, vor allem im Frühjahr. Vor der Weide, neben der Gaststätte, steht die **Stempelstelle** der Harzer Wandernadel mit der Nummer 97. Wir verlassen die Ziegenalm über den Hinweg. Kurz bevor wir die Straße erreichen, biegen wir links auf einen **Pfad** und wandern zwischen dem Dorfteich und Weiden an einem Häuschen vorbei und in den Wald. Dieser besteht überwiegend aus hochgewachsenen Buchen, im Frühling wachsen darunter weiße Buschwindröschen. Wir überqueren einen Bach über einen großen Baumstumpf und einen Stein, die ein netter Mensch hier hingelegt hat. An diesem Wegabschnitt ist Trittfestigkeit gefragt, auf der rechten Seite geht es den Berg steil hinunter ins Tal. Der Pfad selbst ist wunderschön: Er ist ein bis 2 Meter breit, verläuft auf weichem Waldboden, an einem Bach entlang. Unten angekommen, führt ein Weg nach rechts. An diesem Abzweig folgen wir weiter unserem Pfad in eine **Linkskurve**. Gute 100 Meter dahinter kommen wir an eine **T-Kreuzung** und laufen nach links unten. Daneben plätschert ein Bach. Kurz bevor wir die Straße **B 81** erreichen, geht rechts ein Pfad ab. Er ist mit der **Dampflok** sowie mit dem laufenden Fuchs des Harztor-Laufs beschildert. Wir folgen dem Pfad auf weichem Waldboden. Aber nur kurz: Dann erreichen wir einen **Parkplatz**, überqueren die Straße B 81 und die **Bere-Brücke**. Dahinter gehen wir nach rechts und verlassen den Dampfloksteig. Wir wandern an einer

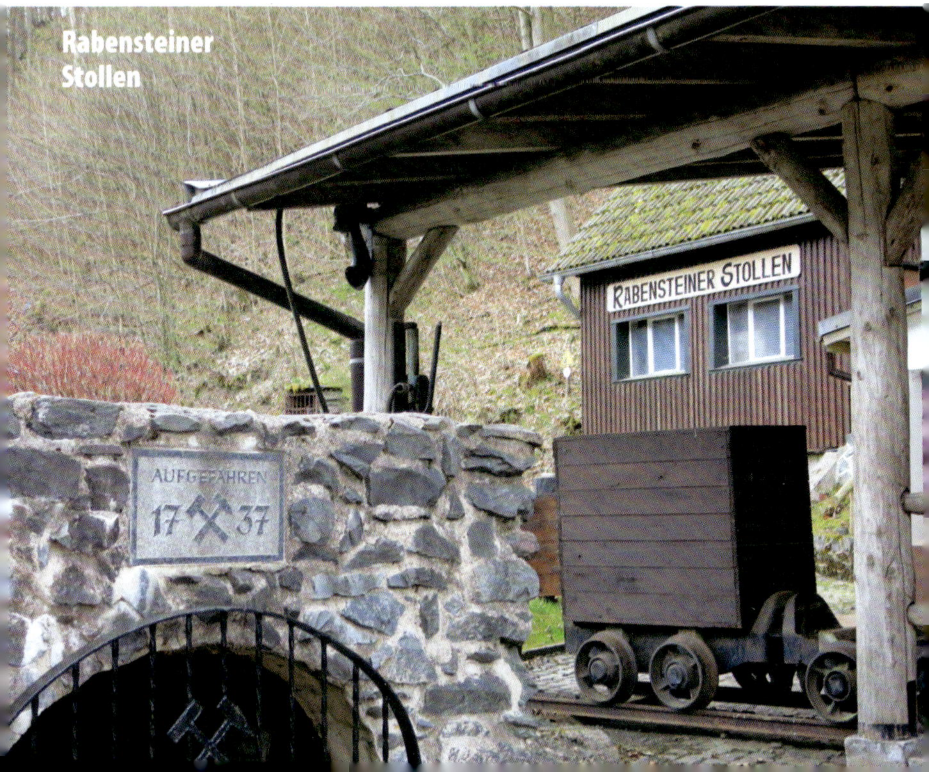

Rabensteiner Stollen

Feuchtstelle neben dem Weg vorbei, darin wachsen Bäume. Entlang der Bahngleise geht es zur Haltestelle **Netzkater**, an der die Gaststätte zur Harzbahn liegt. Wer nicht gleich zurückfahren möchte, hat drei Möglichkeiten, den restlichen Tag zu verbringen: geradeaus weiterzugehen und den **Rabensteiner Stollen** 4 besichtigen, den einzigen **Steinkohlebergbau** im Harz. Dafür sollte man allerdings warme Kleidung zum Überziehen dabeihaben, es hat im Stollen nur 8 Grad. Eine Badehose oder ein Bikini reichen dagegen für das idyllisch gelegene **Waldbad Ilfeld** 5, das in 20 Minuten zu Fuß erreichbar ist. Oder wir gehen zum **Wirtshaus zum Netzkater** 6, das aus Holz gebaute Haus ist nur wenige Minuten entfernt.

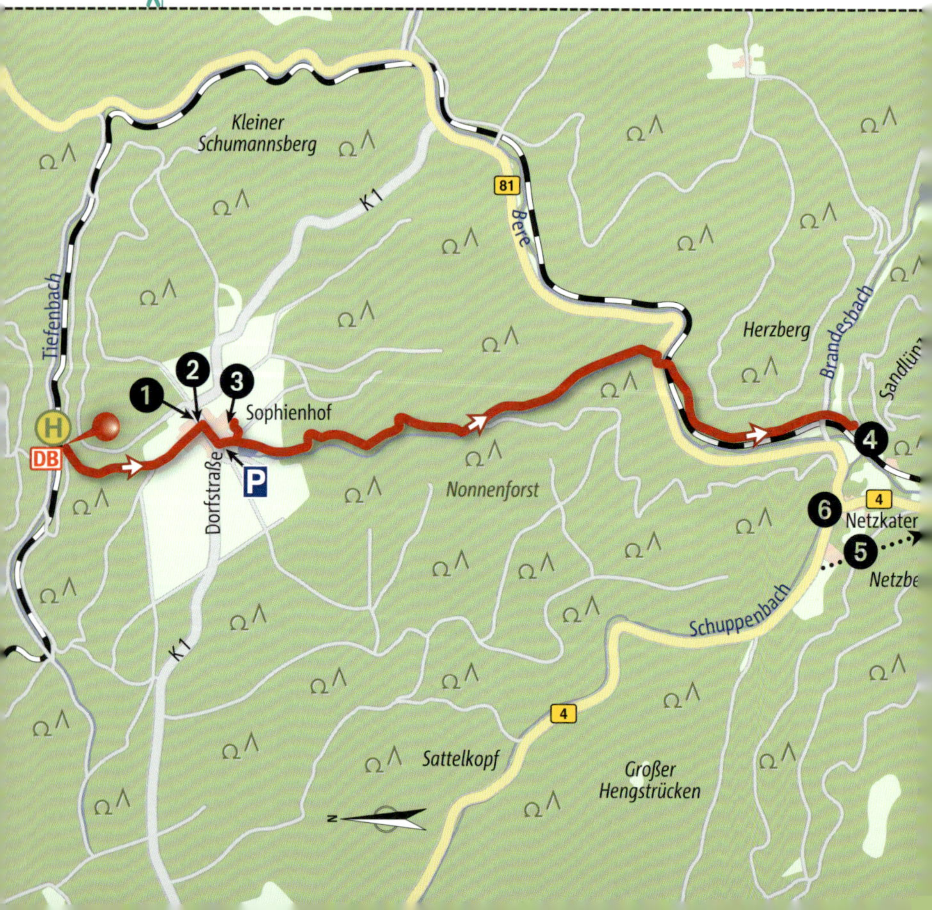

Alles auf einen Blick

WIE & WANN:
Ein längerer Pfad, für den Trittfestigkeit erforderlich ist, sowie Waldwege und im Ort eine asphaltierte Straße, ganzjährig begehbar, beste Zeit von April bis Oktober

HIN & WEG:
Auto: Parkplatz an der Ziegenalm, 99768 Harztor OT Sophienhof (GPS: 51.63339, 10.78945)
ÖPNV: Harzquerbahn bis Haltepunkt Sophienhof

ESSEN & ENTSPANNEN:
Braugasthof Brauner Hirsch ❶ Sophienhof 16, 99768 Harztor OT Sophienhof, Tel. (03 63 31) 4 81 44, www.braunerhirsch-sophienhof.de
Ziegenalm Sophienhof ❸ Sophienhof 30, 99768 Harztor OT Sophienhof, Tel. (03 63 31) 4 82 35, www.ziegenalm.de, Stempel 97 der Harzer Wandernadel

Entspannung ✱✱✱✱✱
Genuss ✱✱✱✱✱✱
Romantik ✱✱✱✱✱

Wirtshaus zum Netzkater ❻ Netzkater 5 b, 99768 Harztor OT Sophienhof, Tel. (03 63 31) 47 71 90, www.wirtshaus-netzkater.de

ENTDECKEN & ERLEBEN:
Zanthier-Linde ❷
Rabensteiner Stollen ❹
Waldbad Ilfeld ❺

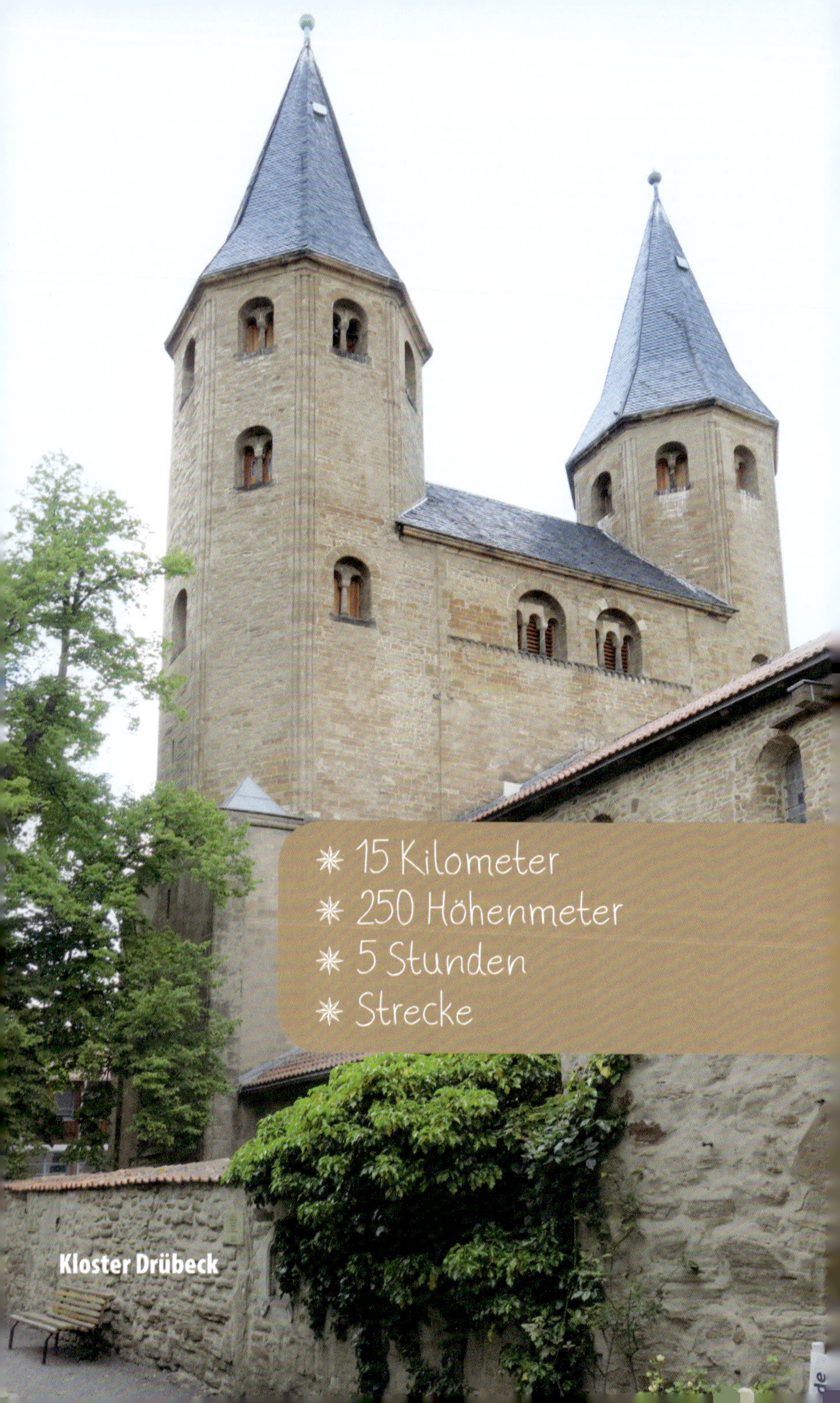

- 15 Kilometer
- 250 Höhenmeter
- 5 Stunden
- Strecke

Kloster Drübeck

Den Bahnhof Ilsenburg im Rücken gehen wir links, vorbei am alten Bahnhofsgebäude. An dessen Ende biegen wir rechts in den **Tannengang**, einen gepflasterten Weg, parallel des Suenbachs. Wir gehen an der Kreuzung geradeaus, am **Kitzsteinteich** mit seinen Enten und weißen Bänken vorbei. Wir stoßen auf ein **Steinhaus**, gehen rechts daran vorbei, über den Hof, überqueren die **Faktoreistraße** auf einem Zebrastreifen und folgen dem Weg dahinter. Dieser führt uns nach 30 Metern auf die **Kroatenstraße**. Wir gehen geradeaus, folgen einem grünen Zaun nach links und stoßen am Ende auf eine T-Kreuzung, an der wir links abbiegen. Vor der Bäckerei geht es gleich wieder links auf die Straße **Marktplatz**. Den nächsten Abzweig wandern wir rechts in die **Pfarrstraße**. Wenig später überqueren wir eine **Brücke** über den Fluss Ilse und kommen an die Schloßstraße. Diese passieren wir, gehen ein paar Stufen hoch und dahinter nach links. Nach ein paar Metern führen uns Stufen nach rechts in einen parkähnlichen Friedhof. An der Stelle, an der erneut einige Stufen nach oben gehen, befindet sich

Alte Mauern

Klosterwanderweg ab Ilsenburg

links die **Marienkirche** mit dem leuchtend bunten Apsisfenster. Wer möchte, schaut sie sich an.

Zurück auf dem Weg geht es bergauf. Wir treffen wieder auf die **Schloßstraße**. Dahinter befindet sich in einem Torhaus der Eingang zum Schloss – oder besser zum **Kloster Ilsenburg** (1). 500 Jahre beherbergte das

*80 Dome, Burgen, Königspfalzen und Klöster bilden auf 1000 Kilometern die **Straße der Romanik** in Sachsen-Anhalt. Dazu gehören auch die Klöster Ilsenburg und Drübeck. In Ilsenburg gibt es ein Miniaturmodell der Straße der Romanik.*

Anwesen ein Benediktinerkloster, mit der Reformation übernahmen es die Stolberger Grafen. Heute sind nur noch zwei Flügel des Klosters erhalten. Es gibt das **Café im Schloss** ②, in dem man sich eine kleine Pause gönnen kann. Danach besichtigen wir die Klosteranlage zusammen mit einer Ausstellung zur Straße der Romanik.

Gegenüber dem Eingang verlassen wir das Gelände. Ein Ahornbaum mit einer Bank darunter lädt zum Hinsetzen ein. Dahinter gehen wir unter einem gemauerten Torbogen durch und stempeln unser Wanderbuch am roten Kasten mit dem **Sonderstempel Harzer Klosterwanderweg**, dem wir größtenteils folgen. Auf Betonplatten gehen wir links in den Schlosspark. Ein paar Schritte weiter zweigen wir die nächste Möglichkeit rechts ab. Die Platten gehen in einen Schotterweg über, wir folgen ihm an einem Abzweig vor dem **Klosterteich** schräg links und geradeaus über die nächste Kreuzung.

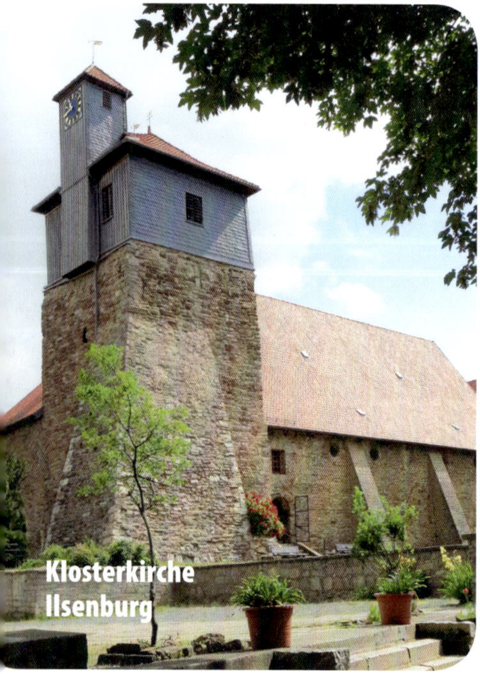

Klosterkirche Ilsenburg

Wir kommen an eine **Engelsbank**, sie hat Flügel statt einer Lehne, und nehmen hier den Pfad weiter geradeaus. Dieser gabelt sich nach ein paar Metern. Wir gehen rechts bergauf, biegen am Abzweig den ersten Pfad links ein und wandern knapp 200 Meter auf einem Schotterpfad. Den Pfad, der nach rechts oben zu einem etwas breiteren **Schotterweg** führt, ignorieren wir und gehen geradeaus weiter. Kurz danach befindet sich eine Eiche in der Mitte unseres Pfades, an der Stelle stoßen wir auf einen Abzweig und gehen rechts nach oben. Wir kommen auf den Schotterweg, der kurz danach in eine Waldstraße übergeht und wandern dort links.

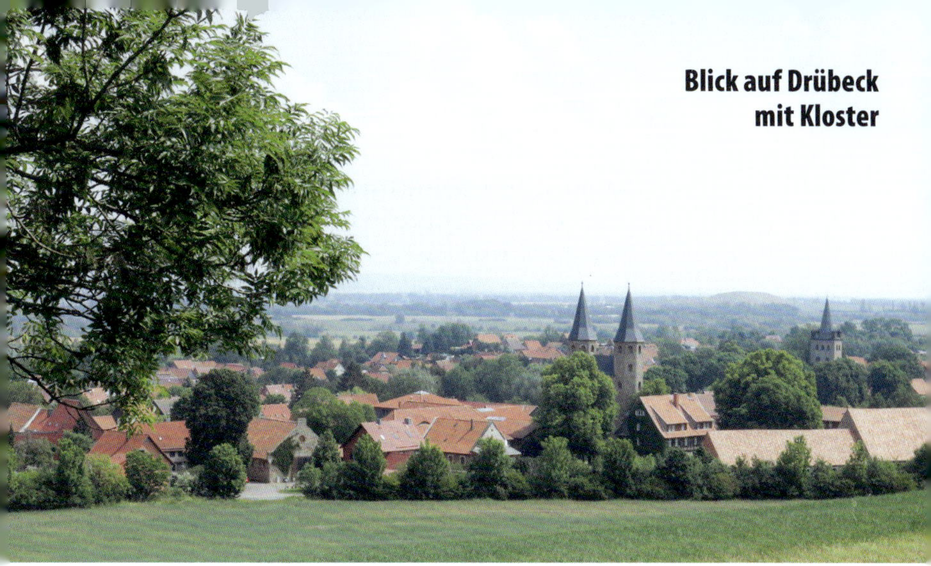

Blick auf Drübeck mit Kloster

Wer sich im Schlosspark verläuft, kann entspannt bleiben: schräg in südöstlicher Richtung geht es immer auf diesen Hauptweg. Als sich der Weg teilt, nehmen wir den linken, gehen nicht bergauf. Wir ignorieren alle weiteren Abzweige, kommen an eine T-Kreuzung, an der wir rechts nach oben wandern. Wenige Meter danach treffen wir auf einen neu angelegten **Pausenplatz** mit Tisch und Bänken. Kurz bevor

Für die Seele

Von Stadt zu Stadt wandern – in völliger Ruhe und mitten in der Natur. Zwei Klöster auf dem Weg bieten zusätzlich Stille und Spiritualität.

es vor uns steil bergauf geht, biegen wie links auf einen Waldweg nach Drübeck ab. Er führt zwar ebenfalls nach oben, verläuft aber etwas flacher. Von hier ab begleitet uns der **Mönchsgraben**. Der Wald wird lichter, es wächst schöner, aber giftiger Fingerhut mit violetten Blüten. Wir laufen auf einem weichen Waldpfad, hören die Vögel zwitschern, sehen Farne und entdecken ein

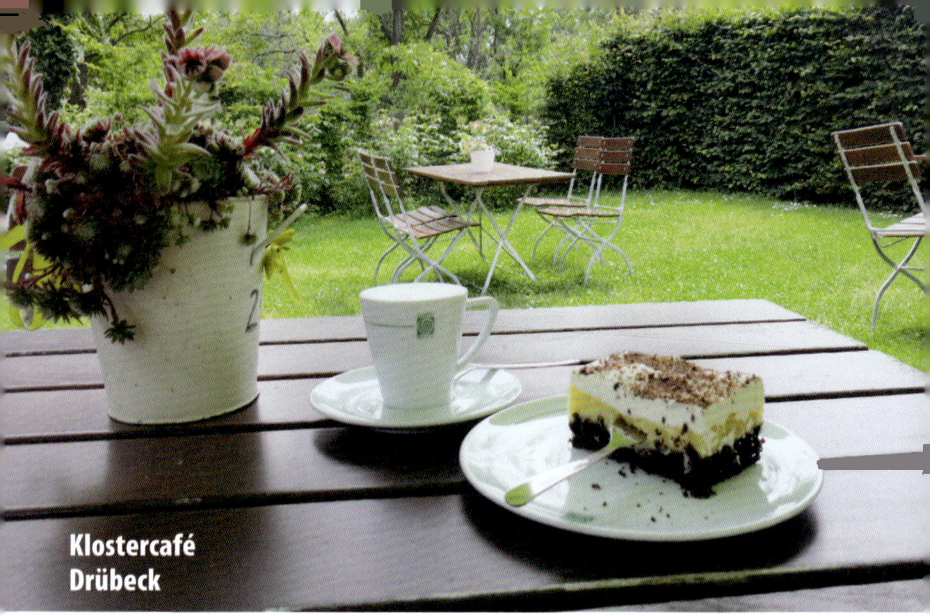

Klostercafé Drübeck

Schild, das uns auf Wildfrüchte am Wege hinweist. Genannt werden unter anderem Hagebutte und Schwarzer Holunder. Gegenüber blickt man bis ins Tal. Der Pfad wird breiter, wieder zum Weg. Wir wandern ihn weiter, kommen an eine Kreuzung und gehen geradeaus. Den linken Abzweig ignorieren wir und bleiben 500 Meter auf dem Klosterwanderweg, bis zur nächsten Kreuzung, zu der es leicht bergauf geht. Die Eiche, die dort steht, wird von einer Holzbank umrundet. Wir gehen links bergab an weiteren Eichen vorbei und stoßen auf einen kleinen Platz mit Picknicktisch. An der nächsten Kreuzung folgen wir der Beschilderung des Klosterwanderwegs geradeaus und bergab durch einen Wald. An der Stelle, an der Wege in alle Richtungen abzweigen, bleiben wir auf unserem Weg und gehen geradeaus.

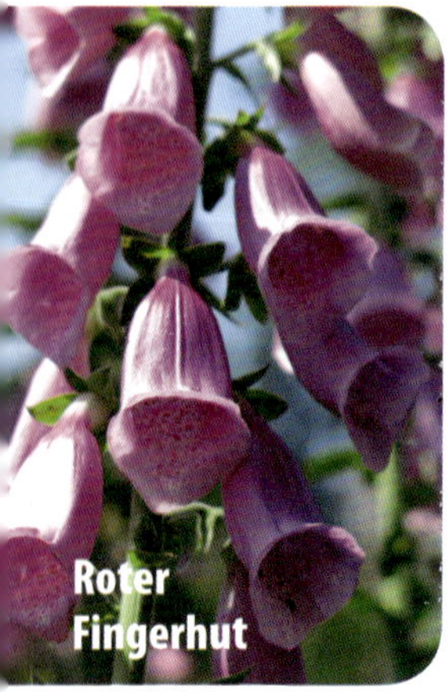

Roter Fingerhut

Wir wandern zum südwestlichen Rand von Drübeck. Mittlerweile auf Asphalt geht es vorbei an Sportplatz und Schützenhaus, dann rechts in den Weg **Am Schützenhaus**. Auf Höhe eines pastellgelben Hauses bleiben wir auf unserem Weg, gehen dabei leicht nach rechts und kommen nach einer Weile an eine Hütte. Kurz davor wandern wir links einen Trampelpfad über eine Wiese bergab. Nach wenigen Minuten taucht rechts eine Bank auf, von der wir auf Drübeck und die Türme der **Klosterkirche** schauen können. Wir gehen das letzte Stück auf einem schmalen Pfad, der rechts und links mit Bäumen bewachsen ist, nach unten. Der verkehrsreichen **Ilsenburger Straße**, die wir zunächst überqueren, folgen wir 250 Meter nach rechts. Wir biegen links in die **Hauptstraße** und gleich wieder rechts in die gepflasterte Straße **Klostergarten**, kommen auf ein grün beranktes Haus zu, gehen durch ein Gartentor und folgen der Kopfsteinpflasterstraße nach links.

Dort führt sie uns durch ein weiteres Tor und in einen ummauerten Innenhof mit einer **alten Linde**. Wir gehen geradeaus daran vorbei und direkt auf das **Klostercafé** ❸ des **Klosters Drübeck** ❹ und auf den dortigen Sonderstempel zu.

Wer nicht einkehren will, hält sich rechts und geht zur **Wernigeröder Straße**. Wir überqueren diese, gehen schräg links auf einen Kiesweg mit Kirschbäumen. Dem folgen wir bis zur **Öhrenfelder Straße**, biegen rechts ab und gehen 150 Meter geradeaus. Die Straße knickt links ab, wir gehen geradeaus auf einen Kiesweg, der in einen schmalen Waldweg übergeht. Hinter dem letzten **Zaun** biegen wir links auf einen Pfad. Wir gehen an mehreren Teichen vorbei, überqueren zwei Holzbrücken und kommen an den schilf- und baumbewachsenen **Rohrteich**. Vor der Bank biegen wir links auf einen Kiesweg zum Waldspielplatz.

Wir gehen geradeaus auf die **Öhrenfelder Straße**. Nach 50 Metern biegen wir rechts auf die Straße **Tänntal**. Dort lockt idyllisch am Waldrand gelegen der Biergarten des **Gasthauses Zur Waldschänke** ❺. Wir gehen auf der Asphaltstraße weiter bergan, sie wird zu einem festen Schotter-Sand-Weg. Die erste Kreuzung führt uns nach links, gegenüber befindet sich ein Schild der Waldgaststätte Plessenburg.

An der nächsten Kreuzung, an der Lindenallee, gehen wir weiter geradeaus. Wir wandern an den Häu-

*Im **Klostercafé Drübeck** gibt es hausgebackenen Kuchen, zum Beispiel Stachelbeer-Baiser, Heidelbeer oder Mandarine-Schmand. Tische und Stühle stehen im Grünen, umgeben von einer Streuobstwiese und den Klostermauern. Drumherum schwirren Schmetterlinge und Hummeln.*

__Kloster Drübeck__ ist heute ein Bildungs- und Tagungszentrum, das auch Übernachtungen anbietet. Sein Kernstück ist die romanische Klosterkirche St. Vitus aus dem späten 10. Jahrhundert. Bis zur Reformation lebten hier Benediktinerinnen.

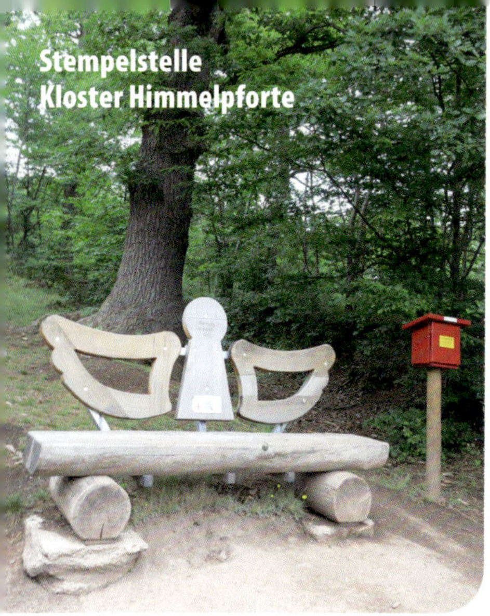

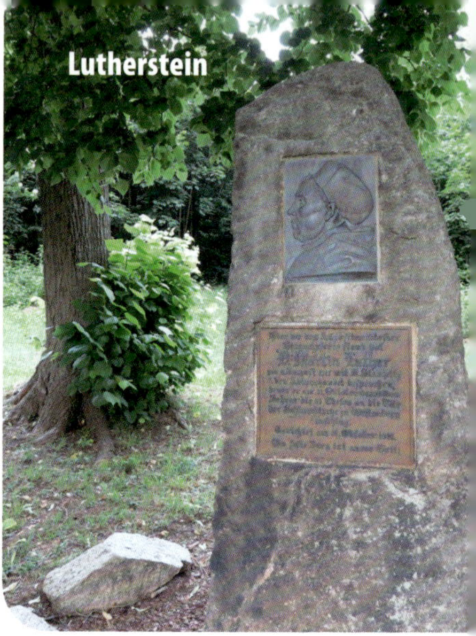

sern vorbei und folgen dem Weg nach oben. Wir kommen an eine Kreuzung, bleiben auf unserem Weg geradeaus und folgen ihm wenig später bergab. Rechts von uns befindet sich eine **Schutzhütte**. An der nächsten Kreuzung gehen wir nach links und überqueren nach 60 Metern eine Brücke, folgen dem Weg Richtung Wernigerode, zweigen nirgends ab. Wir kommen an ein Schild über Greifvögel, rechts vor uns baut sich ein mächtiger Hügel mit Fichten auf. Es geht bergauf, vorbei an einem **Eichenniederwald**.

An der T-Kreuzung gehen wir links. Am nächsten Abzweig bleiben wir auf unserem Weg und gehen geradeaus nach oben. Von dort sehen wir Darlingerode, danach folgen wir dem **Hangweg** einen knappen Kilometer. Hier sind Schilder aufgestellt, mit Infos über Nadelbäume, Frühjahrsblüher oder Pilze. An der Kreuzung, an der es rechts zur Mönchsbuche geht, wandern wir geradeaus. Wir gehen an einer weiteren Kreuzung geradeaus und leicht bergab, kommen an einer **Nurdachhütte** vorbei. Von hier sind es noch 600 Meter zum ehemaligen **Augustinerkloster Himmelpforte** ❻. Kurz davor kommen wir an eine Kreuzung und gehen geradeaus. Bis auf ein paar Mauerreste ist vom Kloster nichts mehr übrig. Eine Engelsbank unter einem üppigen Baum und der Kasten mit dem Sonderstempel der Harzer Wandernadel helfen, die Stelle nicht zu übersehen.

Die Bank im Rücken, wandern wir geradeaus auf einem **Wiesenpfad** zum 300 Meter entfernten **Lutherstein** 7. Es geht über eine **Brücke** leicht bergan. Der Lutherstein steht auf einer freien Fläche mit improvisierten Bänken. Wir drehen uns um, wandern unweit des Hinwegs hinter einer Hecke nach links, gehen auf einem kaum sichtbaren Trampelpfad die Wiese bergab, queren einen Bach und gehen dahinter nach oben. Auf dem **breiten, geschotterten Weg** geht es nach rechts. Nach einer Weile kommen mehrere Teiche, die zum Kloster gehörten. Wir folgen dem Schotterweg leicht bergab bis nach Wernigerode. Dort gehen wir die erste Straße links nach unten in einem Rechtsbogen an der **Pfälzergasse** vorbei und über eine **Brücke** auf die belebte Friedrichstraße. Dieser folgen wir 200 Meter nach links. Wir überqueren sie, gehen rechts in die **Kirchstraße**. Über die Schienen der Brockenbahn geht es links auf den **Bahnsteig**, der in einen gepflasterten Fußweg übergeht. An der Stelle, an der eine Brücke nach rechts führt, gehen wir links und kommen erneut an

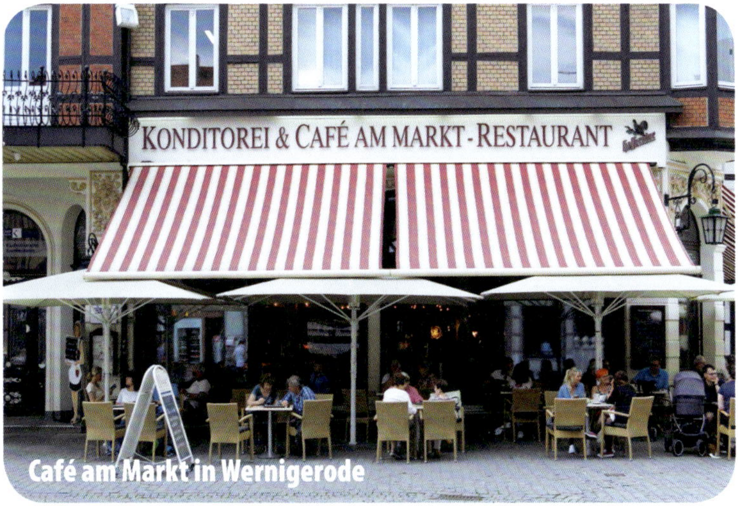

Café am Markt in Wernigerode

Entschleunigungstour 14

*Ein echter Hingucker ist das teilweise orangefarbene **Rathaus** am Marktplatz von Wernigerode. Der Fachwerkbau stammt aus dem Jahre 1420. Die zwei Erker rechts und links der Eingangstreppe, mit ihren schmucken Spitzdächern wurden nachträglich angefügt.*

einen Abzweig. Dort biegen wir rechts ab, gehen nach oben und überqueren die Schienen, wandern gleich wieder links in die Straße **An der Malzmühle**, bis zur Kreuzung, über die wir gehen. Wir wandern erst links, dann rechts, durch den 42 Meter hohen Turm des **Stadttors** in die Fußgängerzone zum **Marktplatz**, mit **Rathaus** 8 und **Café am Markt** 9.

Zurück auf der **Breiten Straße** gehen wir die zweite Straße links zum **Nicolaiplatz**, der übergeht in die Albert-Bartels-Straße. Wir überqueren einige Kreuzungen und gehen geradeaus bis zur **Bahnhofstraße**, biegen rechts ab, überqueren die Straße an der Ampel hinter der Feuerwehr und kommen nach einigen Metern zum **Bahnhof**.

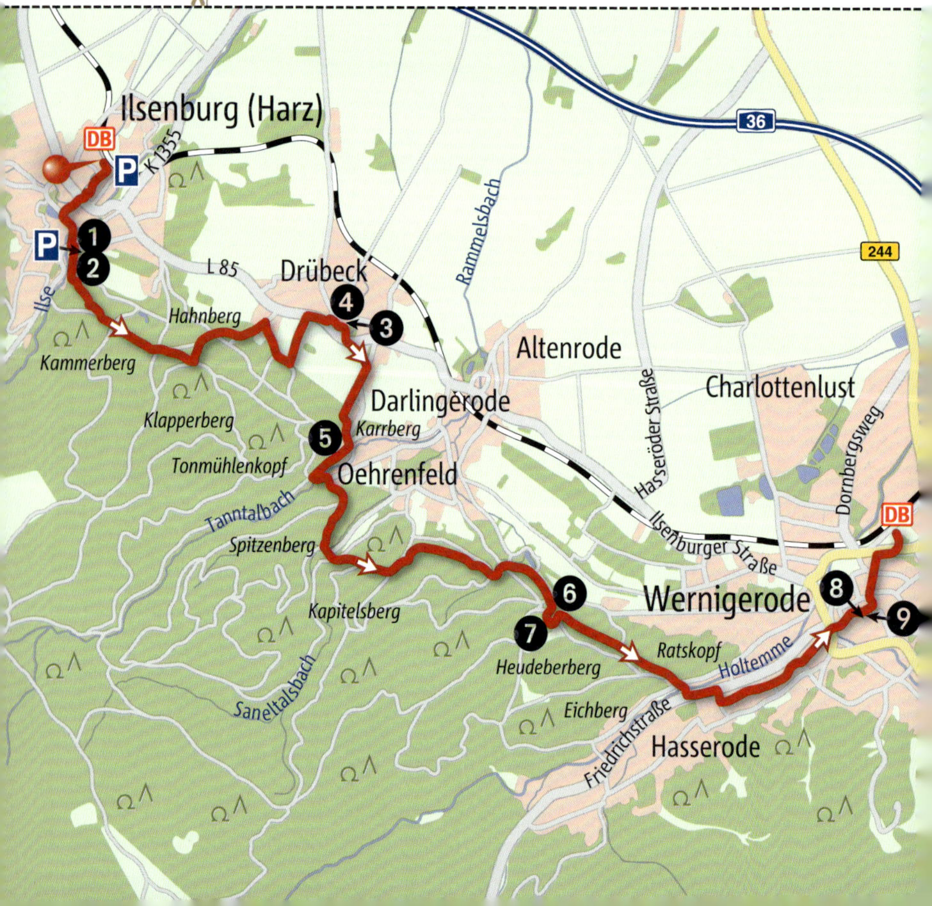

Alles auf einen Blick

WIE & WANN:

Pfade und Waldwege durch Laubwald. Ganzjährig sind Wanderungen möglich, beste Zeit von April bis Oktober

HIN & WEG:

Auto: Parkplatz Schloßstraße, Kloster Ilsenburg, 38871 Ilsenburg (GPS: 51.86052, 10.67892)
ÖPNV: Bahnhof Ilsenburg

ESSEN & ENTSPANNEN:

Café im Schloss Ilsenburg ❷ Schloßstraße 26, 38871 Ilsenburg, Tel. (0 15 25) 9 67 42 90, www.schlosscafe-ilsenburg.de
Klostercafé ❸ Kloster Drübeck, Klostergarten 6, 38871 Ilsenburg OT Drübeck, Tel. (03 94 52) 9 43 04, www.kloster-druebeck.de
Gasthaus & Pension Zur Waldschänke ❺ Tänntalstraße 6, 38871 Ilsenburg OT Drübeck, Tel. (03 94 52) 8 88 10, www.waldschänke-drübeck.de
Café am Markt ❾ Marktplatz 6–8, 38855 Wernigerode, www.cafe-wiecker.de

ENTDECKEN & ERLEBEN:

Kloster Ilsenburg ❶ Sonderstempel Klosterwanderweg, Harzer Wandernadel
Kloster Drübeck ❹ Sonderstempel Klosterwanderweg, Harzer Wandernadel

Entspannung ✱✱✱✱✱
Genuss ✱✱✱✱✱
Romantik ✱✱✱✱✱

Reste des Augustinerklosters Himmelpforte ❻
Sonderstempel Klosterwanderweg, Harzer Wandernadel
Lutherstein ❼
Rathaus Wernigerode ❽

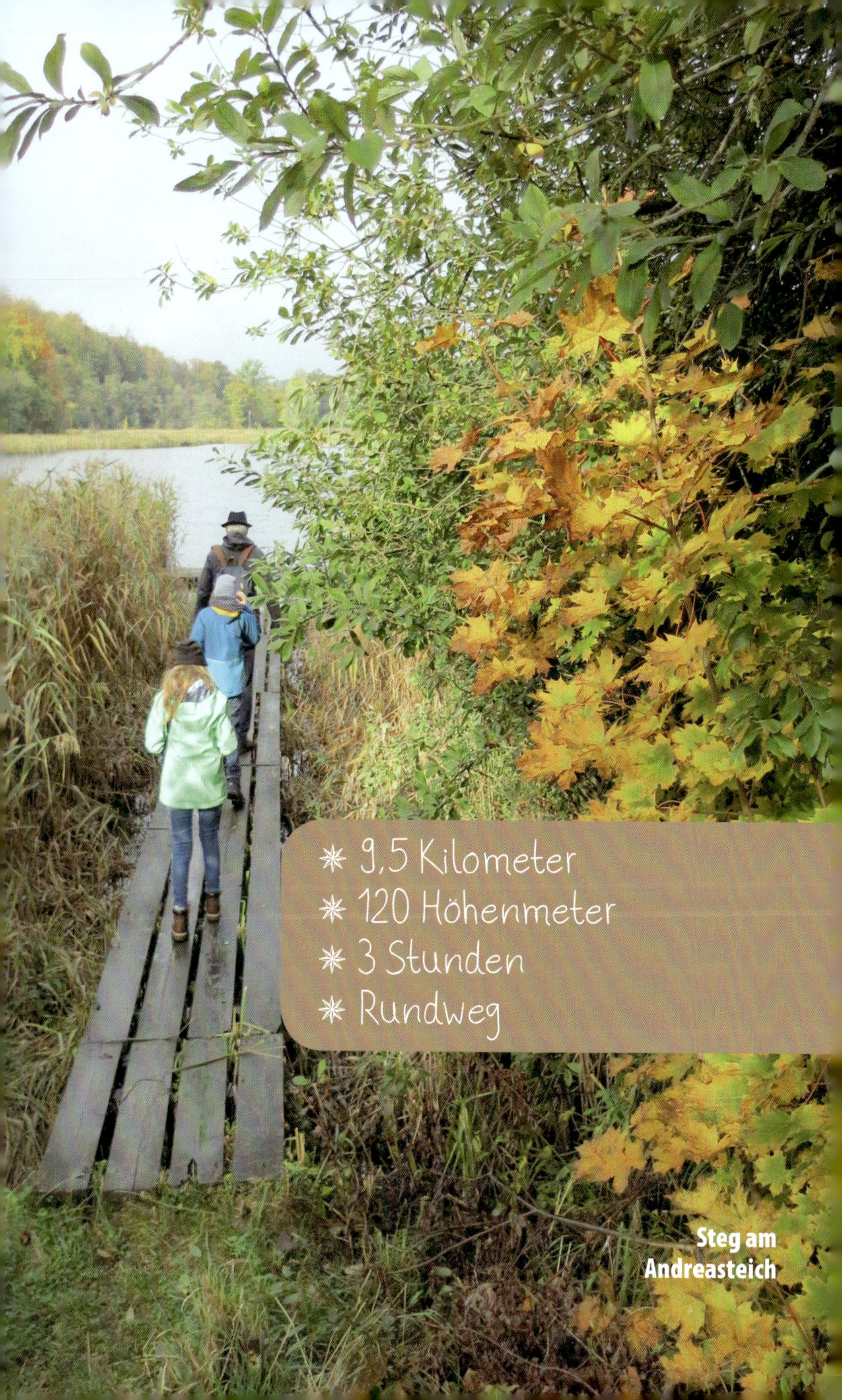
* 9,5 Kilometer
* 120 Höhenmeter
* 3 Stunden
* Rundweg
Steg am Andreasteich

Vom Klosterparkplatz Walkenried gehen wir Richtung Westen, durch die Öffnung in der **Klostermauer**, auf einen gepflasterten Weg. Diesem folgen wir bis zum **Welterbe-Infozentrum** ①, das wir wie die anderen Sehenswürdigkeiten nach dem Wandern besuchen wollen. Vor dem Gebäude wenden wir uns am Steinweg nach rechts. Dort befinden sich das **Klostercafé** ②, das **ZisterzienserMuseum Kloster Walkenried** ③ und dahinter die **Ruinen der Klosterkirche** ④, die aussehen, als hätte jemand einen großen Lego-Turm angefangen und nicht zu Ende gebaut.

*Die Ruinen stammen von der gotischen **Klosterkirche Walkenried**. Die Kirche wurde 1290 geweiht. 1127 stiftete Adelheid von Walkenried das Kloster. Heute ist es Weltkulturerbe, mit einem sehenswerten Kreuzgang und zahlreichen Fischteichen um das Kloster.*

Wir gehen am Eingang zum Museum vorbei, biegen links ab, treffen auf das Restaurant Bischoffs Eck und wandern die nächste Straße, die **Schloßstraße**, wieder nach links. Wir gehen am Zaun des weitläufigen Weltkulturerbe-Gebäudes entlang und stoßen auf das ehemalige Jagdschloss, heute ein Hotel. Dort biegen wir nach rechts in die **Turmstraße**. Wir folgen ihr entlang der Klostermauer und vorbei an der **Klostergärtnerei**. Auf Höhe zweier Garagen am Ende der Mauer, überqueren wir die Straße und biegen nach links. Erst

Im Paradies

Teiche und Pfade um Walkenried

gehen wir ein paar Meter auf Kopfsteinpflaster, dann auf einem **Wiesenweg**, der zu einer Hauseinfahrt führt. Wir folgen dem Trampelpfad auf der rechten Seite der Einfahrt, der zwischen den Zäunen der Grundstücke entlangführt. Rechts und links befinden sich **Wiesen**, darauf wachsen Bäume. Der Trampelpfad ist in einen

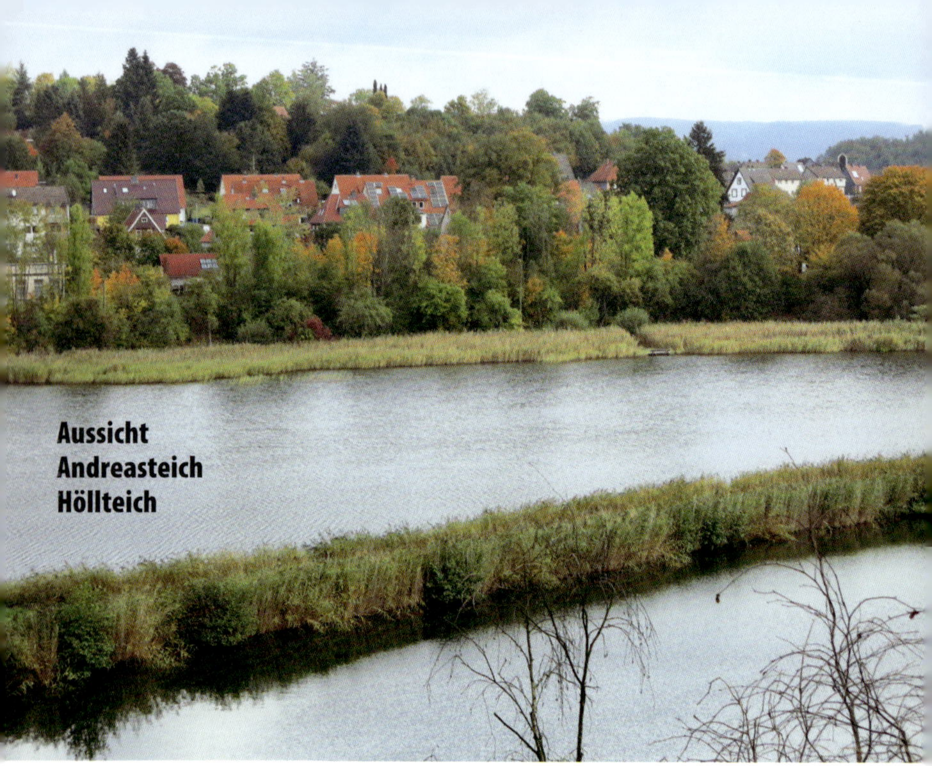

etwas breiteren Weg übergegangen, der stellenweise mit Gras bewachsen ist. Wir stoßen auf ein Bahngleis, dem wir bis zu einem kleinen Haus mit der Aufschrift Walkenried folgen. Hier halten wir uns rechts, gehen wieder ein paar Meter auf dem Wiesenweg, zu unserer Linken der Röseteich, und stoßen auf die **Bahnhofsstraße**. Wir bewundern die Modellbahn in einem der Gärten, gehen links und überqueren die **Gleise**. Wir folgen einem **Wanderweg** auf der rechten Seite unmittelbar an der Landstraße Richtung Neuhof, kommen erst am **Andreasteich** vorbei, zu dem ein Holzsteg führt, dann am schilfbewachsenen **Höllteich**.

Hinter dem zweiten Teich gehen wir nach rechts und betreten das Naturschutzgebiet Priorteich/Sachsenstein, das zum **Grünen Band** der ehemaligen innerdeutschen Grenze gehört. Wir kommen auf einen wunderschönen Pfad, der durch Laubwald führt. Wir folgen dem roten Querbalken mit weißem K, der Markierung des **Karstwanderweges**. Karst bedeutet, dass lösungsfähiges Gestein mit Wasser zusammenkommt. Hier ist es Anhydrit, aus dem mithilfe von Wasser Gips entsteht. Entsprechend ist der Pfad immer wieder mit weißem Gestein durchsetzt. Wir folgen dem ersten Abzweig nach rechts, steil bergauf zum **Höllsteinköpfchen** (5) und biegen noch mal rechts ab zu einem Aussichtspunkt. Dort erwarten uns ein Rastplatz mit Blick auf die Teichlandschaft der Klosteranlage und auf den Ort Walkenried. Dahinter geht es steil bergab. Wir gehen zurück auf den ursprünglichen Pfad, den **Höllstein-Klippenweg**, wandern diesen nach rechts weiter – und kommen auf einen der schönsten Abschnitte der Tour. Der Pfad schlängelt sich durch ein sich selbst überlassenes Waldstück, in dem umgefallene Buchen und Eichen auf dem Boden liegen, bemoost und mit Pilzen bewachsen. Wir stoßen auf eine Senke und erfahren, dass es hier ab 1924 eine Bahn gab. Sie verband den

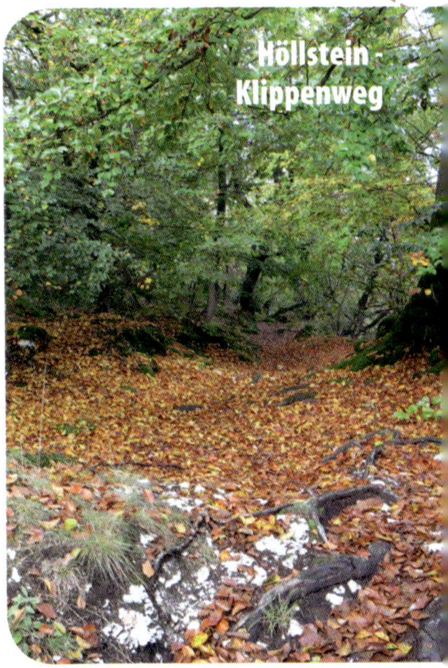

Höllstein-Klippenweg

Für die Seele

Fern vom Alltag wandern wir durch eine abwechslungsreiche Landschaft aus Teichen, Laubwäldern, Steilhängen und einem Waldsee zum Baden.

Gipsabbau am Höllstein mit einem Gipswerk, beides gibt es heute nicht mehr. Hinter der Senke geht es steil nach oben.

Wir befinden uns über dem Ort Walkenried und den Teichen und genießen die Aussicht. Fast 600 Meter folgen wir dem Pfad, bis wir hinter dem letzten Fischteich auf die 850 Jahre alte **Sachseneiche** (6) sto-

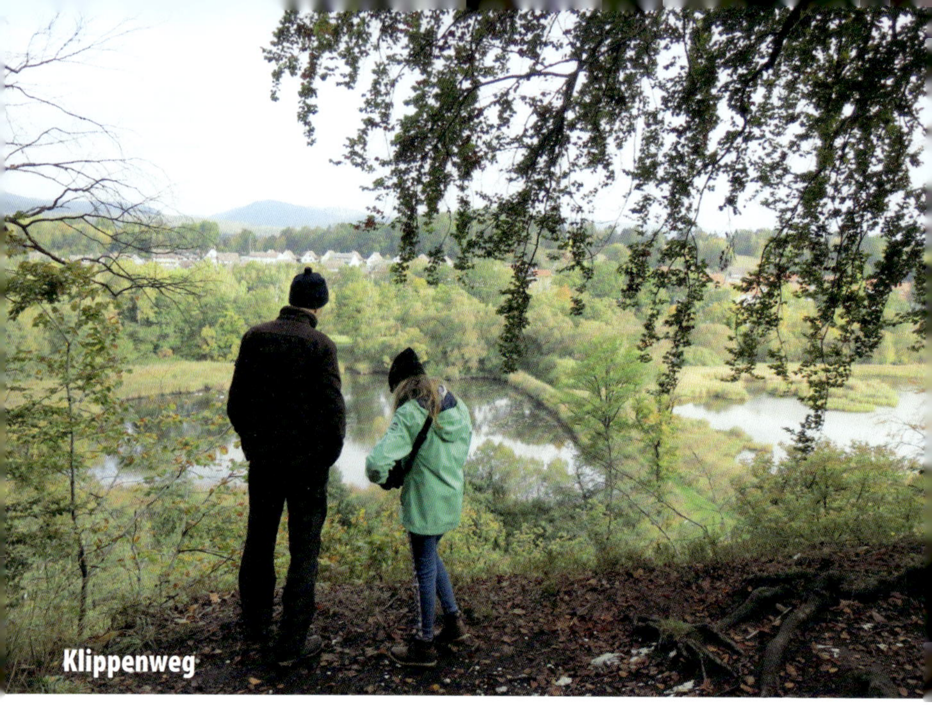
Klippenweg

ßen. Wir wandern den Pfad entlang, bis vor uns eine **Freifläche** auftaucht. Hier biegen wir links auf den Weg und gehen am Waldrand entlang. Hinter der Freifläche befindet sich das Gleis der **Südharzbahn**, die Northeim und Nordhausen verbindet. Wir folgen einer Linkskurve. Der Weg teilt sich, wir gehen links, weiter am Waldrand entlang. Der Weg führt in den Wald und leicht bergauf. An der nächsten Kreuzung gehen wir rechts, Richtung **Helbinghütte**. Rechts von uns befindet sich eine Wiese. Später geht es leicht bergauf. An der Helbinghütte angekommen, gehen wir links und kommen wieder auf den Karstwanderweg. Es geht weiter nach oben. Wir stoßen auf eine Kreuzung und gehen rechts auf den Grenzweg. Nach ein paar Metern stoßen wir auf die **Sachsensteinhütte** 7 und auf mehrere Gipsansammlungen.

Mittags scheint die Sonne auf den freien Platz – das nutzen wir für eine Pause, bei der wir den Blick auf **Bad Sachsa** genießen. An schönen Tagen reicht die Aussicht bis Thüringen. Hier wachsen sogar Orchideen. Der Stempel der Harzer Wandernadel befindet

*Der **Sachsenstein** ist eine 2 Kilometer lange und 40 Meter hohe Steilwand, zwischen der Stadt Bad Sachsa und dem Ortsteil Bad Sachsa-Neuhof. Die Oberfläche besteht aus weißem Gips. Der Sachsenstein ist ein Naturdenkmal, der Gips darf nicht abgebaut werden.*

sich direkt neben der Sachsensteinhütte. Nach der Pause gehen wir zurück zur Helbinghütte und von dort geradeaus weiter. Bald kommen wir an den ersten **Zwergenlöchern** 8 vorbei.

Wir folgen dem **Karstwanderweg**. Der Weg wird schmaler und geht in einen Pfad über. Wir wandern etwa 100 Meter eben, dann bergab und wieder bergauf, bis es erneut bergab und auf die Schienen zugeht. Der Pfad verzweigt sich, wir folgen rechts dem Karstwanderweg, dieser führt in 200 Metern zum **Bahnübergang**. Vorher kommt ein weiteres **Zwergenloch**. Links von uns befinden sich die Gleise, rechts der Wald. Der Pfad führt zu einem unbeschrankten Bahnübergang, wir wandern links und überqueren die Gleise. Wir gehen durch das Drehkreuz, steigen ein paar Stufen hoch und halten uns erneut links, wandern parallel zu den Schienen Richtung **Bad Sachsa-Neuhof**. Der Weg wird breiter und ermöglicht es uns, nebeneinander-

*Es gibt sie nur selten, unter anderem im Harz, in Kanada und in den USA: **Zwergenlöcher**. Wasser lagert sich in das Mineral Anhydrit ein, das sich zu Gips wandelt. Dabei vergrößert sich das Volumen, die Oberfläche hebt sich, es entstehen Hohlräume: die Zwergenlöcher.*

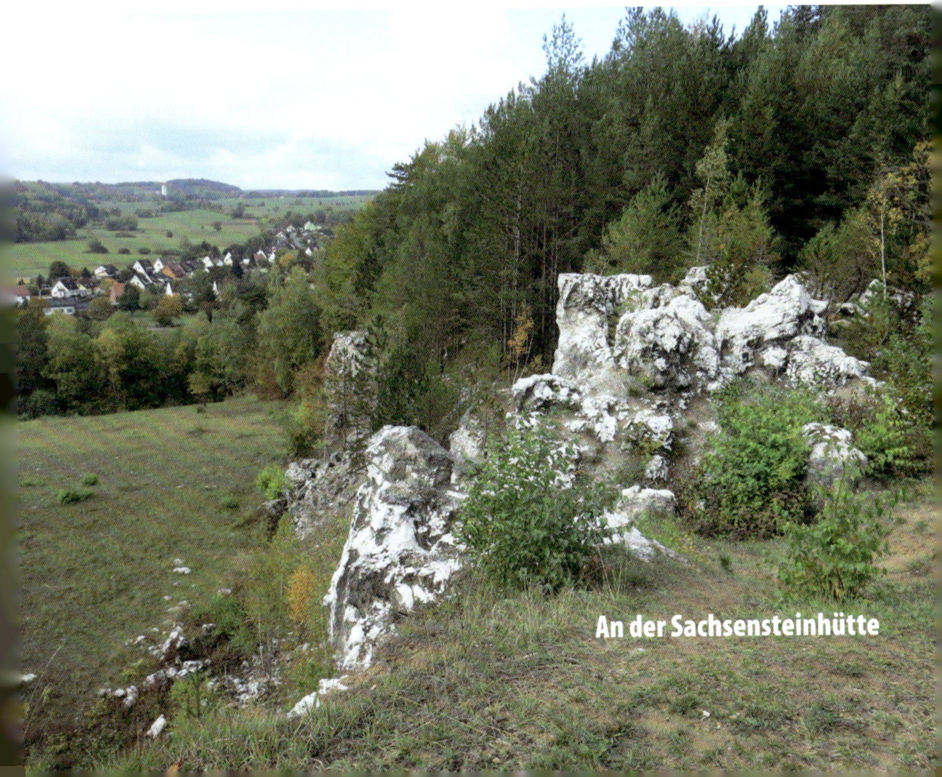

An der Sachsensteinhütte

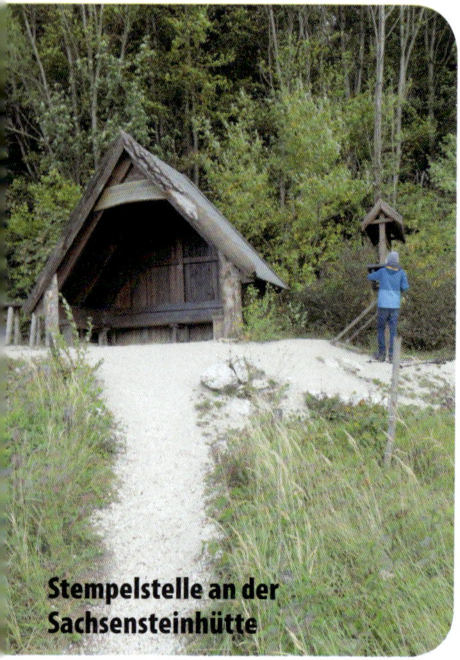
Stempelstelle an der Sachsensteinhütte

zugehen. Wir biegen rechts in den Wald auf einen anfangs mit Gras bewachsenen Weg und wandern Richtung Priorteich. Erneut stoßen wir an eine Kreuzung und ein Naturschutzgebiet-Schild, biegen auf den rechten Weg ab, folgen wieder der Beschilderung des **Karstwanderwegs**. Hier stehen hohe alte Eichen. An der nächsten T-Kreuzung biegen wir rechts ab. Auf der rechten Seite kommt eine kleine **Freifläche** mit vielen Birken drumherum. Aus dem Weg ist inzwischen ein Pfad geworden. Wir gehen am Zaun des **Waldschwimmbades Priorteich** 9 entlang. Baden gehen können wir nicht, es ist außerhalb der Saison. Wir hören Enten und Schwäne rufen. Jetzt haben sie den Teich für sich. Der Weg verzweigt sich, wir gehen rechts um das Gelände des Priorteichs herum. Der Teich glitzert in der Sonne. Zwei Bänke mit Blick aufs Wasser wollen uns zu einer Pause verführen. Wir gehen geradeaus. Es geht bergab und am Ende des Teiches an einer T-Kreuzung links. Bald folgt der **Affenteich**. Die Teiche dienen unter anderem auch Insekten als Lebensraum. Genaueres erfährt man auf einem Infoschild des Naturschutzgebietes. Am Ende des Affenteiches gehen wir links, kommen an einem Tümpel vorbei und sehen vor uns den **Eckteich**. Kurz bevor wir ihn erreichen, biegen wir rechts auf einen Pfad Richtung Park ab. Wir gehen ein paar **Holzbohlen** nach oben, die wie eine Treppe angeordnet sind. Danach folgen wir einem ebenen Pfad. Wir kommen an Häusern und Abzweigen vorbei, gehen links auf einen **Waldspielplatz**, an dem Pfosten die Autos am Durchfahren hindern.

Gleich hinter dem Spielplatz biegen wir rechts auf einen asphaltierten Weg in den Stadtpark, der bergauf führt. Von oben blicken wir auf Walkenried und die umliegenden Hügel. Wir kommen an einigen **Holzhütten** vorbei, an eine Kreuzung, an der wir den zweiten Weg links abbiegen. Dieser Weg wird breiter und mündet schließlich in eine T-Kreuzung. Hier halten wir uns links und gehen den asphaltierten Weg bergab. An der nächsten T-Kreuzung verlassen wir den Park und wandern rechts auf den weiterhin leicht bergab führenden Schotterweg, gehen dabei am Park entlang und am **Friedhof** vorbei. Hinter dessen Parkplatz gehen wir links auf eine Asphaltstraße. Von hier oben sehen wir bereits die Ruinen des Klosters. Wir nehmen links den Fußweg, stoßen auf die Ecke der Straßen **Am Geiersberg** und **Blankenburger Straße**, überqueren diese und gehen auf der anderen Seite eine **Treppe** hinunter. Links von uns befindet sich eine **Schule**. Auf ihrer Höhe gehen wir rechts in den Schulweg. An dessen Ende biegen wir links ab und wandern weiter, bis wir auf die Hauptstraße, die Harz-

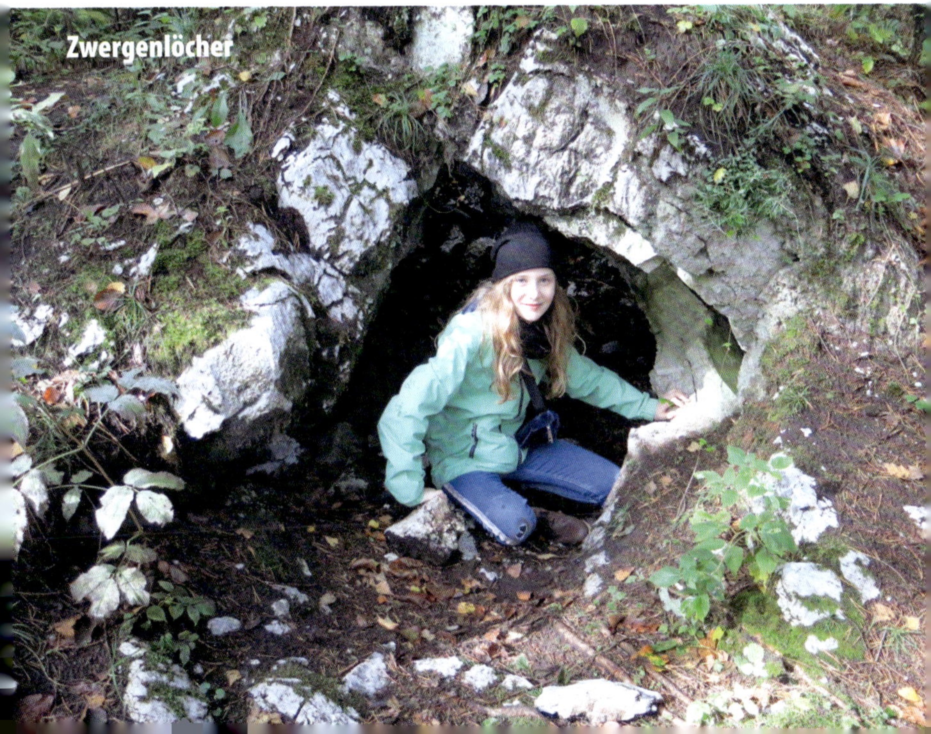
Zwergenlöcher

straße, stoßen. Dort gehen wir nach rechts, auf das **Stadttor** zu, schreiten hindurch und landen am Pfarrplatz. Wer nach getaner Wanderung etwas essen möchte, hat hier viele Möglichkeiten: Hungrige Wandernde sind beispielsweise bei italienischer Küche im **La Locanda** ⑩ oder im **Japanischen Restaurant Klosterhof** ⑪ gut aufgehoben. Wer nichts essen will, geht rechts in die **Schloßstraße**, zu den Fachwerkhäusern, dann am Abzweig links auf den Mühlplatz. Jetzt ist Zeit, das Kloster mit seinem Kreuzgang über das Klostermuseum oder zumindest das eintrittsfreie Welterbe-Zentrum anzusehen und einen Kaffee zu trinken. Alternativ geht es hinter den Gebäuden links zurück zum Parkplatz.

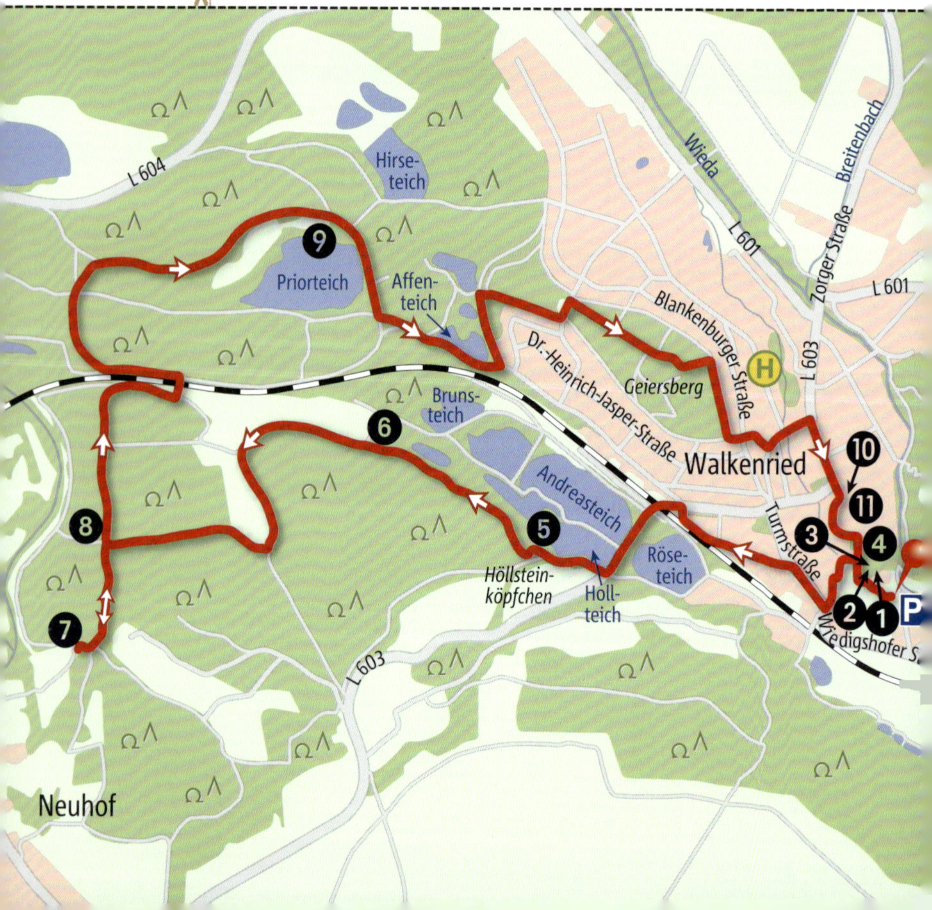

Alles auf einen Blick

WIE & WANN:
Zum Teil schwierige Pfade an Steilhängen, das heißt Trittfestigkeit erforderlich. Daneben viele Wege und auch Straßen im Ort. Ganzjährig begehbar, beste Wanderzeit von April bis Oktober

HIN & WEG:
Auto: Parkplatz Schützenplatz, 37445 Walkenried (GPS: 51.58333, 10.62337)
ÖPNV: Busse 470, 472 bis Haltestelle Grundschule, Walkenried

ESSEN & ENTSPANNEN:
Klostercafé ❷ Steinweg 4 a, 37445 Walkenried, Tel. (05 52 5) 13 16, www.kloster-walkenried.de
La Locanda ❿ Pfarrplatz 4, 37445 Walkenried, Tel. (0 55 25) 99 96 75, www.catering-südharz.de
Japanisches Restaurant Klosterhof ⓫ Pfarrplatz 8, 37445 Walkenried, Tel. (0 55 25) 8 23 49 51, www.klosterhof-walkenried.de

ENTDECKEN & ERLEBEN:
Welterbe-Infozentrum ❶
ZisterzienserMuseum Kloster Walkenried ❸
Ruinen der Klosterkirche ❹

Entspannung ★★★★★
Genuss ★★★★☆
Romantik ★★★★★

Höllsteinköpfchen ❺
Sachseneiche ❻
Sachsensteinhütte ❼ Stempel 166, Harzer Wandernadel
Zwergenlöcher ❽
Waldschwimmbad Priorteich ❾

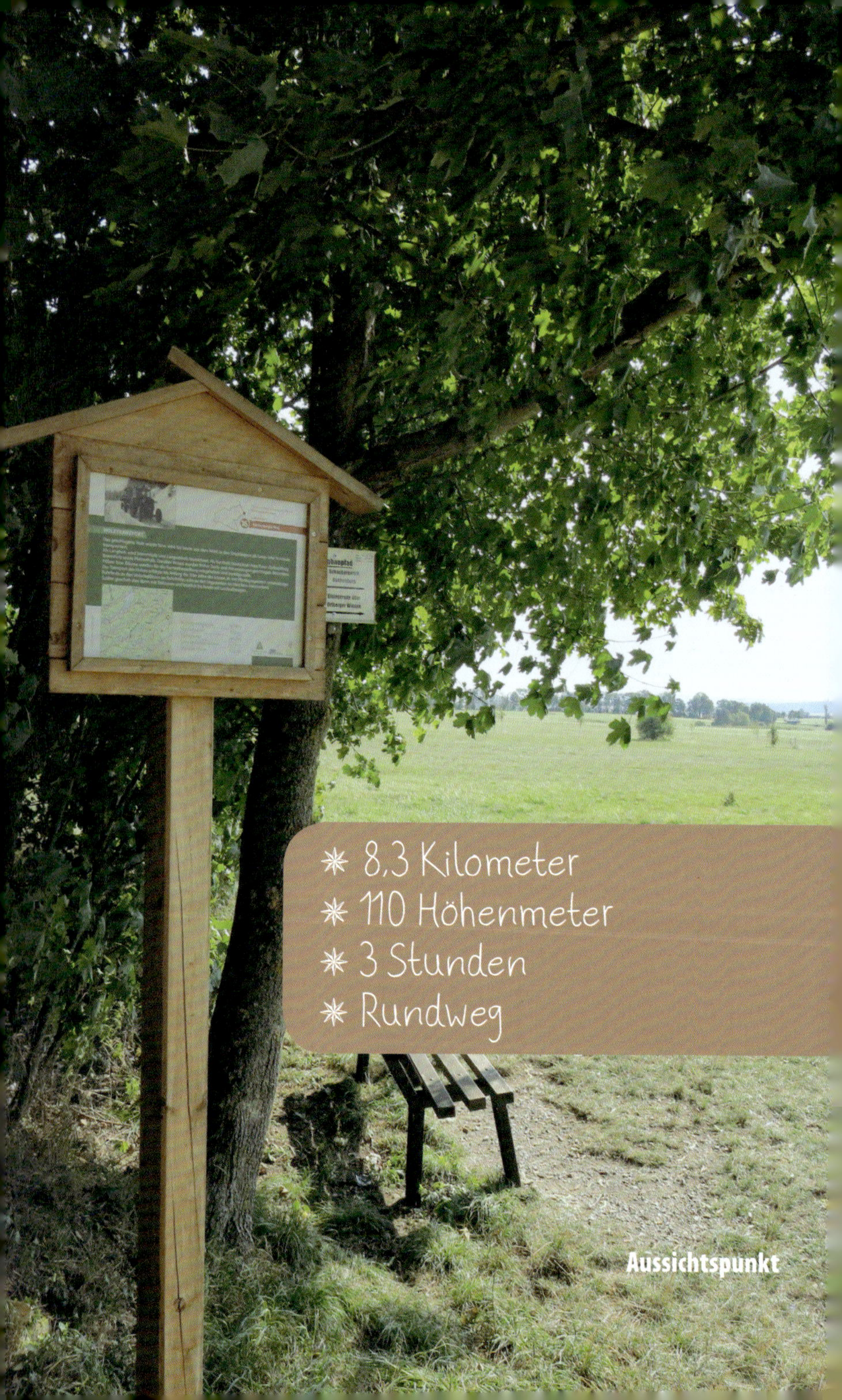

* 8,3 Kilometer
* 110 Höhenmeter
* 3 Stunden
* Rundweg

Aussichtspunkt

Bevor wir starten, besichtigen wir das evangelische **Diakonissen-Mutterhaus** ❶. Es wurde in der Zeit von Anfang bis Mitte der 1930er-Jahre im Bauhaus-Stil errichtet. Die in der Diakonie tätigen Frauen haben schon damals nachhaltig gedacht: Sie nutzen bis heute überschüssigen Dampf, um ein 20 mal 6 Meter großes Schwimmbad im Haus zu heizen.

Nachdem wir uns das Gebäude angesehen haben, gehen wir zur Straße und rechts Richtung Wald. Wir kommen am Schild „Brockenstraße 6, Parkplatz Gästehaus" vorbei und biegen ein paar Meter dahinter rechts in einen geschotterten Wanderweg, den **Forstthematischen Rundwanderweg**. Er ist beschildert und führt in Richtung Drei-Annen-Hohne und Forstmeister-Schmidt-Weg. Wir stoßen auf ein erstes Informationsschild zum Thema Mischwald. Am Anfang des Weges befinden sich viele auffällig hohe Buchen, später sind es vor allem Nadelbäume. Wir folgen dem Weg 1,3 Kilometer, es riecht intensiv nach Nadelholz.

*Im **Diakonissen-Mutterhaus** leben die Schwestern. Zu Führungen über die Geschichte und Architektur des Hauses kann man sich nach Bedarf anmelden. Zum Gelände gehört auch ein Seniorenzentrum.*

Der Weg wird etwas schmaler und geht in einen Pfad über. Man hört Vögel zwitschern und Spechte

Bauhaus im Grünen

Bei Elbingerode im Wald abtauchen

klopfen. Wir kommen an eine **Kreuzung** und gehen geradeaus weiter. Nach einigen Metern kreuzen wir eine ausgeschilderte Winterwander-Loipe, die man kaum sieht, so überwuchert ist sie mit Brombeersträuchern. Hier wächst auch viel Moos. Die Gegend scheint feucht zu sein. Wir kommen an eine **T-Kreuzung**, biegen links

*Um Elbingerode wurde bis 1970 **Eisenerz** abgebaut. Zum Sichern von Stollen und Schächten benötigte man langfaseriges Holz aus Fichten, die Holzkohle zum Verhütten wurde aus Laubbäumen wie Buchen, Eichen, Ahorn und Eschen gewonnen.*

ab und gehen direkt auf das nächste Schild des Wanderwegs zu. Die Grenzsteine, die sich in dieser Gegend befinden, sind alt: Sie markierten, ob die Reviere zum Herzogtum Braunschweig oder zum Königreich Preußen gehörten. Die Grenze ging direkt hier entlang. Kurz danach verzweigt sich der Weg. Wir folgen rechts der kurvenreichen Schotterstraße.

Die Brockenbahn tutet und wir kommen auf eine **Freifläche**, die mit dem Grün junger Fichten und dem dunklen Rosa des Schmalblättrigen Weidenröschens geschmückt ist. Wir stoßen auf Standort 8 des Rundwanderwegs. Hier befindet sich ein kleiner Tümpel, ein eigens angelegtes **Nassbiotop** für die heimische Flora und Fauna, darunter Erlen und Lurche. Bruch heißt übrigens Nassgebiet, daher kommt der Name Erlenbruch für die zahlreichen Erlen, die hier wachsen. Ein Stück hinter einer Rechtskurve folgen wir rechts dem Schild zur **Zillierbachtalsperre**. Es geht leicht bergab. Die Fichten um uns herum erkennen wir an ihren herabhängenden Zapfen.

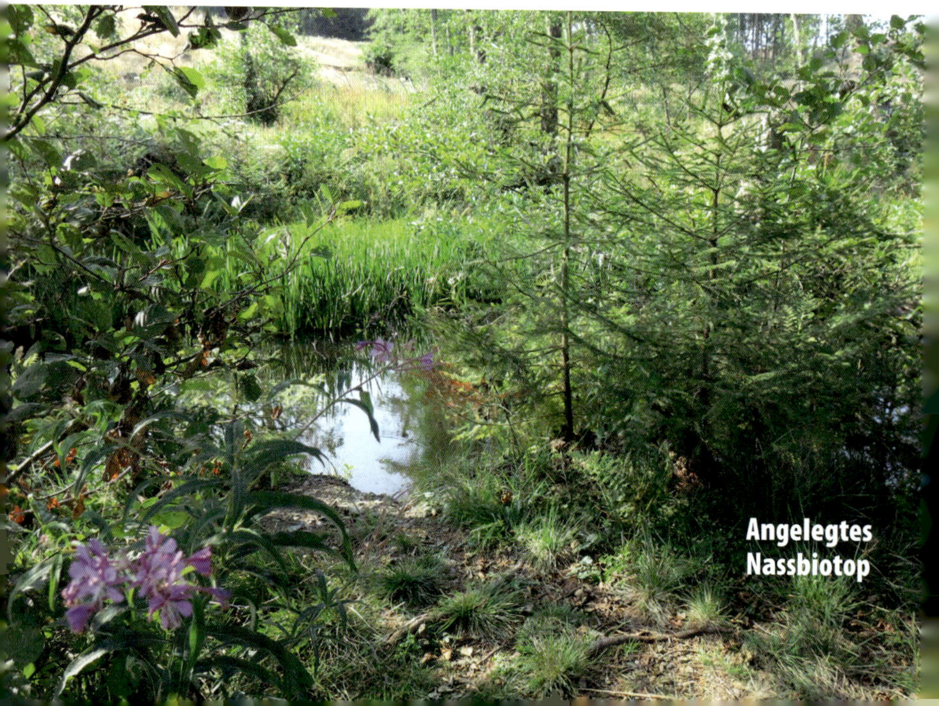

Angelegtes Nassbiotop

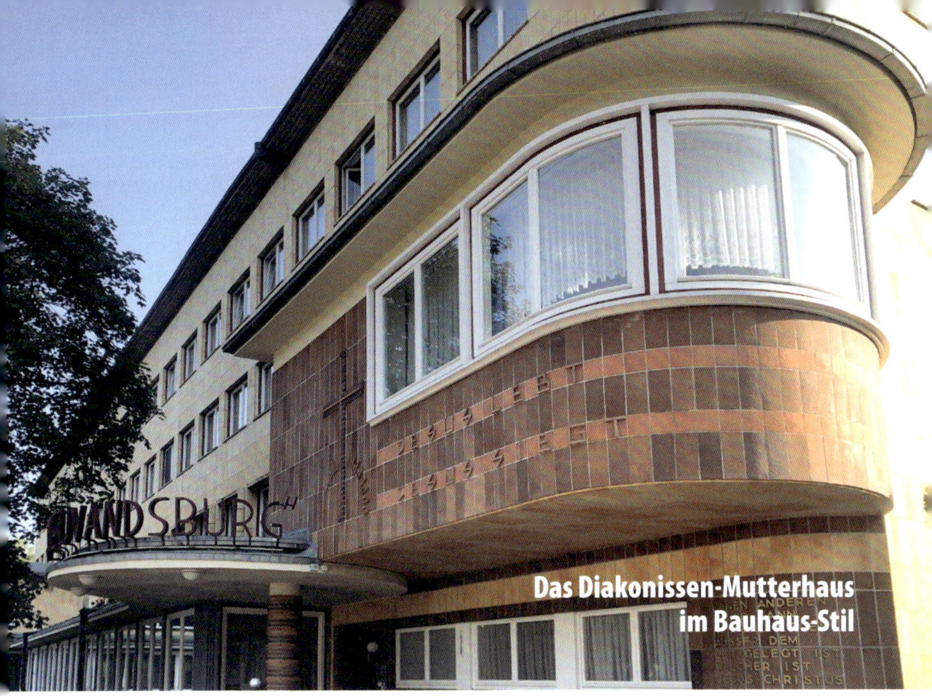

Das Diakonissen-Mutterhaus im Bauhaus-Stil

Zwischen den Bäumen sehen wir unter uns die Talsperre. Wir kommen an eine Kreuzung, an der wir rechts abbiegen. Es geht leicht bergauf. Vor uns taucht ein riesiger Fels auf. Wir folgen dem Weg, gehen an der

Für die Seele

Bauhaus-Architektur bewundern, den weiten Blick von einer Bank unter Bäumen genießen und im Naturbad schwimmen.

Talsperre entlang, bis wir etwa auf ihrer Hälfte angelangt sind. Über das Wasser hinweg sehen wir die Staumauer und ein weißes Häuschen. Hier stoßen wir auf das Informationsschild zum Zillierbach. Wir folgen dem Weg, er macht eine Linkskurve und erreicht eine **T-Kreuzung**. Dort gehen wir rechts, weg von der Talsperre und bergauf. In der Gegend wachsen viele

*Echte **Tannen** nannte man früher Weißtannen, Fichten hießen Rottannen. Wir treffen heute auf beide. Sie lassen sich einfach unterscheiden: Tannen haben aufrechte Zapfen und flache, weiche Nadeln. Fichtennadeln dagegen sind spitz und ihre Zapfen zeigen nach unten.*

junge Ebereschen, aber auch andere Bäume. Nach einer Weile taucht ein unscheinbar wirkender Rundbau aus Holz auf. Wir erfahren, dass es darunter 30 Meter in die Tiefe geht. Die nahe Eisenerzgrube Büchenberg war eines der größten Überwinterungsquartiere für Fledermäuse in Deutschland. Sie wird nicht mehr genutzt und aus Sicherheitsgründen verfüllt. Der **Fledermausbau** ❷ vor uns wurde eigens als Ersatz für die Tiere eingerichtet.

Wir kommen auf eine kleine Freifläche, lassen auf der linken Seite einen Weg liegen und gehen geradeaus weiter auf eine Schotterstraße namens **Forstmeister-Schmidt Weg**, vorbei an Schacht III des ehemaligen Bergbaugeländes Büchenberg. An dieser Stelle wurde Ende des 18. Jahrhunderts der Grenzschacht gebaut und von ihm aus weitere Erzlager Richtung Westen erkundet.

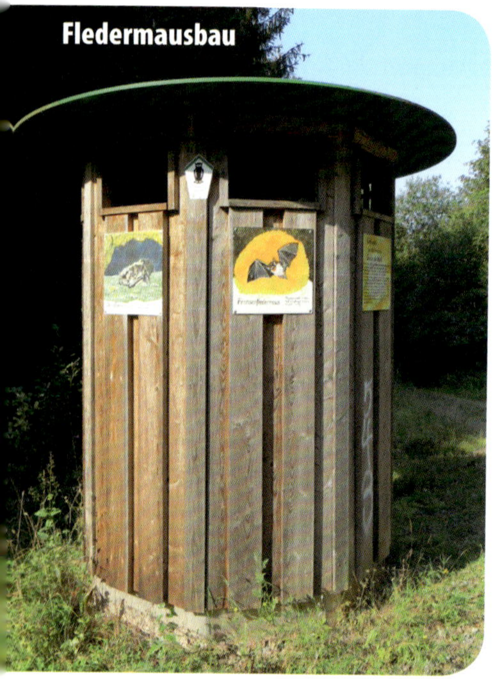
Fledermausbau

Davor befindet sich eine Wiese. Auf dem höchsten Geländepunkt steht ein Holzhäuschen mit einer Warnung vor dem 50 Meter tiefen **Heinrichschacht**. Dieser diente zur Frischluftversorgung des Bergwerks. Von hier aus geht es weiter geradeaus und bergab. Im Schatten wachsen Brombeeren, sie sind noch nass von der Nacht. Bei nächster Möglichkeit biegen wir rechts auf einen Waldweg, der leicht bergauf geht. Wir kommen an Farnen, Brennnesseln und weiteren Brombeersträuchern vorbei, bevor wir zur nächsten Freifläche gelangen. Rechts von uns steht ein gelbes **Holzhaus**. Dahinter biegen wir rechts auf einen breiten Weg ab. Gegenüber stehen ein zweites Gebäude und ein Informationsschild zum Büchenberg.

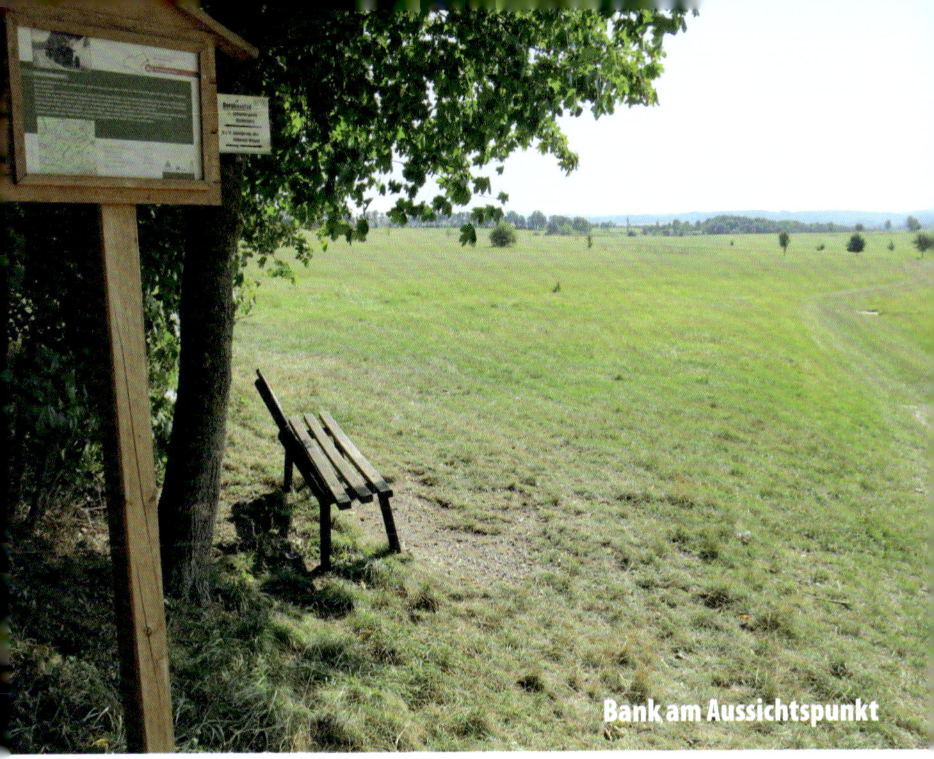

Bank am Aussichtspunkt

Rechts von uns liegt wieder eine Freifläche, über sie hinweg sehen wir bei gutem Wetter den Brocken. Wir kommen an eine Kreuzung mit einer **Nurdachschutzhütte**, gehen geradeaus weiter und folgen dem etwas schmaler werdenden Weg. Kurz danach macht dieser eine Rechtskurve, der wir nachgehen. Links liegt eine Wiese mit einzelnen Bäumen, dahinter befindet sich Elbingerode. Es gibt eine **Aussichtsbank am Waldrand** ③, an der wir freien Blick haben. Ein idealer Pausenplatz. Danach laufen wir am Waldrand entlang, kommen an einer knorrigen, alten Eiche und an einzelnen Bänken vorbei. Auch von dort lässt sich der unverbaute Blick genießen. Wir gehen wieder in den Wald hinein, wandern auf eine T-Kreuzung zu, an der wir links abbiegen und weiter einen Schotterweg langgehen.

Dann geht es über einen **Parkplatz**, der rechts von uns liegt. Unser Weg heißt im Winter Drei-Annen-Hohne-Loipe. Wir folgen dem Holzschild rechts zum **Hirschbrunnen** ④, einem großen gemauerten Brunnen

Am Büchenberg befand sich das größte deutsche ***Eisenerzlager****, dessen Überreste sind noch heute zu sehen. Die Erze wurden über den zuvor begangenen Forstmeister-Schmidt-Weg abtransportiert.*

an einer Quelle. Dort gibt es eine Köte – früher eine Hütte, in der der Köhler wohnte, heute vor allem eine Schutzhütte für Touristen – und einen überdachten Grill- und Pausenplatz. Ideal für ein Picknick. Wir gehen den Weg zurück zum Parkplatz, biegen dahinter rechts ab und treffen auf die Pension Hirschbrunnen, eine ehemalige Waldgaststätte. Dann geht es die Straße **Unter den Birken** auf der Rückseite des Diakonissen-Mutterhauses entlang, nach einer Weile auf Asphalt. Diese führt an zwei gelben Holzhäusern vorbei. Wer mag, zweigt hier links ab ins **Naturbad** 5 Elbingerode. Alle anderen gehen geradeaus, biegen an der Kreuzung rechts auf die **Brockenstraße** und kommen zurück zum Auto.

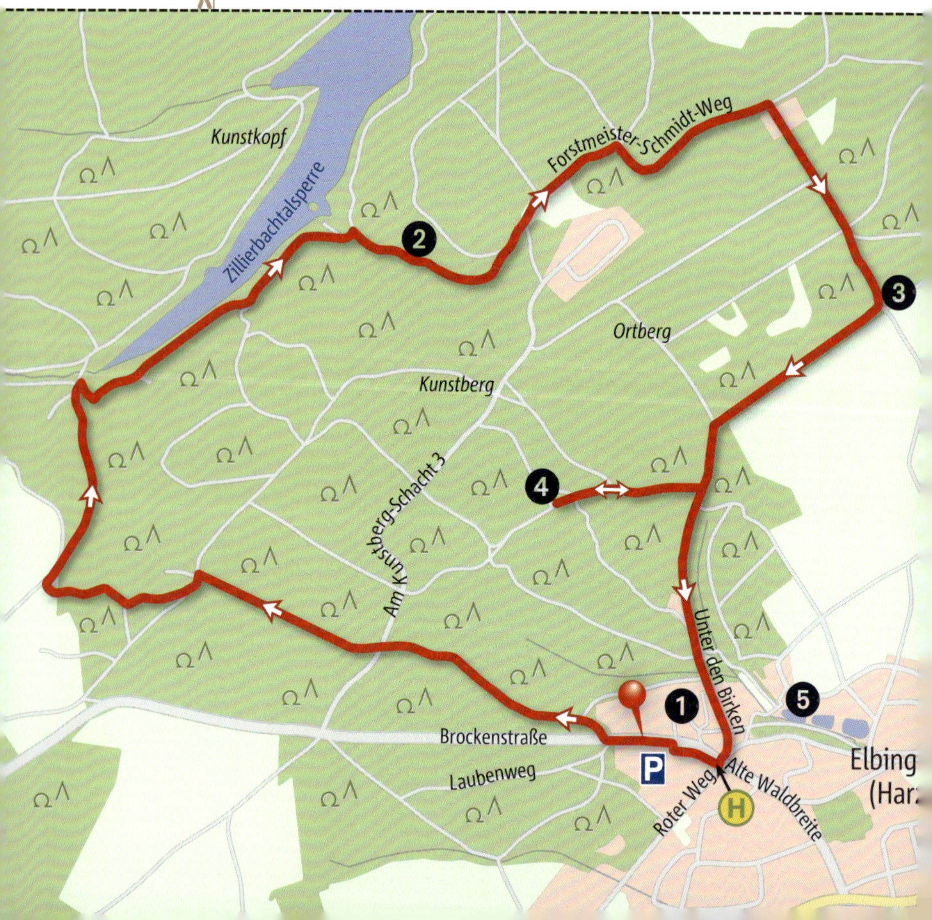

Alles auf einen Blick

WIE & WANN:
Leichte Rundtour, überwiegend auf Wegen. Ganzjährig begehbar, beste Zeit von April bis Oktober

HIN & WEG:
Auto: Brockenstraße, 38875 Oberharz am Brocken OT Elbingerode (Harz) (GPS: 51.773024, 10.788337)
ÖPNV: Busse 261, 264, 265 und 274 bis Haltestelle Elbingerode, Med. Zentrum

ESSEN & ENTSPANNEN:
Bitte an Rucksackverpflegung denken

ENTDECKEN & ERLEBEN:
Diakonissen-Mutterhaus ❶
Fledermausbau ❷
Aussichtsbank am Waldrand ❸
Hirschbrunnen ❹
Naturbad Elbingerode ❺

Entspannung ★★★★☆
Genuss ★★★☆☆
Romantik ★★★☆☆

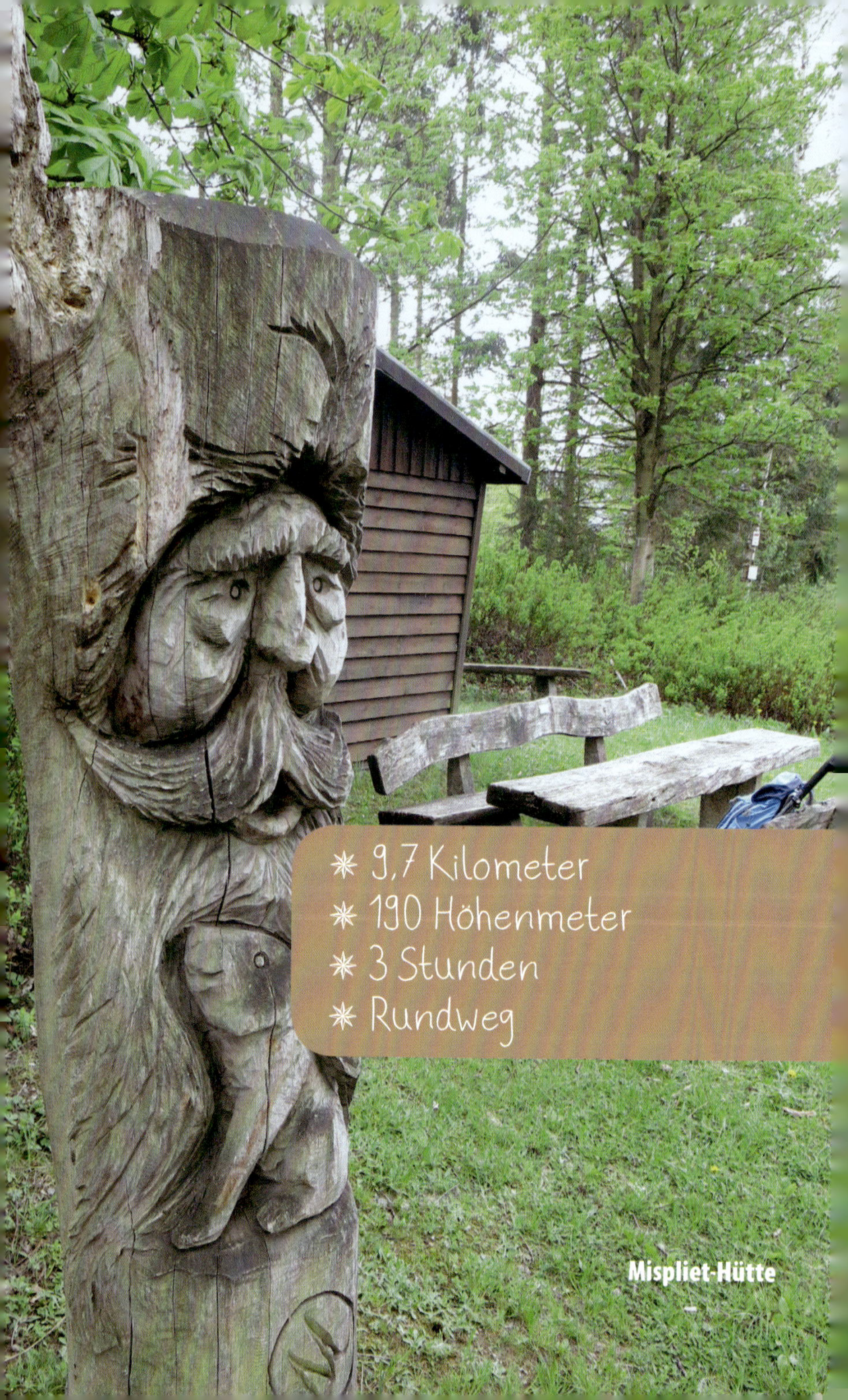

* 9,7 Kilometer
* 190 Höhenmeter
* 3 Stunden
* Rundweg

Mispliet-Hütte

Wir fahren am Wolfshagener Waldbad vorbei und biegen dahinter links im Wald auf einen großen **Parkplatz**. Unser Wanderweg beginnt am oberen linken Ende. Es geht gleich zu Anfang bergauf, einen Bach entlang. Eine **Wassertretstelle** lenkt uns von der Anstrengung ab. Wir wandern durch Wälder mit Birken, Buchen, Fichten und anderen Laub- und Nadelbäumen. Vögel zwitschern, vom Ort herauf hört man Hunde bellen. Am Wegesrand blühen weiße Sternmieren, Gänseblümchen und gelber Löwenzahn. Wir kommen an eine Kreuzung, gehen geradeaus auf einer breiteren Waldstraße bergauf.

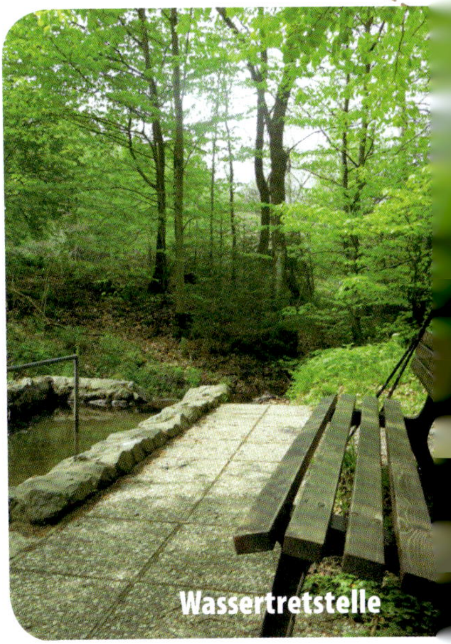
Wassertretstelle

An einer T-Kreuzung biegen wir rechts ab und erreichen die **Mispliet-Hütte** – den ersten Pausenplatz. Anschließend gehen wir von der Hütte aus zurück, biegen aber nicht links ab, sondern wandern an der T-Kreuzung weiter geradeaus auf der breiten Waldstraße, auf der der mit ei-

Die Natur übernimmt

Steinbruch-Biotop in Wolfshagen

nem Eichenblatt markierte **Försterstieg** und der Grenzweg entlangführen.

Wir gehen neben einer **Freifläche**, auf der junge Ebereschen und Buchen und andere neue Bäume wachsen. Es geht im Wechsel bergab und bergauf, vorbei an einem großen Stein mit der Aufschrift

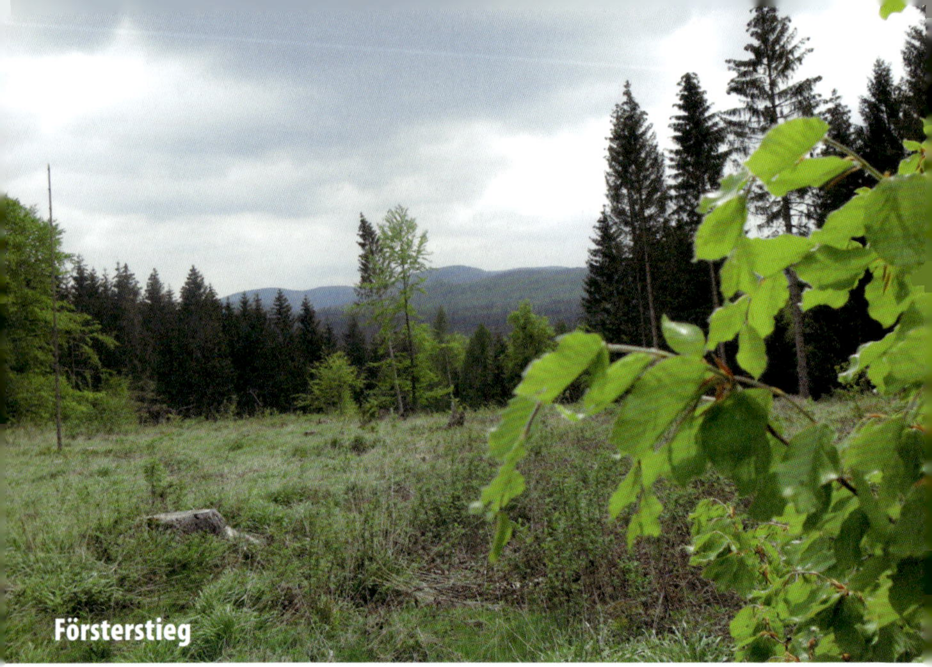

Försterstieg

Grenzweg. An der dahinterliegenden Kreuzung gehen wir geradeaus. Links führt ein Weg zu einer Hütte, an der Hochsitze gebaut werden. Nach einer Weile können wir rechts durch die wenigen Bäume bis zum **Granestausee** blicken. Am Ende der **Waldstraße** führt diese einige Meter steil bergab und verzweigt sich. Wir folgen ihr nach links, bis wir eine T-Kreuzung erreichen, an der wir erneut links abbiegen. Wir wandern auf einem Waldweg durch schattigen Mischwald, die Bäume reichen bis an den Weg heran. Es geht lange bergab. Ob wir das alles wieder bergauf gehen müssen? Links führt ein Abzweig nach oben. Wir ignorieren ihn und folgen unserem Weg geradeaus und gehen weiter bergab, in Richtung **Scheeptalweg**. Buchen ragen auf, dazwischen verteidigen kurze **Fichten** ihren Platz. Neben dem – zum Glück – breiten Weg geht es steil den Hang hinunter. Wir folgen dem rechten Abzweig und

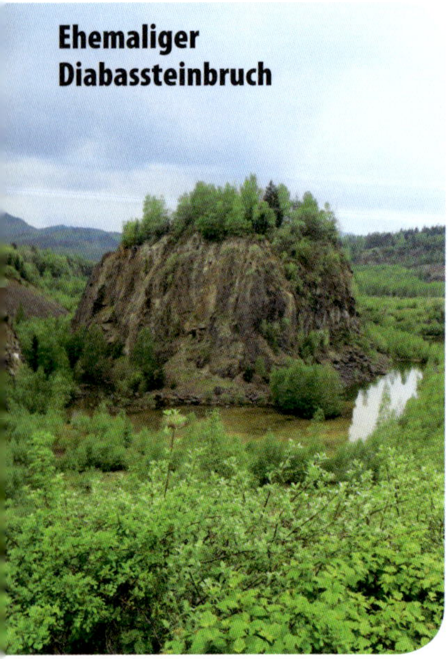

Ehemaliger Diabassteinbruch

kommen zur **Alexander-Hütte** ①. Ein schöner Platz für eine Pause. Vor der Hütte steht eine Bank, dazwischen wachsen vier hohe Buchen. Die Buchen im Rücken geht es geradeaus Richtung **Wolfshagen**. Ab hier ist der Weg eben. Wir kommen an einer weiteren Bank vorbei, stoßen dahinter auf eine T-Kreuzung, an der wir links abbiegen. Auf einem Stein steht, dass es sich dabei um den **Fosseckenweg** handelt. Von dort geht es 1,8 Kilometer steil bergauf, bis wir an der Aussichtsstelle am ehemaligen Diabassteinbruch vorbeikommen. Hier machen wir einen Umweg von etwa 600 Metern, der sich unbedingt lohnt. Dafür gehen wir zunächst den Weg weiter. Er macht erst eine deutliche Linkskurve, dann kommen eine sanftere Rechtskurve und ein **Waldbunker**, in dem früher Sprengstoff für das Bergwerk lagerte.

Hinter dem Waldbunker kommen wir an eine T-Kreuzung, kurz davor befindet sich eine neu angelegte **Streuobstwiese** ②. Das ist eine malerische Picknickstelle. Nur regnen darf es nicht, Tisch und Bänke sind nicht geschützt.

*Einst wurde mithilfe von Sprengstoff das Diabasgestein aus dem Fels gelöst. Heute dient der ehemalige **Sprengstoffbunker** den Fledermäusen als ungestörtes und temperaturkonstantes Quartier.*

*Die **Streuobstwiese** gibt es seit 2015. Hier wurden alte, robuste Obstbaumsorten gepflanzt, darunter Kirsche, Apfel, Birne und Pflaume. Es werden keine Pflanzenschutzmittel genutzt und so gibt es dort Schmetterlinge, Hummeln und Käfer.*

Für die Seele

Seltene Tier- und Pflanzenarten, eine Streuobstwiese mit alten Apfel-, Birn- und Kirschbäumen, schattige Buchenwälder und einmalige Ausblicke warten auf uns.

Dagegen ist die Aussichtsstelle am **Diabassteinbruch Heimberg** ③ überdacht. Wir gehen den Weg zurück, biegen bei der zweiten Möglichkeit links ab und stehen an der Aussichtsstelle und der neuen **Fosseckenhütte**, mit der Bank und dem Tisch am geschützten Platz im Freien. Seit 1986 ist der Steinbruch nicht mehr in Betrieb, die Fläche wurde renaturiert. Verschiedene Tier-

und Pflanzenarten haben hier ihr Zuhause gefunden. Wir blicken nach unten auf eine 700 x 500 Meter große Fläche. Darin befinden sich mehrere Quellen, diese umrunden einen 47 Meter hohen Fels.

An der Aussichtsstelle befindet sich die **Stempelstelle Heimberg** der Harzer Wandernadel. An ihr führt ein schmaler Weg vorbei, dem wir leicht bergauf bis zu einem Infoschild folgen. Dahinter geht es bergab, der Weg wird schmaler und zum Pfad. Wir folgen dem Pfad zwischen Buchen entlang und auf weichem Waldboden. Hier ist der schönste Abschnitt der Strecke. Die Buchen wachsen dicht am Weg, ihre Blätter schirmen uns an heißen Tagen von der Sonne ab.

__Diabassteine__ entstanden durch untermeerische Vulkanausbrüche als erkaltetes Magma vor Hunderten von Millionen Jahren. Sie sind schwer, druckfest und frostbeständig und werden vor allem für den Straßenbau genutzt.

Wir kommen an eine **Gabelung**, an der wir links abbiegen, und kurz darauf an ein Holzschild mit der Aufschrift Spur der Steine. Wir gehen am Abzweig

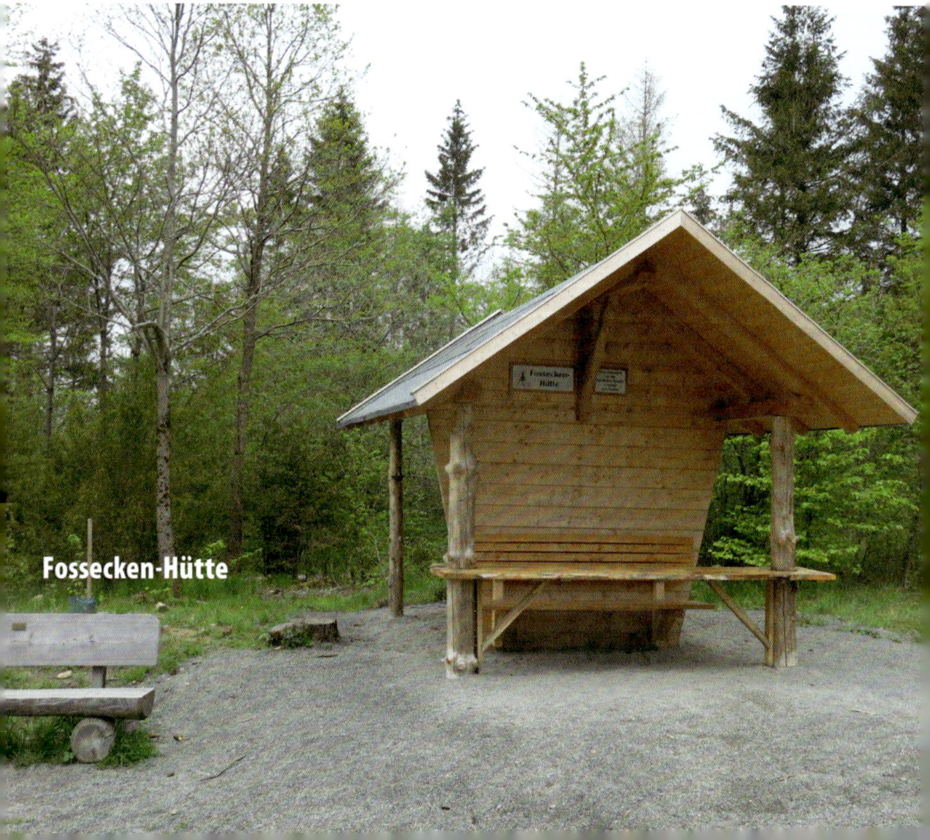

Fossecken-Hütte

Wölfibad

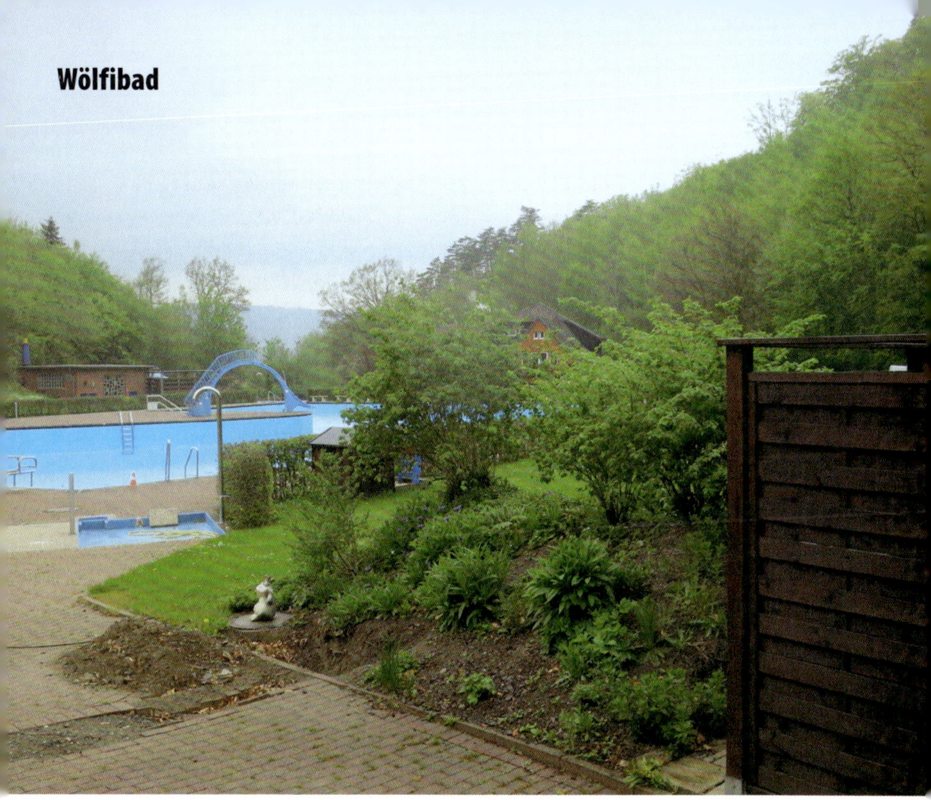

links hoch auf eine Treppe und dann wieder links bis zu einem weiteren Aussichtspunkt.

Dort stehen Bänke um einen großen Tisch. Anschließend gehen wir wieder zurück, am Abzweig führt uns die Treppe rechts wieder nach unten.

Wir gehen links auf einen Pfad, der bergab Richtung Wolfshagen führt. Den Abzweig rechts nach knapp 250 Metern ignorieren wir und gehen geradeaus weiter bis zu einem Platz mit Steinhaufen, Lore und Bänken. Wir blicken von oben auf die Häuser von Wolfshagen und auf die umliegenden Berge, gehen über den Platz und folgen weiter dem Schild Spur der Steine. Der Weg verzweigt sich, wir gehen rechts eine **Treppe** hinunter, biegen erst rechts und nach ein paar Metern links auf einen Platz. 50 Meter

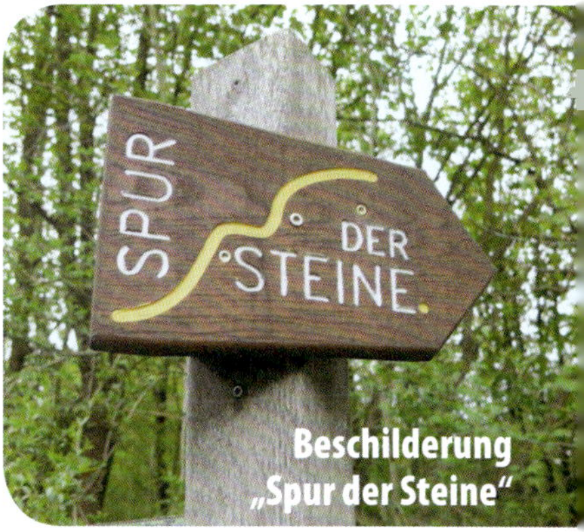

Beschilderung „Spur der Steine"

*Im **Restaurant Tannengrund** kann man unter einer Markise im Garten sitzen. Dort gibt es auch einen Übergang zum Waldbad. Stärken kann man sich mit der Tannengrund-Pfanne: drei Steaks mit Bratkartoffeln, Grilltomate, Bohnen und Champignons.*

weiter geht es wieder nach links, wir folgen der **Spur der Steine** auf einen Pfad. Wir stoßen auf die Straße und gehen dort links. An der Stelle, an der der Gehweg endet, überqueren wir die Straße und wandern rechts in die rot gepflasterte Spielstraße **Am Goldklumpen**. Dort geht es zwischen neu gebauten Häusern nach unten. Wir biegen links in eine gepflasterte Straße, die mit Pollern für Autos gesperrt ist und nach einer Weile in einen Pfad übergeht. An dessen Ende biegen wir links in die Straße **Am Borbergsbach**. Ihr folgen wir gut 200 Meter, kehren im **Restaurant Tannengrund** 4 ein oder erfrischen uns im danebenliegenden **Waldfreibad Wolfshagen** 5. Danach gehen wir links zum Parkplatz.

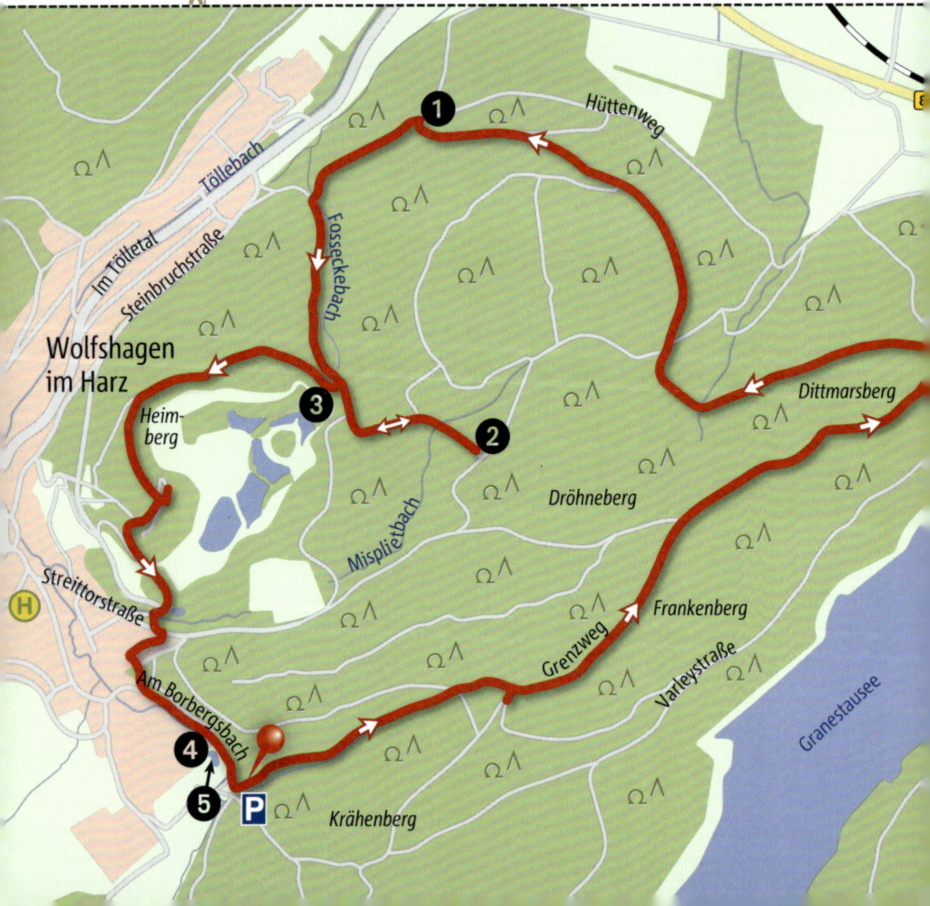

Alles auf einen Blick

WIE & WANN:
Leichte und abwechslungsreiche Wanderung auf Pfaden, Wegen und Waldstraßen, ganzjährig begehbar, schönste Wanderzeit im Frühjahr, während auf der Streuobstwiese die Obstbäume blühen

HIN & WEG:
Auto: Parkplatz hinter dem Waldbad, 38685 Wolfshagen im Harz OT Langelsheim (GPS: 51.901827, 10.331835)
ÖPNV: Bus 832 bis Haltestelle Wolfshagen Triftweg, Langelsheim

ESSEN & ENTSPANNEN:
Hotel und Restaurant Tannengrund ❹ Am Borbergsbach 80, 38685 Wolfshagen im Harz OT Langelsheim, Tel. (0 53 26) 99 80, www.hotel-im-tannengrund.de

ENTDECKEN & ERLEBEN:
Alexander-Hütte ❶
Streuobstwiese ❷
Diabassteinbruch Heimberg ❸ Stempel 109, Harzer Wandernadel
Waldfreibad Wolfshagen ❺

Entspannung ✱✱✱✱✱
Genuss ✱✱✱✱✱
Romantik ✱✱✱✱✱

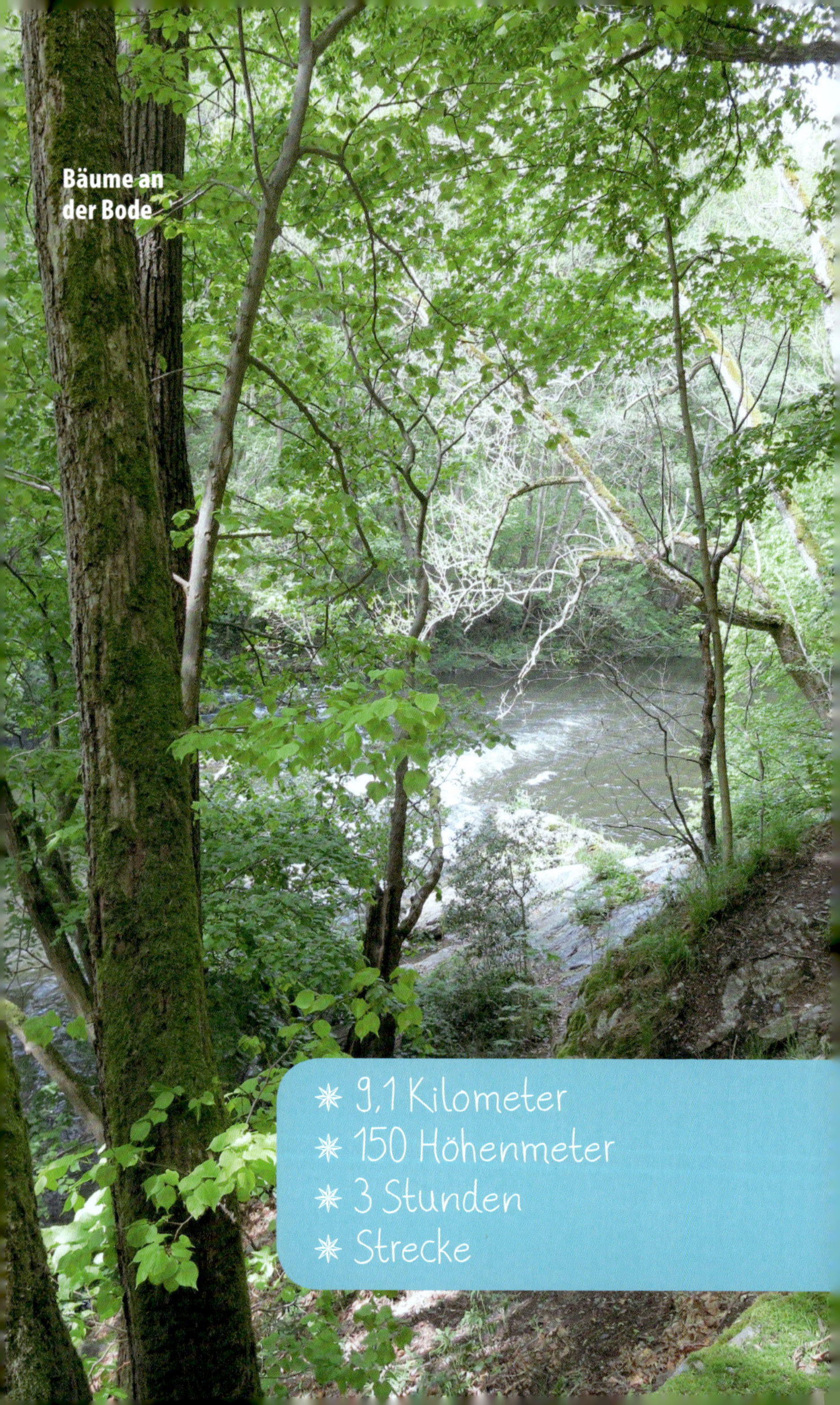

Bäume an der Bode

- 9,1 Kilometer
- 150 Höhenmeter
- 3 Stunden
- Strecke

Am Fluss entlang

Im Naturschutzgebiet Bodetal

Das Bodetal ist seit 1937 Naturschutzgebiet, es soll sich dabei um das gewaltigste Felsental nördlich der Alpen handeln. Es galt als unbezwingbar, bis mit dem Aufkommen des Tourismus erste Wege angelegt wurden. Man kann sich im Bodetal nicht verlaufen: Bis zum Gasthaus Königsruhe nahe Thale gibt es nur einen Weg. Wir starten am Parkplatz in Treseburg gegenüber dem Marktplatz. Den Parkplatz lassen wir auf der linken Seite liegen und wandern auf einer Brücke über den **Fluss Bode**. Am Ende der Brücke biegen wir an der ersten Möglichkeit links ab, stoßen auf eine **Kirche** und einen Wandertreff mit zahlreichen Schildern. Wir gehen wieder über eine Brücke und überqueren die **Luppbode**. Durchs Bodetal führt ein Pfad, mal auf reinem Waldboden, mal mit kleineren oder größeren Steinen durchsetzt. Die Bode rauscht. Sie ist das erste Stück sehr breit. Später wird ihr Rauschen leiser, das Zwitschern der Vögel lauter. Ein Dach aus Blättern spendet Schatten. Einige Trampelpfade führen ans Wasser. Wir halten uns an das Wegegebot im Naturschutzgebiet, bewundern blühende lila Disteln und gelben Hahnenfuß.

Wir stoßen auf die **Sonnenklippe** (1), einen alten knorrigen Baum, der exponiert auf Schiefer wächst. Dort steht auch der **Stempelkasten** der Harzer Wandernadel sowie eine Bank und bietet einen der wenigen **Pausenplätze** auf dem Weg. Die Sonnenklippe ist 1 Kilometer von Treseburg entfernt. Hinter dem Rastplatz führt der Pfad wieder etwas von der Bode weg, kurz

*In den **Steilhängen des Bodetals** wachsen Edellaubbäume wie Ahorn, Linde und Ulme. Die sonst oft dominierende Buche ist für solche Hänge zu anspruchsvoll. Daneben gibt es besondere Pflanzenarten wie Schwarze Teufelskralle, Alpen-Aster und Christophskraut.*

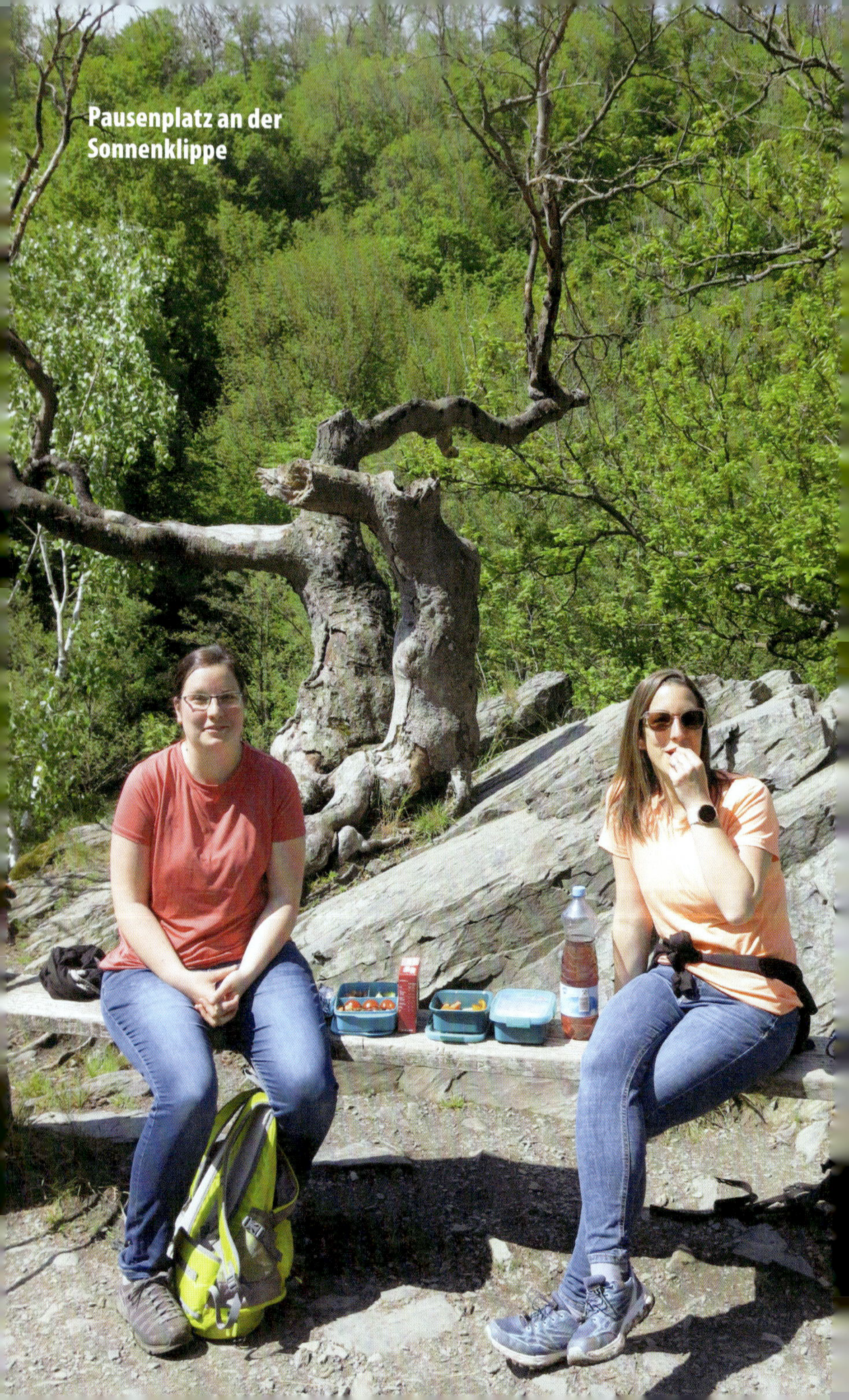

Pausenplatz an der Sonnenklippe

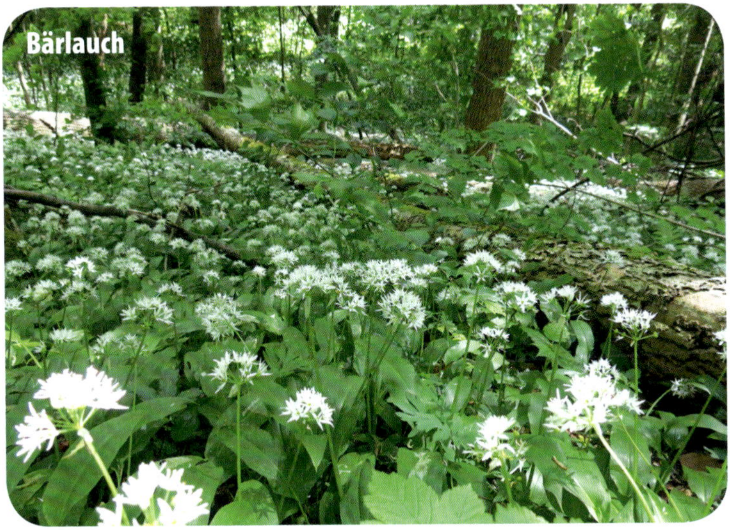

darauf unterqueren wir ein **Holzgestell**. Laubbäume dominieren auf diesem Teil unseres Wegs.

Hier liegt viel **Totholz**, die Stämme der abgestorbenen Bäume sind mit Moos bewachsen. Es ist feucht. Zwischen Felsen wachsen Farne und ebenfalls Moos.

Das Bodetal liegt fern von Straßen, wir hören keine Autos. Der Pfad führt nach einer Weile steil runter zur Bode, der Abschnitt ist mit einem Geländer gesichert. Es geht um einen Felsen, hinein in eine grüne Höhle aus Bäumen. Wir überqueren einen Wasserlauf auf einem Überweg aus Stein. Gleich dahinter liegt eine **Nurdachhütte**, allerdings im Schatten. Es duftet süßlich.

*Die alten **Bäume und Baumleichen** in Naturschutzgebieten locken viele Tiere und Pflanzen an. Dazu zählen holzzersetzende Pilze, Käferarten wie Rosen- und Pinselkäfer, Wildbienen, Waldkäuzchen und Vögel wie Meisen und Stare.*

Für die Seele

Das Plätschern der Bode im Ohr tauchen wir ein in das Naturwunder Bodetal. Wir riechen Bärlauch und Waldmeister, sehen seltene Blumen und edle Laubbäume.

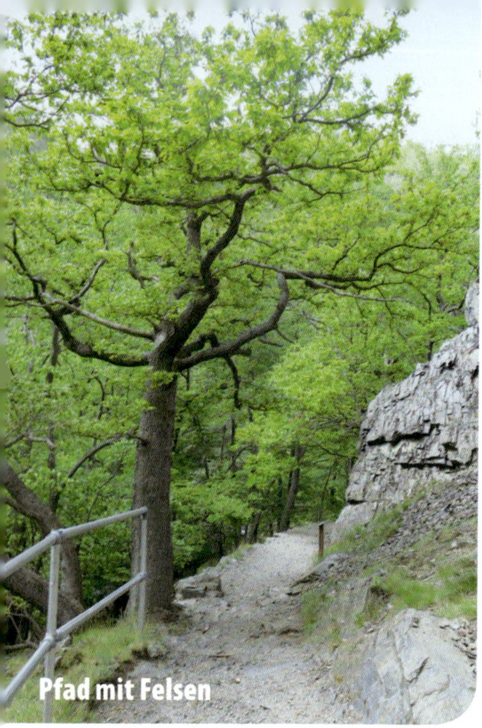
Pfad mit Felsen

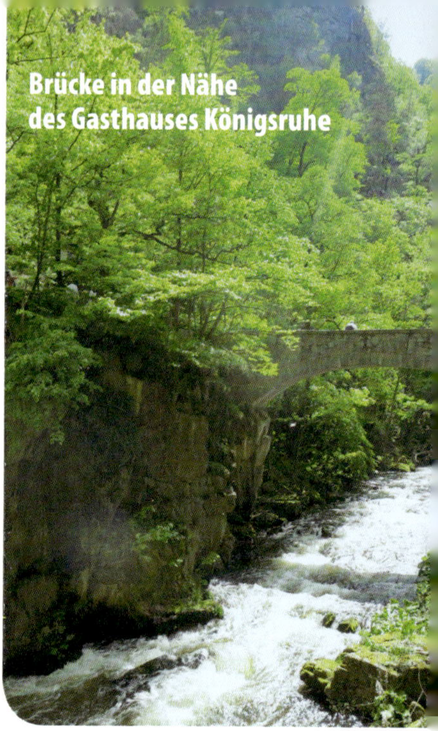
Brücke in der Nähe des Gasthauses Königsruhe

Der Duft geht von einem ganzen Feld blühender Mondviolen aus. Wieder kommen wir an mehreren steil abfallenden Abschnitten des Pfades vorbei, die mit einem Geländer gesichert sind.

Wenig später führt ein Trampelpfad hinunter zum Fluss. Es riecht nach Waldmeister, dieser wächst unten an der Bode. Der Pfad mäandert und geht auf und ab. Er ist der ebenfalls in Kurven verlaufenden Bode mal näher, mal ferner. Es ist Sonntag und so viel los, dass sich hinter den Wandernden schnell mal ein Stau bildet, sobald sie anhalten. Wir kommen an einer der seltenen Bänke vorbei. In der Bode liegen Felsen und bilden dort bewachsene kleine **Inseln**. Sogar ein Baum steht im Wasser, als wollte er sich abkühlen.

Bevor der Bärlauch zu sehen ist, können wir ihn riechen. Da wir uns im Naturschutzgebiet befinden, dürfen wir nichts davon mitnehmen. Es wird felsig und steil. Wir gehen an schützendem Geländer vorbei und über **Stufen** bergab. Später stoßen wir auf Geröll, das von einem steilen Hang ins Tal gerollt ist, und auf einen frei stehenden Baum. Wandernde haben dort Steinmännchen aufgestapelt. Am **Langen Hals** genannten Wegstück kann man an ruhigen Tagen Mufflons oder Wanderfalken beobachten. Stellen, die mit Geländer gesichert sind, wechseln sich ab mit Bergauf- und Bergab-Passagen. Wir befinden uns an einer Aussichtsstelle gegenüber der **Roßtrappe** ❷, einem riesigen Felsmassiv aus Granit, das auf der anderen Seite der Bode über ihr aufragt.

*Der Sage nach verfolgte einst **Ritter Bodo** die schöne Königstochter Brunhilde. Diese floh auf einem weißen Ross. Sie sprang ab und erreichte die andere Seite, während ihr Verfolger in den Fluss stürzte.*

Die einzige Bank gegenüber der Roßtrappe ist oft besetzt. Dahinter geht es über Serpentinen und Stufen hinab zum **Bodekessel**. Hier rauscht ein **kleiner Wasserfall** den Felsen hinunter und sammelt sich unten. Über die **Teufelsbrücke** ❸ überqueren wir die Bode. An den Hängen wachsen Eiben. Ein Stück weiter führt die **Schurre** steil hinauf zur Roßtrappe. Der Weg war aufgrund eines Felsabgangs jahrelang gesperrt. Wir folgen weiter unserem Pfad, gehen über zwei Brücken und durch ein hölzernes Tor, hinter dem eine Bank steht. Je näher wir **Thale** kommen, desto mehr Menschen begegnen uns. Wir ergattern einen Tisch in der **Gaststätte Königsruhe** ❹ und sitzen unter Schatten spendenden Bäumen direkt an der Bode. Bevor wir weitergehen, drücken wir noch den Stempel der Harzer Wandernadel mit der Aufschrift Hirschgrund in unser Wanderbuch. Danach geht es vorbei an einer Brücke, die zu einer Jugendherberge führt, und unter der Seilbahn

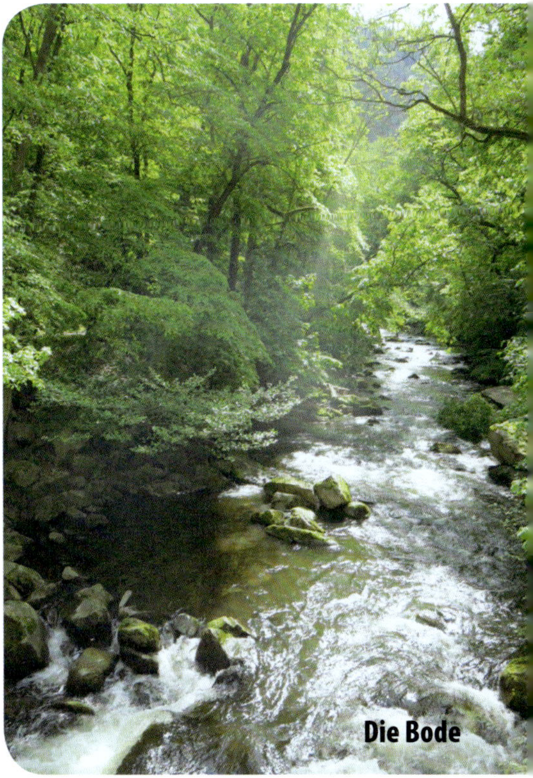

Die Bode

Thale-Hexentanzplatz hindurch. Ein Stück weiter liegen Steine am Rande der Bode, zahlreiche Bänke säumen den Pfad. Der Weg führt geradeaus auf Asphalt weiter, wir stoßen auf eine Art **Freizeitpark** mit verschiedenen Fahrgeschäften. Gegenüber der Talstation der **Seilbahn** biegen wir rechts ab, überqueren die Bode und folgen hinter der Brücke links der **Hubertusstraße**. Wir gehen diese bis zum Park bergauf, rechts gegenüber befindet sich eine Eisdiele. Es geht schräg links in den Park, wir folgen dem gepflasterten Weg und kommen an einer **Kirche** vorbei zum Bahnhof. Rechts vor uns befindet sich das einstige **Hotel Zehnpfund**, 1863 eröffnet und Schauplatz von Theodor Fontanes Roman „Cécile“.

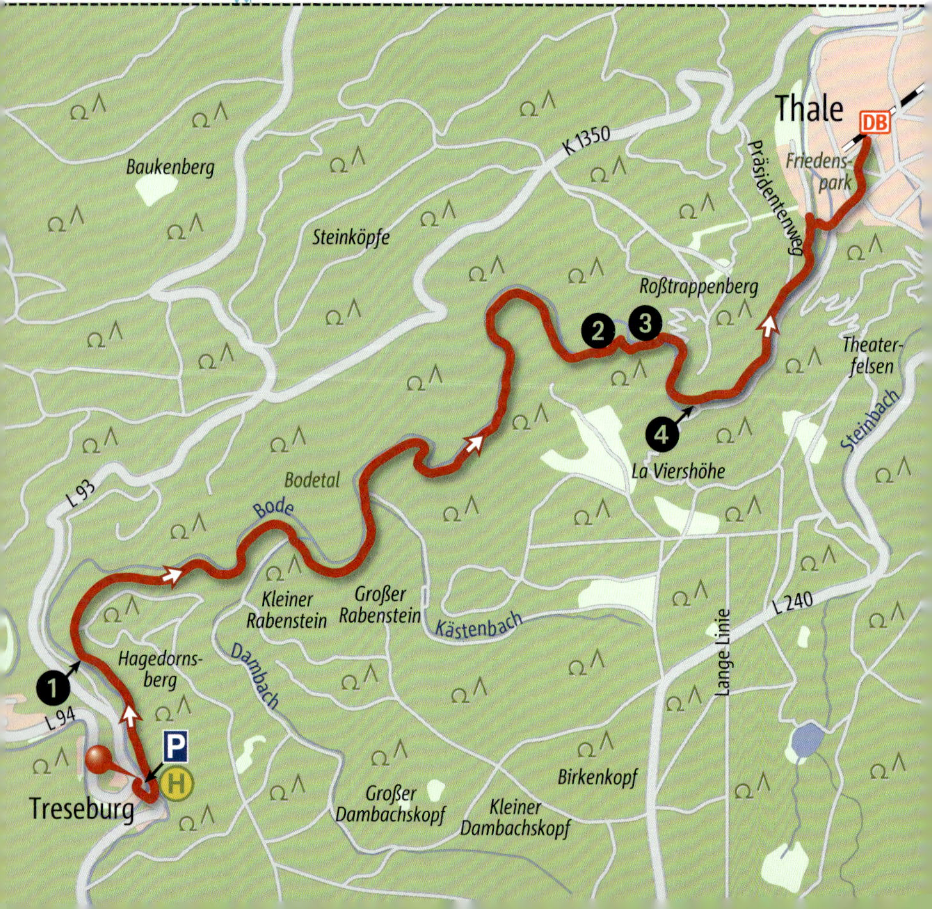

Alles auf einen Blick

WIE & WANN:
Auf einem Pfad mit leichtem Auf und Ab durch das Bodetal. Hier verläuft man sich nicht. Ganzjährig begehbar, beste Zeit von April bis Oktober

HIN & WEG:
Auto: Kostenpflichtiger Parkplatz an der Bode, 06502 Thale OT Treseburg (GPS: 51.71626, 10.97457)
ÖPNV: Bus 257 bis Haltestelle Treseburg Rübezahl, Thale

ESSEN & ENTSPANNEN:
Gaststätte Königsruhe ❹ Hirschgrundweg 1, 06502 Thale OT Treseburg, Tel. (0 39 47) 27 26, www.koenigsruhe.de, Stempel 178, Harzer Wandernadel

ENTDECKEN & ERLEBEN:
Sonnenklippe ❶ Stempel 69, Harzer Wandernadel
Roßtrappe ❷
Teufelsbrücke ❸

Entspannung ✱✱✱✱✱
Genuss ✱✱✱✱✱
Romantik ✱✱✱✱✱

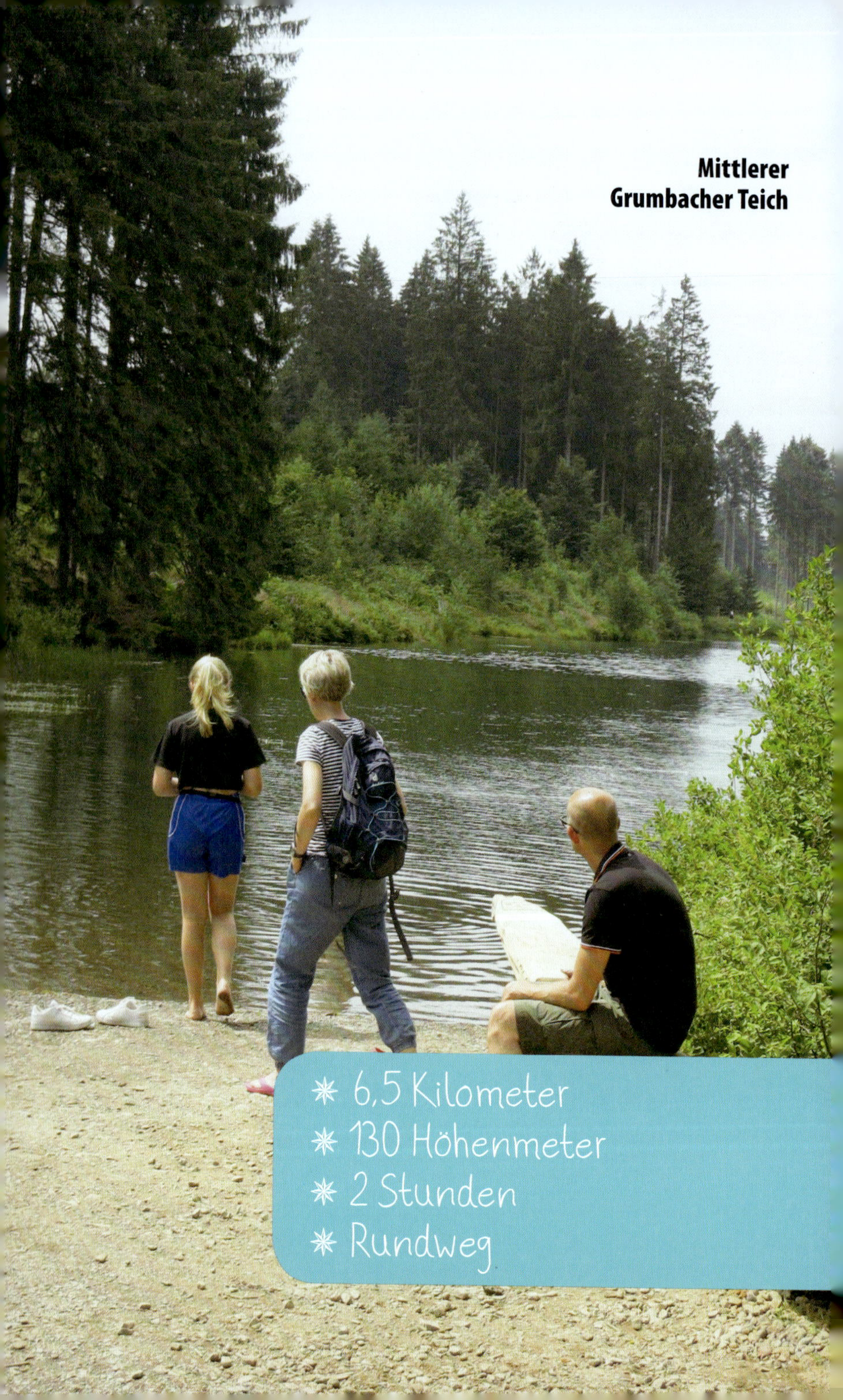
Mittlerer
Grumbacher Teich
* 6,5 Kilometer
* 130 Höhenmeter
* 2 Stunden
* Rundweg

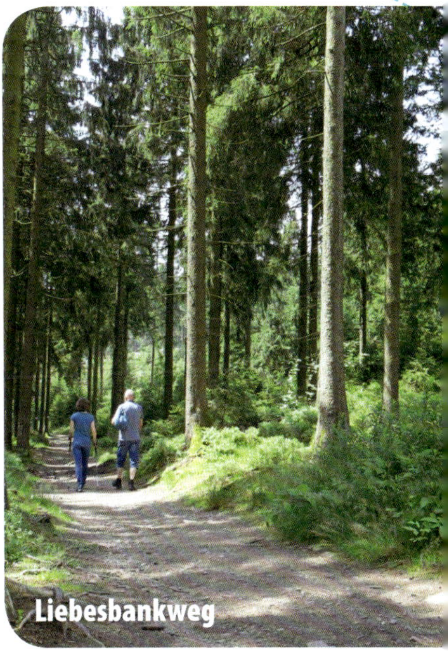

Die Wanderung entlang des **Liebesbankwegs** ist einfach, viel begangen und durchgehend beschildert. Wir gehen dabei um den Gipfel des 725 Meter hohen Bocksbergs. Start ist der Parkplatz hinter der hölzernen Stabkirche. Die Einfahrt des Parkplatzes im Rücken, steigen wir auf Höhe des **Wohnmobilstellplatzes** ein. Dort gehen wir nach links. Wir stoßen auf den **Bikepark Hahnenklee** und beobachten aus der Nähe, wie die Menschen auf Rädern mit Helm und Schutzkleidung bergab fahren. Danach folgen wir dem linken der beiden Wanderwege bergauf vorbei an rosafarbenen Blüten. Wir kreuzen den Bikepark erneut und gehen an einer Seilbahn unter einer hölzernen Brücke durch. Es geht weiter bergauf. Auf der linken Seite sehen wir den Ort **Hahnenklee** mit seinen weißen Hochhäusern. Danach betreten wir eher feuchten Wald, in dem neben Fichten auch viele Farne und Moose wachsen. An der **Verlobungsbank** gibt es die Chance auf einen erneuten Ausblick und eine kurze Rast. Etwas später unterqueren wir einen **Schlepplift** und kommen zur erhöht stehenden **Liebesbank** (1). Neben ihr sind zahlreiche Schlösser angebracht. Hier steht auch die **Stempelstelle 112** der Harzer Wandernadel. Es duftet nach Fichtennadeln. Später bleiben immer wieder Leute

Sommertour

Liebesbankweg ab Hahnenklee

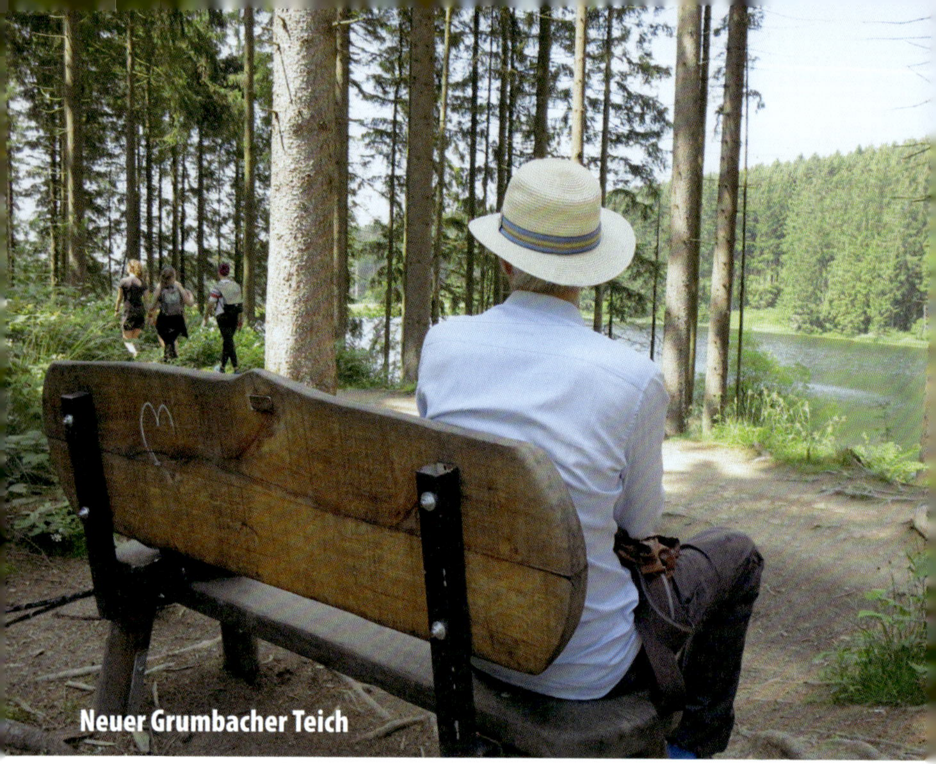

Neuer Grumbacher Teich

stehen, um Heidelbeeren am Wegesrand zu pflücken, andere werden von einer Hütte mit Sonderstempel angelockt.

Wir kommen an eine **T-Kreuzung** und gehen dort rechts auf einen asphaltierten Weg und sofort wieder links auf einen unauffälligen weichen **Waldpfad**. Am nächsten Abzweig gehen wir rechts. Wir kommen an einem Steinmännchen vorbei. Danach geht es bergab auf eine befahrene Straße zu. Hier blüht giftiger Roter Fingerhut. Kleine Ebereschen wachsen zwischen Gräsern und Brombeerbüschen. Freiflächen wechseln sich mit hochstämmigen Fichten ab. Unten angekommen stehen **Pfosten mit roten Herzen** sowie ein weiterer Sonderstempel.

Es geht nach rechts auf eine eben verlaufende **Schotterstraße**, der wir 250 Meter folgen, um anschließend links auf einen Pfad abzubiegen. Vor uns befinden sich diverse Teiche. Baden ist aber offiziell nur im Oberen Grumbacher Teich gegenüber dem Campingplatz erlaubt. Wir wandern nach rechts, steil bergab. Fast die Hälfte des Liebesbankweges ist geschafft. Wir befinden uns in einem Trinkwasserschutzgebiet, worauf uns die Schilder der Stadt Goslar hinweisen. Auf anderen steht: Betreten der Uferzone nicht gestattet. Baden verboten. Wir kommen an einen freien Platz und biegen rechts zum **Neuen Grumbacher Teich** ab, an dem wir an zwei Seiten entlanggehen. Der Weg verläuft überwiegend im Schatten, eine Bank bietet sich für eine Pause an. Wir kommen an einen Abzweig, wandern nicht auf den Dammweg, auf dem Blumen in allen Farben blühen, sondern folgen dem zweiten Weg nach rechts unten. An einem Häuschen teilt er sich. Wir halten uns links und gehen über eine Holzbrücke. Wir kommen zum **Oberen Grumbacher Teich**, auf dem inzwischen auch der ein oder andere Stand-up-Paddler unterwegs ist. Es gibt mehrere Trampelpfade, die nach unten zum Wasser führen. Hinter der **Schalker Grabenhütte** geht es links und gleich danach wieder links auf den Damm, der den Oberen vom Mittleren Grumbacher Teich trennt. An dessen Ende können wir im Biergarten des **Cafés Egerland** (2) einkehren und die Aussicht auf den Teich genießen. Nach dem Biergartenbesuch halten wir uns rechts, gehen aber nicht zurück auf den Damm, sondern auf einen **Pfad** daneben. Er verläuft fast parallel zum Damm, führt aber

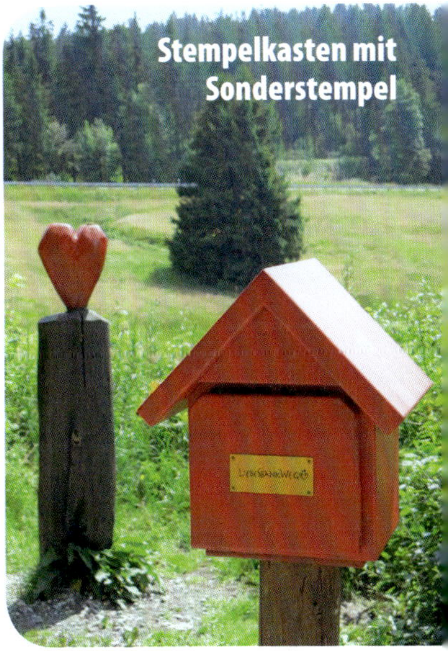

Stempelkasten mit Sonderstempel

Für die Seele

Stille Teiche, federnde Waldpfade, hölzerne Liebesbänke und bunt blühende Bergwiesen versprechen eine abwechslungsreiche Tour.

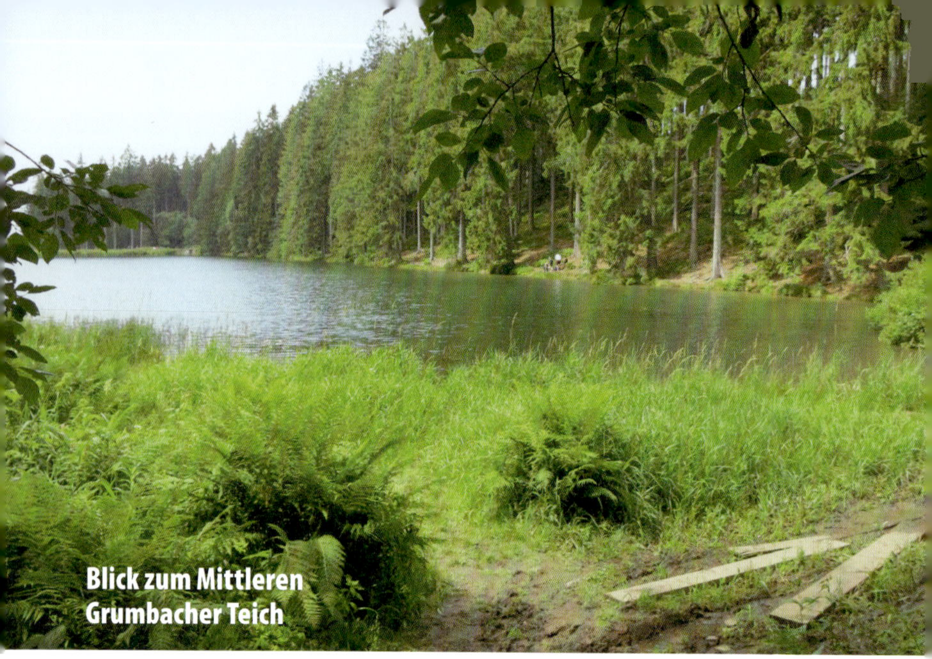

Blick zum Mittleren Grumbacher Teich

steil bergab. Am Abzweig biegen wir rechts ab und kommen direkt zu einer Stelle am **Mittleren Grumbacher Teich**. Bänke, die aussehen wie Boote aus Holz, laden zum Hinsetzen ein. Wer hier keine Pause machen will, wandert gleich den Liebesbankweg weiter und nimmt den Abzweig links, der etwas oberhalb des Teiches entlangführt. Teilweise ist der Pfad so schmal, dass man hintereinandergehen muss. Wurzelig ist er auch. An der Kreuzung am Ende des Teiches wenden

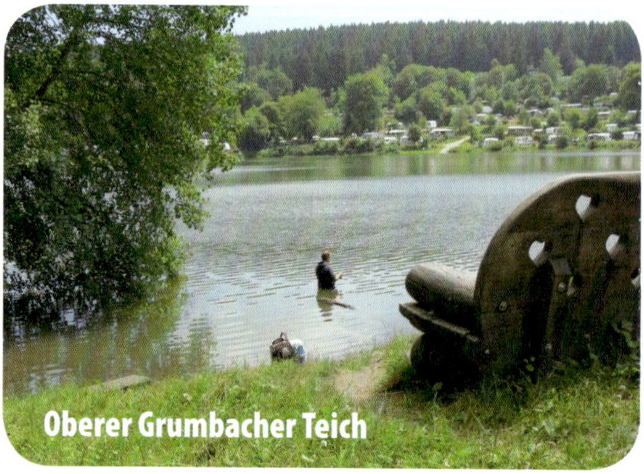

Oberer Grumbacher Teich

wir uns nach rechts, dann gleich wieder links auf den **Märchenweg**. Dort stehen viele Bänke. Es geht auf einem steinigen Pfad steil bergab über eine kleine **Brücke** aus Holzbohlen. Wir erreichen den **Wasserspielplatz** am **Oberen Flößteich**, gehen über noch eine Holzbrücke und dahinter am Abzweig rechts auf den Dammweg. Auf der linken Seite befindet sich hinter einer Freifläche ein kleiner Teich, der **Untere Flößteich**. Nun überqueren wir eine steinerne Brücke und biegen an deren Ende nach links, folgen dem Weg, bis wir an eine T-Kreuzung kommen. Dort gehen wir rechts und erneut über eine Brücke. Gleich dahinter befinden sich eine Bank und ein Tisch. Wir kommen an eine Wiese mit bunten Blumen, von weiß blühendem und stark duftendem Echten Mädesüß dominiert. Außerdem wachsen Brennnesseln und Disteln. Hinter der Wiese befindet sich ein **Wassertretbecken**, dahinter geht es bergauf. Wir kommen an eine Kreuzung, wandern geradeaus und für ein kurzes Stück auf einer asphaltierten Straße weiter. Es folgt ein Abzweig, an dem es rechts auf einen Schotterweg geht. Von hier sind es noch 700 Meter bis zur **Stabkirche**. Wir kommen auf dem Weg, der steil bergauf führt, an gelb blühendem Gilbweiderich, an rosafarbenem Springkraut, an Brombeersträuchern vorbei, gehen aber auch durch Mischwald und passieren eine **Schaukel**, hinter der eine Bank steht. An der nächsten Kreuzung geht es geradeaus weiter. Unser Weg führt zu einer asphaltierten Straße, auf die wir rechts abbiegen. Der Wald macht den ersten Häusern Platz und wir gehen vom Birkenweg in den **Professor-**

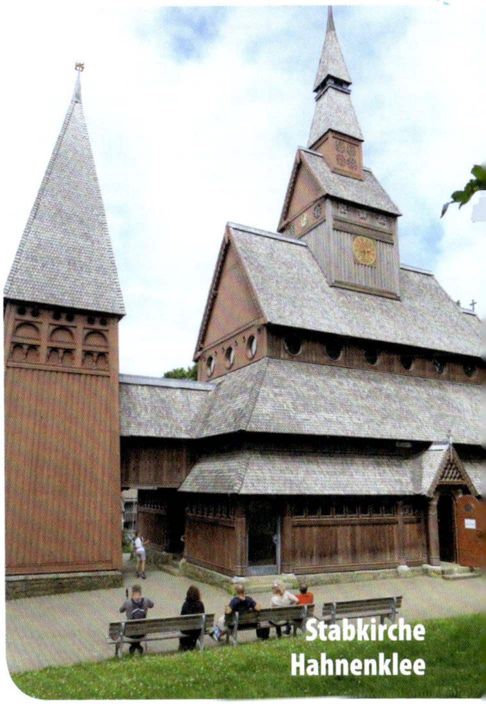

Stabkirche Hahnenklee

*Die **Stabkirche** wurde Anfang des 20. Jahrhunderts nach norwegischem Vorbild, aber aus einheimischem Fichtenholz gebaut. Sie ist weit über Hahnenklee hinaus bekannt. Etwas Besonderes ist die Kirche auch wegen des Glockenspiels aus 49 Glocken, dem Carillon.*

Mohrmann-Weg geradeaus weiter. Wir wandern an der asphaltierten Straße entlang nach unten, um noch vor der Hauptstraße nach rechts der kostenpflichtigen **Stabkirche** **3** einen Besuch abzustatten.

Nachdem wir die Kirche besichtigt haben, gehen wir die Stufen hinab zur Hauptstraße **Am Bocksberg** und gleich rechts. Auf der anderen Straßenseite befindet sich das Restaurant des **Hotels Walpurgishof** **4**, in das wir noch zu Pizza und Burger einkehren können. An der Hauptstraße geht es ein paar Meter bergauf, wir passieren das Schild zur Rodelbahn und biegen rechts auf den Parkplatz. Wem nach etwas Erfrischung ist, fährt in das nahe gelegene **Waldseebad Kuttelbacher Teich** **5** an der Straße nach Lautenthal.

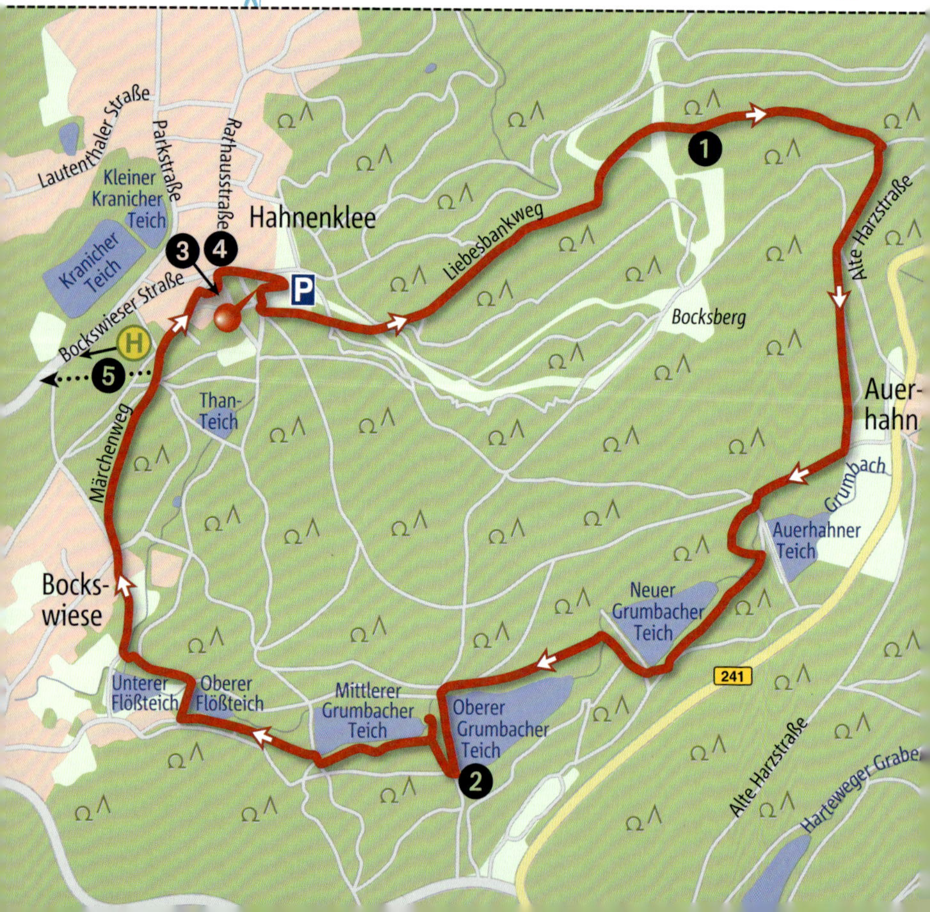

Alles auf einen Blick

WIE & WANN:
Pfade und Waldwege. Ganzjährig begehbar, außer bei Skibetrieb im Winter (der Liebesbankweg kreuzt mehrere Pisten), beste Wanderzeit von April bis Oktober

HIN & WEG:
Auto: Parkplatz Bocksbergweg, 38644 Goslar OT Hahnenklee-Bockswiese (GPS: 51.85721, 10.34295)
ÖPNV: Bus 830 bis Haltestelle Hahnenklee Friedhof

ESSEN & ENTSPANNEN:
Café Egerland ❷ Kreuzeck 4, 38644 Goslar OT Hahnenklee-Bockswiese, Tel. (0 53 25) 22 93, www.cafe-egerland.regional.de
Hotel und Restaurant Walpurgishof ❹ Am Bocksberg 1, 38644 Goslar OT Hahnenklee-Bockswiese, Tel. (0 53 25) 5 88 80, www.walpurgishof.de

ENTDECKEN & ERLEBEN:
Liebesbank ❶ Stempel 112 der Harzer Wandernadel
Stabkirche ❸
Waldseebad Kuttelbacher Teich ❺

Entspannung ✱✱✱✱✱
Genuss ✱✱✱✱✱
Romantik ✱✱✱✱✱

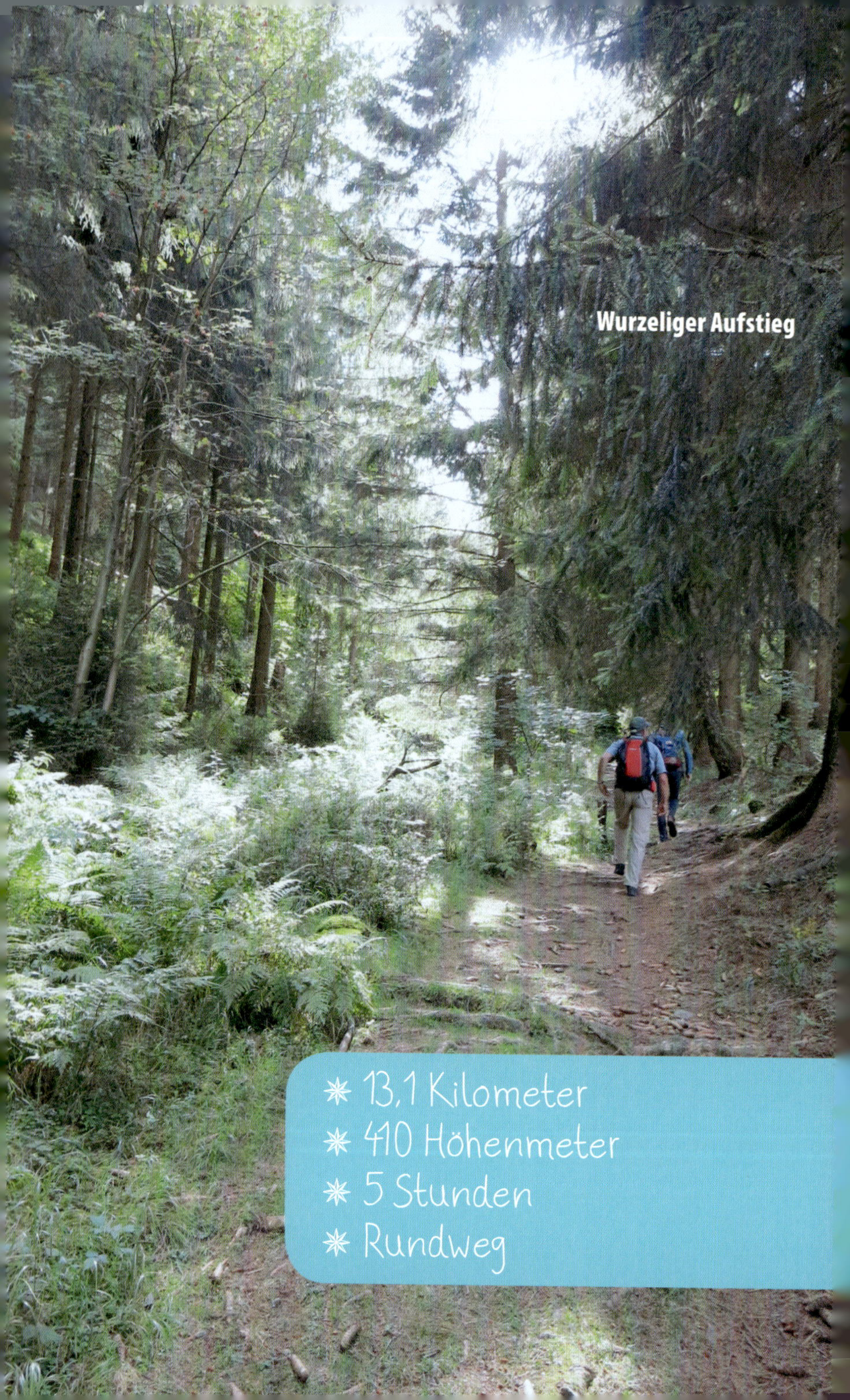

Wurzeliger Aufstieg

* 13,1 Kilometer
* 410 Höhenmeter
* 5 Stunden
* Rundweg

Wir wenden uns vom **Parkplatz** nach links auf die Asphaltstraße. Es geht leicht bergauf. Nach einem knappen Kilometer erreichen wir hinter einem Golfplatz den Wald. Ein Wegweiser zeigt nach rechts zum Café Goldberg, wir gehen aber geradeaus auf den Waldweg. Hier beginnt die Kästeklippentour, der wir folgen. Auf den Wegweisern ist die Felsformation „Der Alte vom Berg“ zu sehen, die aussieht wie der Kopf eines alten Mannes. Dieser Fels ist unser Hauptziel. Eigentlich handelt es sich bei der Kästeklippentour um einen Premiumwanderweg des Wanderinstituts, doch die Zertifizierung ist derzeit ausgesetzt. Dennoch ist der Weg gut beschildert, abwechslungsreich und gesäumt mit gepflegten Rastplätzen.

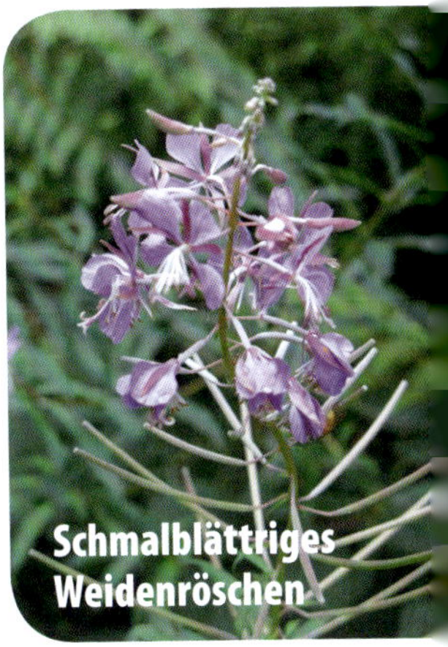

Schmalblättriges Weidenröschen

Wir gehen die Tour im Uhrzeigersinn und bringen so die Steigung gleich zu Beginn hinter uns. Im Gläseckental wandern wir leicht bergauf. An der Stelle, an der links die **Silberbornstraße** abzweigt, gehen wir geradeaus. Neben uns plätschert die Gläsecke. Am Rand wächst Farn und Moos – woran wir merken, dass wir durch feuchtes Gebiet kommen. Auch Brombeeren gibt es viele. Weiter oben mischen sich einzelne abgestorbene Fichten in den Laubwald. Dort wächst zwischen weißen und lilafarbenen Blüten viel gelbes Greiskraut. Es wird steil. Der Weg wird zunächst schmaler und geht dann in einen Pfad über, dem wir in eine Linkskurve folgen. Wir überqueren die Gläsecke und können uns dahinter auf einer **Liegebank** ein letztes Mal ausruhen, bevor es für fast 500 Meter

Felsengesicht

Kästeklippentour ab Bad Harzburg

den Berg bergauf geht. Wir sind umgeben von dunkelrosa Blüten des Weideröschens und freuen uns am Bach neben uns.

Wir kommen an eine Kreuzung, links von uns rauscht es unter einem abgedeckten **Wasserschacht**. Es geht geradeaus auf den **Quarzbruchweg**. Dieser wird im Verlauf breiter und steigt leicht an. An der Stelle, an der der Weg eine Linkskurve macht, geht es rechts ab auf einen Pfad. Es erwartet uns eine wunderschöne knapp 200 Meter lange Strecke quer durch den Wald, über Wurzeln, auf Waldboden und an Himbeersträuchern vorbei. Sie führt bergauf. Wir riechen Fichtennadeln und spüren leichten Wind im Gesicht. An der nächsten T-Kreuzung biegen wir rechts ab auf die geschotterte **Kästestraße**. Wir wandern weiter durch gemischten Laub- und Nadelwald und vorbei an Ebereschen, die mit ihren roten Beeren schöne Farbtupfer bilden. Wir gehen gute 5 Minuten, bis wir zu einem Sichtfenster gelangen, das zwischen den Bäumen frei wird und von dem aus wir einen schönen Blick auf Bad Harzburg und das nördliche Harzvorland haben. Gegenüber steht die dunkle überdachte **Holzhütte Alt-Schlewecke** (1). Am Rand der Kästestraße schwirren Schmetterlinge in Weiß und Gelb, auch ein buntes Pfauenauge ist dabei. Wir gehen an der ersten Kreuzung weiter geradeaus und an zwei **Felsen** vorbei, auf denen bisweilen auch Eichhörnchen herumklettern.

Unser Weg führt relativ eben auf der mehrere Meter breiten **Schotterstraße** entlang. Von der biegen wir nach einem knappen Kilometer auf der Kästestraße rechts ab, gehen leicht bergab auf einen mit Gras bewachsenen Weg. Dem folgen wir 550 Meter vorbei an alten und jungen Fichten und nachwachsenden Ebereschen und Birken. An der nächsten T-Kreuzung biegen wir links erneut in eine Schotterstraße. Es ist die **Goldbergstraße**, die leicht bergauf führt und

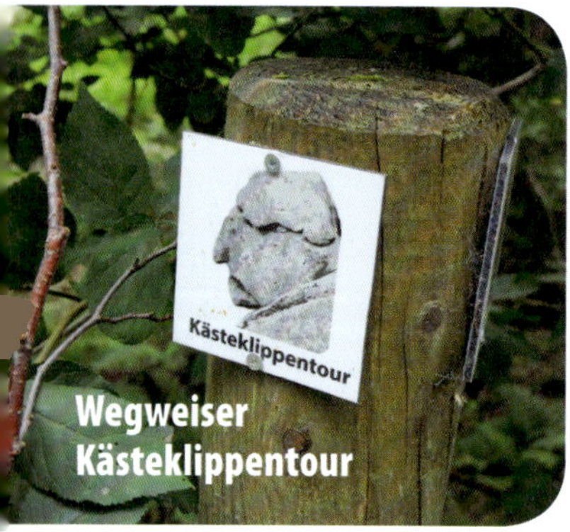

Wegweiser Kästeklippentour

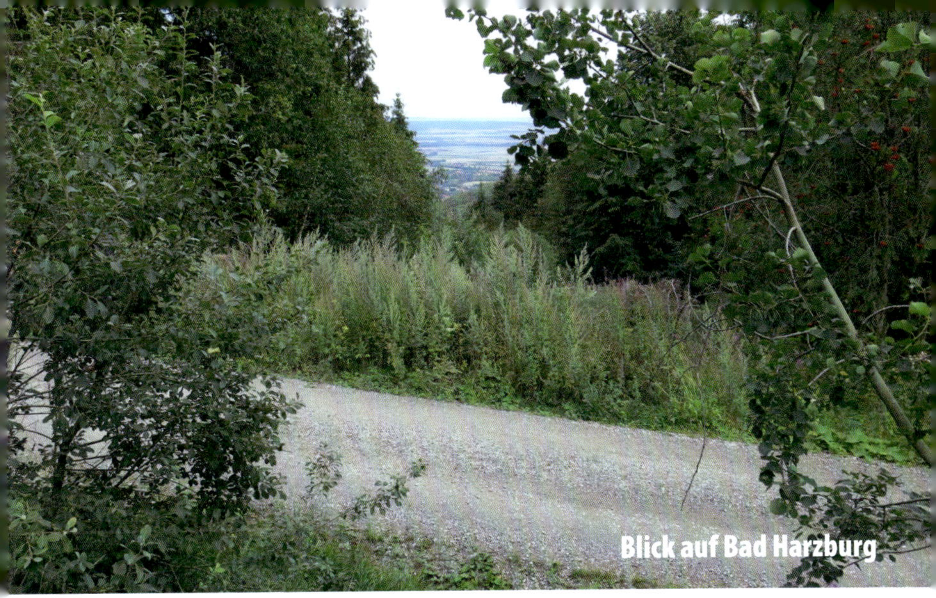

der wir etwa 400 Meter folgen. Vor der nächsten Kreuzung sehen wir links über uns einige Felsbrocken, zum Teil gestapelt. Danach geht es bergab. Wir lassen den ersten Abzweig zum Stiefmutterplatz rechts liegen, gehen geradeaus weiter und biegen an der Kreuzung dahinter, dem **Schießhüttenplatz**, rechts erneut auf die **Kästestraße** ab. Zum Glück, denn geradeaus geht es steil nach oben. Wenige Meter hinter der Kreuzung biegen wir links auf einen Pfad. Die Schotterstraße verläuft parallel, ist anfangs sogar in Sichtweite. Wer will, kann auf der Straße bleiben. Ohnehin sollte den mit Gräsern bewachsenen Pfad nur wählen, wer robuste, lange Hosen trägt und keine Angst vor Brombeerstacheln hat. Auf den Freiflächen, die wir passieren, blüht es in allen Farben, dazwischen liegen Felsbrocken. Wir stoßen

Für die Seele

Bäche, die glucksen und rauschen, Felsen, die Ruhe ausstrahlen, und Aussichten, die faszinieren.

Die **Kästeklippen** gehören zum Huthberg im Oberharz und liegen auf gut 600 Metern Höhe. Hier kann man das Felsgesicht „Der Alte vom Berg" sehen. Eigentlich sollte ein Sessellift dorthin führen, die Pläne wurden jedoch nie umgesetzt.

auf den Schotterweg und folgen ihm nach links. Die nächsten beiden Male ignorieren wir die Einladung auf den Pfad und bleiben auf der Kästestraße. Am **Ahornplatz** haben wir freie Sicht auf Bad Harzburg und das Harzvorland. 200 Meter später kommen wir an eine Kreuzung. Dort biegen wir links ab und finden, leicht erhöht, den **Stempelkasten der Harzer Wandernadel** ❷. Er trägt die Aufschrift **Kästehaus**, die Bank darunter ist ein beliebter Pausenplatz. Von hier gehen wir den Weg geradeaus weiter zu den **Kästeklippen** ❸. Wir biegen am 250 Meter entfernten ehemaligen Kästehaus, von dem derzeit nur das Fundament steht, scharf rechts ab auf einen wurzeligen und steinigen Pfad, wandern und klettern nach oben. Bevor wir den Pfad betreten, drehen wir uns noch mal um und genießen den Blick zum Brocken.

Oben angekommen, sehen wir die Steinformation, die an das Gesicht eines grimmig schauenden alten Mannes erinnert. Neben Felsen und bewaldeten Hügeln erkennen wir das Okertal und den Goslarer Stadt-

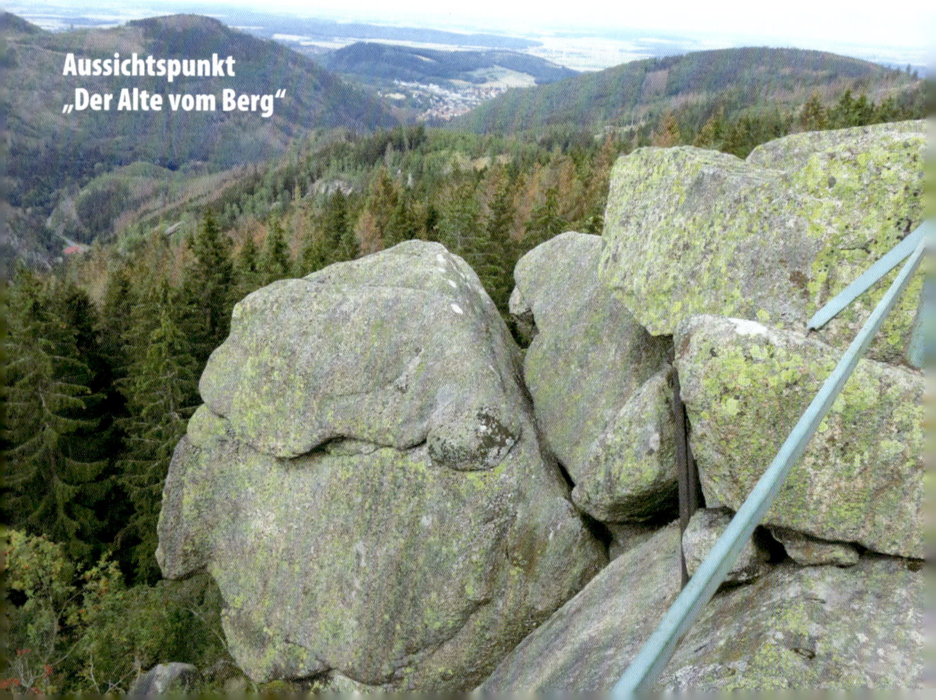

Aussichtspunkt „Der Alte vom Berg"

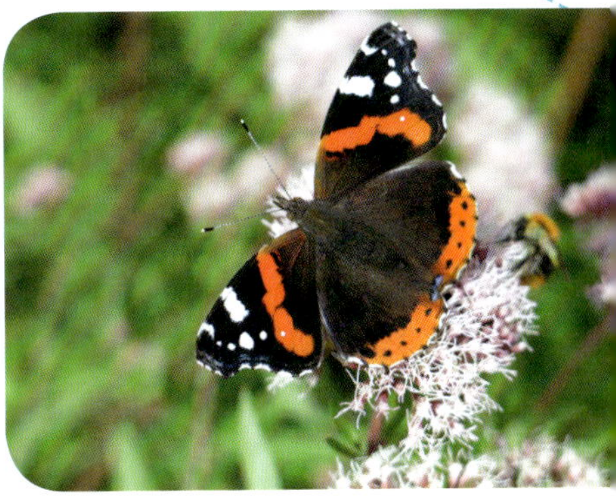

teil Oker. Wir klettern die Felsen wieder hinunter, folgen dem Pfad und gehen am Fundament des Kästehauses nach links, am Stempelkasten vorbei und danach links auf die **Kästestraße**. Wir folgen der Schotterstraße leicht bergab, lassen links einen Abzweig, rechts mehrere größere Felsen liegen und verlassen die Straße nach einem knappen Kilometer an einer scharfen Linkskurve, an der wir geradeaus auf den ebenfalls geschotterten **Steinebrecherweg** wandern. Rechts über uns befindet sich eine Bank. Von hier sind es gut 4 Kilometer bis zum Café Goldberg. Die abgeholzten Stellen ermöglichen einen freien Blick auf das Harzvorland. Wir passieren die Dachs-Klippen, dahinter befindet sich an einer Kurve eine Bank. Vorbei an Birken, Ebereschen und kleinen Fichten folgen wir die ganze Zeit dem Schotterweg. Einen links nach unten abgehenden Weg, der nach Oker und Goslar führt, ignorieren wir. Wenig später stoßen wir auf die Kreuzung **Rosendreieck**, biegen dort rechts ab und gehen ein letztes Mal kurz bergauf. Wir kommen an die überdachte, hölzerne **Schutzhütte am Goldberg**, einen schönen Pausenplatz mit Bank und Tisch. An der dortigen **Wegespinne** nehmen wir den zweiten Abzweig links auf einen Schotterweg, der leicht bergab führt, und folgen ihm 650 Meter. Wir biegen an der nächsten Kreuzung rechts auf einen Waldweg, der weiter bergab führt. Unten angekommen stoßen wir auf eine T-Kreuzung und gehen dort links, wieder auf einen Schotterweg. Ihm folgen wir, vorbei an **alten knorrigen Eichen**, einem Hochsitz und bemoosten Baumstämmen. Unter uns gluckst der **Schlackentalbach**. Wir ignorieren den Abzweig rechts auf den großen Weg und biegen gleich dahinter rechts auf einen wurzeligen Pfad. Er geht direkt am Schlackentalbach bergab. Nach etwa der Hälfte des Weges wandern wir

__„Der Alte vom Berg"__ entstand durch Wollsackverwitterung: Dabei liegen Steine mit runden Kanten übereinander, sie sehen aus wie gestapelte Wollsäcke. Das passiert, wenn eindringendes Wasser bei Frost ganze Gesteinsblöcke sprengt.

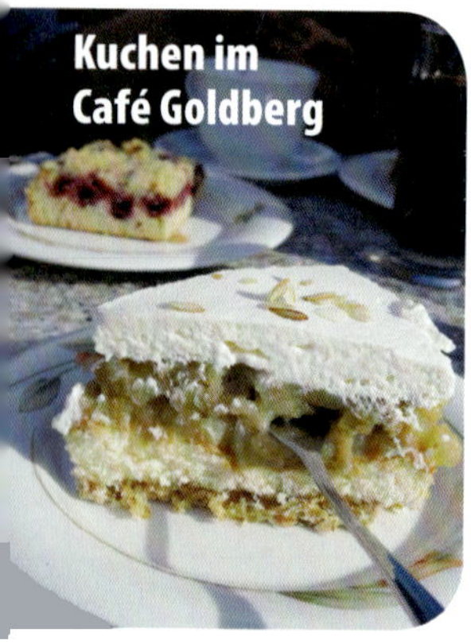

über eine **Holzbrücke** auf die andere Seite des Baches. Wir stoßen unten wieder auf einen Abzweig, gehen links auf einen Waldweg und durch Buchenwald. Nach weiteren 600 Metern leicht bergab stehen wir vor dem **Café Goldberg** (4). Hier müssen wir einfach eine Pause einlegen und den Blick vom Garten des Cafés nach unten über Bad Harzburg schweifen lassen. Den schönen Garten im Rücken, gehen wir nach links zurück und leicht bergab, am Waldrand entlang und an **Rinderweiden** vorbei. Dann tauchen wir noch mal in den Wald, sehen Ahorn, Buchen und Fichten, biegen an der Kreuzung links auf die asphaltierte Straße und gehen leicht bergab. Entlang einer Allee mit alten Ahornbäumen gehen wir zurück zum Auto.

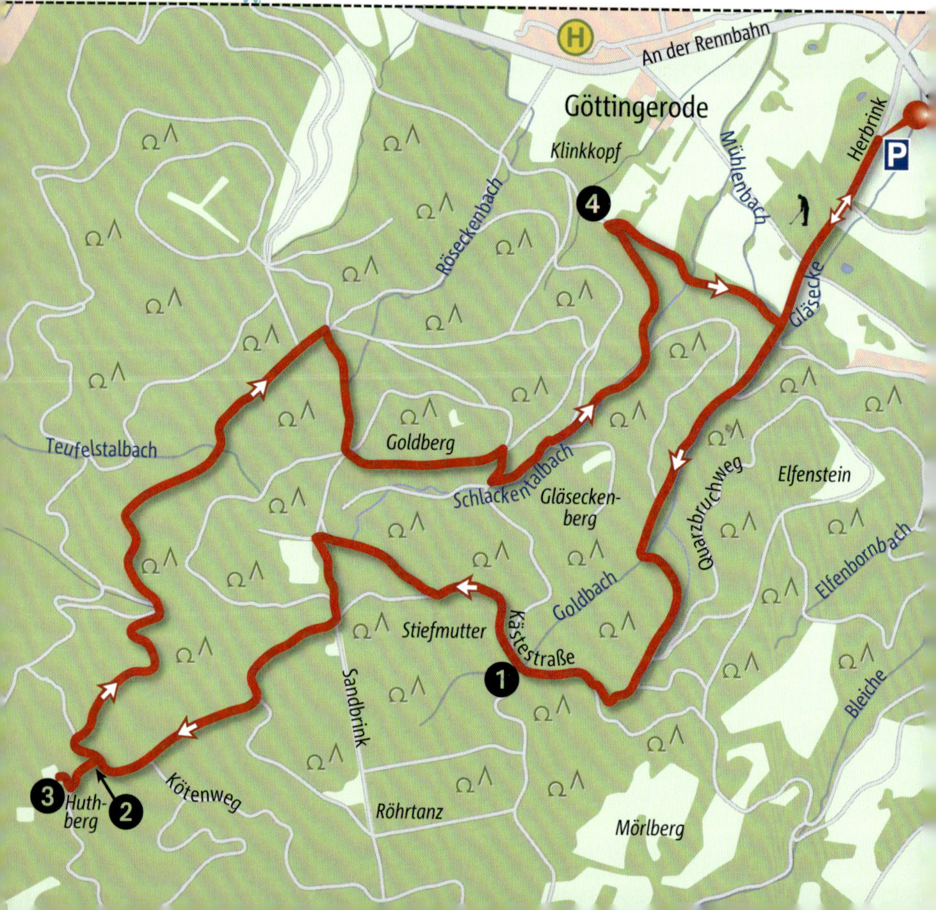

Alles auf einen Blick

WIE & WANN:

Abwechslungsreich über Waldstraßen, Wege und Pfade, entlang von rauschenden Bächen. Trittfestigkeit nötig, ganzjährig begehbar, beste Wanderzeit von April bis Oktober

HIN & WEG:

Auto: Parkplatz (am Sportpark an der Rennbahn), Herbrink 30, 38667 Bad Harzburg (GPS: 51.890851, 10.531272)
ÖPNV: Bus 871 bis Haltestelle Göttingerode Stadtstieg, Bad Harzburg, oder Bus 810 bis Haltestelle Göttingerode Campingplatz, Bad Harzburg (unbedingt Ferien und Wochenenden beachten)

ESSEN & ENTSPANNEN:

Café Goldberg ❹ Am Stadtsteig 14, 38667 Bad Harzburg, Tel. (0 53 22) 28 73, www.cafe-goldberg.de

ENTDECKEN & ERLEBEN:

Holzhütte Alt-Schlewecke ❶
Stempelkasten der Harzer Wandernadel ❷ Stempel 118 (ehemaliges Kästehaus)
Kästeklippen ❸

Entspannung ✱✱✱✱✱
Genuss ✱✱✱✱✱
Romantik ✱✱✱✱✱

Danke!

An unseren Sohn Oskar fürs Mitwandern (obwohl er kein Wanderfreund ist), an meinen Mann Carsten fürs Mitdenken und seinen unschlagbaren Orientierungssinn, an die Zweigvereine des Harzklubs für das Teilen ihres umfangreichen Wissens, an den Droste Verlag für die großartige Unterstützung und vor allem an Lektorin Ute Voges, die wie immer einfach nur klasse war!

Die GPS-Daten zu jeder Tour gibt es auf
www.droste-verlag.de

Konzeption: Droste Verlag, Düsseldorf
Satz: Vollnhals Fotosatz, Neustadt a. d. Donau
Einbandgestaltung: Britta Rungwerth, Düsseldorf, unter Verwendung von Bildern von © Fotolia.com: Andrey Kuzmin, undrey, dabost, niroworld; © Maridav/Shutterstock
Fotos: Monika Herbst
Karten: Thorsten David, Bochum
Druck und Bindung: LUC GmbH, Greven

MIX
Papier aus verantwortungsvollen Quellen
FSC® C011279
www.fsc.org

ISBN 978-3-7700-2283-0
www.droste-verlag.de